财经管理专业“十三五”规划教材

推销技巧

主　编　彭先坤　王培玉
副主编　梁泉生　李秀敏　吴　珂
主　审　杨　林

吉林大学出版社

图书在版编目（CIP）数据

推销技巧 / 彭先坤，王培玉主编. -- 长春 : 吉林大学出版社，2017.7

ISBN 978-7-5692-0397-4

Ⅰ. ①推… Ⅱ. ①彭… ②王… Ⅲ. ①推销－基本知识 Ⅳ. ①F713.3

中国版本图书馆 CIP 数据核字（2017）第 173439 号

书　　名　推销技巧
　　　　　TUIXIAO JIQIAO

作　　者　彭先坤　王培玉　主编
策划编辑　黄国彬　章银武
责任编辑　张宏亮
责任校对　王艳丽
装帧设计　赵俊红
出版发行　吉林大学出版社
社　　址　长春市朝阳区明德路 501 号
邮政编码　130021
发行电话　0431-89580028/29/21
网　　址　http://www.jlup.com.cn
电子邮箱　jlup@mail.jlu.edu.cn
印　　刷　廊坊市广阳区九洲印刷厂
开　　本　787×1092　1/16
印　　张　14.5
字　　数　330 千字
版　　次　2017 年 7 月　第 1 版
印　　次　2023 年 8 月　第 2 次印刷
书　　号　ISBN 978-7-5692-0397-4
定　　价　39.80 元

印　　数　3000

前　言

目前推销技巧类的教材编写较多，很多教材仍是沿用老的知识体系，编排仍是知识介绍、案例补充、课后作业等传统方式，无法体现高职教学“教、学、做”一体化的模式。结合企业岗位实际需求，突出能力本位的教材目前仍欠缺。本书依据市场营销专业必备能力及通行的课程体系为参照系，遵循“职业为导向、案例为依托、实训为通道”的总体思路，依据推销工作的进程，用大量生动、鲜活、现实发生过的案例讲述了推销技巧相关内容，把相关原理及技巧有机融入现实生活场景中，让学生在案例的学习过程中，注意力提高、兴趣增加、自我思考，逐步构建推销技巧基本原理。

案例的学习，仅仅是“教”与“学”的部分，要到达“做”的程度，就必须通过设计实训环节来完成。本书同样依据推销工作的进程，参照不少企业培训业务人员的资料，安排了丰富多彩的实训环节，让学生可以充分参与其中，学会推销技巧在现实商务活动中的具体运用，达到最终适应岗位的目的。

本书共有十个学习任务，分别为推销的基本知识、推销基本原理、推销前的准备工作、寻找顾客、约见顾客、接近顾客、推销洽谈、异议处理、推销成交和推销员自我开发。

本书由江西旅游商贸职业学院的彭先坤、南昌大学人民武装学院王培玉的担任主编，由江西环境工程职业学院的梁泉生、李秀敏和吴珂担任副主编；由拉卡拉支付股份有限公司的杨林担任主审。彭先坤负责撰写大纲及目录，对全书部分章节的内容进行了补充和修改。本书在编写过程中得到了很多友人的帮助和支持，在此表示感谢。

本书既可以作为应用型本科院校、职业院校的教材，也可供从事市场营销工作的商务人员参考阅读。本书的相关资料和售后服务可通过扫描本书封底微信二维码或登录www.bjzzwh.com获得。

本书在编写过程中，难免有疏漏和不当之处，敬请各位专家及读者不吝赐教。

编　者

目录

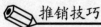

学习任务一　推销的基本知识

【学习目标】

- 了解推销的概念、产生、发展;
- 掌握推销基本要素、基本特征;
- 理解推销的现实意义。

【技能目标】

- 在掌握基本概念的基础上结合现实商务活动展开推销活动。

【案例导入】瑕疵皮鞋推销

我在一家私营制鞋有限公司销售部上班，主要负责公司的产品推销任务。

这天刚上班，公司经理便来到我的办公室，说公司最近生产的一批皮鞋质量有些瑕疵，让我把它们推销出去。经理拍着我的肩膀说：“公司的客户那么多，你在他们身上想想办法好了，不然这么多皮鞋压着，公司亏损太大。”

“没有什么不合适，关键看你使用什么办法和方式了。你下个月的奖金，可是跟这些皮鞋的销售量挂上钩的。”经理扔下这句话，出门了。

坐在办公室，想着经理交代的“任务”，我不由为难起来。平时，就是公司质量很过硬的产品，那些客户都要故意找出一些毛病来压低价格；现在要推销这批质量有问题的皮鞋，那就更是难上加难了。

正当我发愁的时候，公司的老业务员大胜进来了。他看我愁眉苦脸的样子，问是什么事，我把烦恼告诉他，大胜笑了笑说：“这个好办，我有一个巧妙的办法，能把这批有问题的皮鞋推销出去。”

我站起来，连忙问他：“你说给我听听，有什么巧妙的办法？”

大胜把头凑过来，说：“等再有客户下订单的时候，你就把这批皮鞋给他们发过去，你在给他们的发货单上写上 100 双，实际给他们发去 120 双，以此类推，每批都要多出几十双，他们收到这批皮鞋之后，以为是我们搞错了，他们占了便宜，便不会和我们叫真了。”

我一听，觉得有理，向大胜竖起大拇指：“姜就是老的辣，老业务员果真不一样。”

我从仓库里拉出那批质量有问题的皮鞋，按照大胜教我的办法，给一个客户发去 150 双，过了几天，我正准备向他催款的时候，他却将货退了回来，里面还附了一张纸条，上面写着：“皮鞋质量有问题，现全部退回。”

我打开邮包，开始清点退货，却发现只有 120 双，多寄出的皮鞋，一双也没退回来……

问题

推销是强调技巧的行为，但技巧的运用要建立在哪些基础之上呢？

【学习档案】

一、推销的定义

推销是一个古老的名词，是人们所熟悉的一种社会现象，它是伴随着商品交换的产生而产生，伴随着商品交换的发展而发展的。它是现代企业经营活动中的一个重要环节，渗透在人们的日常生活之中。推销就其本质而言，是人人都在做的事情。人类要生存，就要交流，而正是在交流中彼此展示着自身存在的价值。世界首席保险推销员齐藤竹之助在几十年的实践中总结出的经验，是“无论干什么都是一种自我显示，也就是一种自我推销”。

【延伸阅读 1-1】

推销的历史十分悠久，当人类社会第一次出现商品这个概念时，推销就应运而生了，它与商品同呼吸、共命运，可以这样说，推销伴随着商品的产生而产生，并伴随着商品的发展而发展，商品生产越发达，推销就越为重要。

从我国来看，早在原始社会后期，就出现了物物交换。随着人类社会第三次大分工——商人的出现，推销就成为专门的行当，那些专门从事商品交换的人，就是我们现在所说的职业推销员。我国最早出现专门从事交换的人是在夏代，到了商代，交换则发展成为一种专门的行业，城市里出现了专门经营买卖的市场，商人为了推销商品，大声叫卖招徕生意。

伟大诗人屈原曾在《天问》中写道：“师道在肆昌何识?鼓刀扬声后何喜?”这是屈原记录姜太公师望在朝歌这个城市贩卖肉食的传说。文中的“鼓刀”即屠宰，“扬声”是叫卖的意思。看来，姜太公可算是我国有记录以来的推销界的鼻祖了。

到了春秋战国时期，商品生产和商品交换已成为经济生活中的重要组成部分，商品推销活动更为广泛，既有门市销售，也有流动推销，如走街串巷的小商贩便是流动推销。这一时期，产生了我国历史上著名的大商人，如子贡、范蠡、计然、白圭等，他们的成功经验，有力地推动了我国经商理论和推销理论的发展。

到了北宋时期，商品生产和商品交换有了进一步的发展，推销活动的开展更为盛况空前。北宋著名画家张择端的《清明上河图》生动地描述了这一壮观的景象。

在国外，推销同样源远流长，尼罗河畔的埃及商贩，丝绸之路上的波斯商旅，地中海沿岸的希腊船商，还有随军远征的罗马、阿拉伯、西班牙、葡萄牙、英国、法国的商人，都曾对推销的演进作出杰出的贡献。特别是到了近代和现代，西方国家的推销发展步子迈得更大，出现了一大批诸如哈默、古拉德、松下幸之助、神谷正太郎等杰出的推销大师。

（一）广义推销

广义推销指人们在社会活动中，通过各种形式传递信息、促使他人接受自己的意愿。由此看来广义推销的行为在现实中是时时发生的。政治家为竞选做的演说；孩子为可爱的玩具向父母的哭闹；男孩为心仪女孩作出的努力；演员为艺术向观众展现技艺表演，等等，这些其实都可以归为现实生活中的推销行为，当然都是广义推销的范畴。

（二）狭义推销

狭义推销指推销人员运用推销技巧和手段，说服推销对象接受推销客体的过程。广场上促销员派发传单，步行街商家沿街叫卖，电视上产品介绍口若悬河当然都是狭义推销的范畴。我们的很多推销书籍强调的都是狭义推销的种种技巧，强调的是通过各种技巧让推销对象接受自己推销的商品，毕竟商务活动的终极目标是为了推销商品。

现在的你应该明白了广义推销与狭义推销的概念，知道了两者的区别，顺便问问，广义推销与狭义推销在商务活动中可以转化吗？

二、推销的基本要素

无论是广义推销还是狭义推销的完成都必须回答三个基本问题，一是谁具体开展推销工作，二是推销什么，三是向谁推销。因此，推销的基本要素就有三个：推销人员、推销产品、推销对象（广义推销的范畴很广，本书均针对狭义推销）。

（一）推销人员

推销人员指专门从事商业推广活动的职业销售人员。推销员是实现产品提供的公司与消费者双向沟通的桥梁之一，通过推销人员的主动走访顾客，了解顾客的需求，为顾客提供产品和服务，说服顾客购买所在企业的产品或劳务。

推销行业是最典型的大浪掏沙的挑战性行业。虽然初期进入的门槛低，但要把推销作为终极职业生涯就需具备非凡的个人素质。

【延伸阅读】

高素质的推销人员应注重锻炼自己以下素质：

（1）文化素质：推销是推销员与推销对象面对面接触的过程，而人与人的交流，文化的互动是最重要的主题。推销工作要想取得理想的业绩，需要推销员平时在文化方面的自我积累。一般来看，个人积累的文化素材越多，与人交流的话题就越广泛，与潜在推销对象更易于进行深层次的交流，充分挖掘潜在推销对象的需求。

（2）专业素质：仅仅停留在文化提高的层面显然是不够的。推销对象最终接受推销员的产品，首先是基于他对于产品的潜在需求，而需求的重点就在于产品对他的效用。效用越大，推销对象对产品的需求就越强烈。很多时候，产品的需求是需要推销员的点燃。推销员点燃顾客需求最佳的方式就是让产品说话。因此，任何一个顶级的推销员都是自己产品的专家。试想：你在购买产品时面对两个推销员：一个对自己推销的产品只懂皮毛，另一个则懂得产品的生产流程、熟知产品的性能、熟练产品的使用、掌握产品的维修等专业方面的知识，你的购买决定是什么呢？

（3）心理素质：成功的推销人员心理素质绝对称得上一流。所谓“泰山压顶面不改色”，“喜怒哀乐不言于表”，均是优秀推销人员的真实写照。任何一个推销人员在推销工作进程中一定会遇到各色人等。顾客有言语粗暴的；有温文而雅的；有吹毛求疵的；有大意马虎的；尤其是面对团体顾客中握有领导决策权力的推销对象时，他的高高在上，他的冷冷相对，甚至盛气凌人，这些都是推销人员必须面对的人生课题。因此，没有过硬的心理素质，推销中落荒而逃是必然得。

（4）身体素质：一个完整的推销过程要经历：寻找顾客、接近顾客、洽谈、异议处理、成交及后续服务等。因此，推销工作的完成很少能够“一撅而就”。仅推销员在接近顾客时就经常吃闭门羹，经常需要来回的追寻，更不要提在异议处理阶段中需要推销员耗费的公关能量。推销对个人时间的投入，精力的耗费非一般人可以胜任。伴者朝阳、熟睡归途，孤单夜色都是推销员在职业发展中的必经的人生旅程风景。

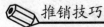

（二）推销产品

推销产品是指推销人员向被推销对象推销的各种有形与无形商品的总称，主要包括商品，服务。因而，商品的推销活动，从本质上看是推销人员向顾客传递某种物品（服务）使用价值的过程，在传递使用价值的过程中也是向顾客实施服务、向顾客宣传的过程。作为推销活动中三大基本要素之一，推销产品本身的状况必然会影响推销活动的各个方面和环节，任何一名高素质的推销人员在开展推销工作，尤其在面见潜在顾客前都会做充分的产品准备。

（三）推销对象

推销活动没有推销对象是无法成立的，推销对象是推销人员推销作用的目标，从市场角度来看，推销对象是指接受推销人员推销的推销主体，俗称潜在顾客或购买者，从宽泛的意义上讲，潜在顾客或购买者，是指具有购买决策权或者具有影响购买决策力量并且直接参与购买过程的有关人员，包括购买决策人员、各类购买具体实施人员，以及其他直接影响购买过程方面的有关人员（例如产品未来具体使用人员），潜在顾客可以分为个体、团体；可以分为生产商、中间商、零售商；可以分为盈利组织（各类企业）、非盈利组织（例如各级政府机关\学校）。所有上述个人和组织，都可能成为推销的对象。同样，要想成为一名高素质的推销人员，在开展推销工作前就必须对推销对象做精心的准备。

三、推销的基本特征

（一）特定性

推销员可以向和尚推销木梳吗？可以向瞎子推销照明产品吗？可以向乞丐推销防盗门吗？如果你是一名女性推销员，推销的产品是卫生巾，在商场的柜台前你看见一名年轻的男性走过，你会向他推销吗？也许很多读者在不少销售类书籍中看过第 yi 个问题，对于 2、3 、4 问可能不太熟悉，但可以明确地告诉读者，满足一定的条件，通过转化需求的方式可以做到。也许你会奇怪，既然可以完成为什么还要提出以上问题，其实是我们想告诉你推销是有特定性的。

推销并不是见人就推！推销必须先确定谁是需要自己产品的潜在顾客，然后再有针对性地向推销对象传递信息并进行说服的过程，因此，推销活动总是针对特定对象的，不赞成推销员不分析潜在顾客，不抓对象的特定性，认为任何人都是自己的潜在顾客，因为这将造成精力上极大的消耗，同时易对自己的推销行为产生强烈的挫败感。

（二）主动性

推销工作的开展需要推销员充满激情，发挥自己的主观能动性，主动性地开展推销工作。推销行为的主动性贯穿于推销的全过程，具体来看，又体现在以下方面：

推销前：首先个人要主动调整自己的情绪和激情，注重自己的仪态、仪表，尤其是精神面貌决不可颓废。另外要细心领会自己产品的优缺点，主动寻找潜在的推销对象。

推销中：推销人员应主动运用各种推销技巧，激发顾客的潜在购买欲望，在最后的阶段主动把握时机使顾客潜在购买欲望转化为实际的购买行为。

推销后：推销人员应主动保持与顾客的长久联系，争取顾客在企业有产品升级的时候产生再购买的行为。另外，推销人员还应主动整理自己的推销思路，考量推销过程中的得失，为接下来新一轮推销工作的有效开展做到“未雨绸缪”。

【课堂讨论 1-1】 爱的启迪

S 先生在一家建设公司的业务部门工作，由于业绩不佳而非常苦闷，事业上陷入窘境。有一天晚上，S 先生和朋友一起去喝酒，回家途中在地铁车站的月台上等电车时，发生了一件使 S 先生异常苦闷的事。

当时，对面月台上站着一对拥抱的情侣，女的不经意朝 S 先生看了一眼，不料竟然是 S 先生的女朋友 T 小姐，他们同在一家公司共事。和 T 小姐在一起的男士居然是他颇为反感的男同事。

电车离开时，两人已不见踪影。痛苦万分的 S 先生当晚通宵未眠，第二天叫出 T 小姐责问她为何移情别恋。T 小姐坦然表示：“事到如今我也不再隐瞒。你只是一味地夸奖我，尽说些不着边际的话，你从来不去了解女人希望男性主动的那种心情。”

原来 S 先生总担心被 T 小姐拒绝，因此，经常胆怯、优柔寡断，不敢有明确的表达。

就在这一刹那，S先生突然醒悟，两个人感情的破裂，原因在于自己的胆怯，而自己业绩不佳的原因亦是自己的胆怯。他回想起每次与客户商谈时总是担心失败，以致总是对客户喋喋不休，却又不敢直截了当地说："现在，让我们签约吧。"自此以后，S先生全神贯注于推销工作，紧紧抓住每次商谈的机会，有技巧地迫使顾客做出决定。当年，S先生就获得了新人奖，并晋升为部门经理。

问题

推销要想获得成功，哪些是高效行为之一？

（三）双向性

推销是一个复杂的活动过程。无论是在通讯、信息不畅的早期推销活动，还是借助现代交通和通讯工具进行的推销行为，都是力图要解决商品在生产和使用上的空间、时间上的割裂关系。因此推销活动过程很复杂，从信息沟通的角度来看，既包括卖者向买者传递信息的过程，又包括买者向卖者反馈信息的过程；从商品转移角度出发，既包括卖者说服买者的活动过程，又包括买者接受卖者推销的活动过程；从情感交流的方面来看，既包括卖者向买者提供各种服务，满足卖者寻求顾客的需求，又包括满足了买者对商品的心理诉求过程。因此，推销活动是推销员（推销主体）与顾客（推销客体）之间的相互运动过程。

（四）互利性

曾经有人问我，推销与传销有什么不同，我的回答是：不同点太多了！最实质性的差别就在于互惠互利方面。传销是上线忽悠下线，上线单方面获利（获下线的人头费）。推销则是推销员与推销对象双方获利的行为。一个推销过程的完成，预示着推销员顺利完成了产品的推销任务，获得了应有的业务回报，推销对象（购买者）则在此过程中满足了自己的需求，这不是两全齐美的事吗？从广义的角度来看，所有的商务活动均应具有互惠互利的特点。企业在开展推销活动以及推销员在现实推销中更应该把互惠互利作为准则予以牢记。可惜，翻看各类媒体，企业和推销员为了单方利益，做出了许多不顾及顾客的利益，甚至直接伤害顾客利益的举动。

（五）说服性

推销活动贯穿说服过程。说服是推销人员以话语或其他形式将其意见传达给顾客，促使顾客作出相应的反应，达到争取顾客，认同其推销的一种人与人之间沟通的方式。在推销过程中，推销人员为能够说服顾客，通常把推销观点编译成适当的语句、图表、体语或其他传输符号。在运用技巧力图说服的过程中还要保证顾客对各种传输符号有客观、准确的理解，防止出现误解和偏差。信息传递、信息积累、引起注意、激发兴趣、说服引导，最终产生有利于推销的行为。从此意义上讲，成功的推销活动始终贯穿于技巧型的说服过程。

四、推销的现实意义

（一）国家发展

从某种意义上说，资本主义的商品经济发展史，同时就是一部推销发展史。美国靠两次世界大战推销军火走上世界经济霸主的宝殿，日本战后靠大力拓展国外市场推销自己的产品获得了迅猛的发展。据资料表明，现今日本平均每5个人中就有一位是从事推销工作的。正是这一大批推销人员把日本产品推到世界各地市场，可以说，没有这众多的推销人员就没有日本今天的经济繁荣。同样，亚洲“四小龙”的崛起，也在很大程度上得助于推销的成功。

现今的国家竞争，综合实力的实现，社会经济危机的解决很多都是通过推销来实现。

（二）企业发展

推销对企业发展的牵引作用是非常明显的，是企业发展的火车头，其集中表现在以下两个方面。

1. 市场机会的挖掘

市场机会的挖掘，看似可以由企业单方面努力完成，但事实上市场机会由企业和顾客共同作用提供。现代市场经济，谁最了解顾客的潜在需求，谁能够在产品的推销过程中及时把握信息的交互传递，谁就可以帮助自己的企业迅捷了解自己产品在顾客心中的定位以及自己需要调整的方向。

2. 竞争能力的提高

推销不仅仅为企业带来直接、现期的效益，更为重要的是通过推销活动，强化了企业的竞争能力。现代企业的竞争集中体现在以下几个层面上：贴心服务的竞争、创新思路的竞争、产品忠诚度的竞争、研发能力的竞争。企业未来的竞争又会体现在哪些层面呢？我们的认为是：一定会从如何使顾客转化为公司的策划员、评论员、管理员等方面着手。

【课堂讨论 1-2】戴尔的起家

戴尔电脑以直销模式掀起了个人电脑伟业的一次革命，凭借直销模式，戴尔电脑已经成为全球个人电脑销量第一的公司。戴尔直销模式的奥秘集中体现在以下方面：

直接的客户关系：戴尔的销售部门分成三部分，即负责大客户的LCA、负责中小客户的PAD和负责小型机构和家庭消费者的HSB。销售代表建立与客户直接的关系，固定的销售代表负责固定的客户，专业的销售团队负责一个固定的区域或者一个固定的行业。客户有任何要求，都可以找到固定的推销人员来提供服务。由于戴尔与客户之间没有中间商，戴尔直接控制着与客户的关系。而与戴尔不同，戴尔的很多竞争对手则往往通过各地的经销商进行产品的推销，这些PC厂家无法像戴尔这样直接响应客户的要求，而经销商的推销能力和推销经费远远不如戴尔。例如：对于重要客户，戴尔还可以免费向客户提供优选网站，客户可以得到特殊的折扣并直接在网上下订单，同时可以查阅相关的生产状况、运输状况、维修记录和采购记录等信息。

大规模定制：产品推销出去后，销售代表将客户的订单直接传给生产一线，工人按照客户的订单进行生产并进行相关运行指标的检测。而且戴尔可以按照不同客户的要求，将客户需要的各种各样的硬件和软件在工厂里集成后装入电脑，并一起进行测试。戴尔还可以按照客户的要求将电脑运输到客户指定的任何地点。戴尔的竞争对手却无法做到，他们在客户采购电脑的时候，电脑已经生产出炉了，经销商为了满足不同顾客的需求只能根据客户的要求重新调整产品的配置。如此，既造成了整机销售成本的增加也很容易出现质量、品质的下降。

专业的支持和服务：客户收到电脑的第二天，戴尔的工程师就会亲自上门安装调试，任何开箱时的质量问题都可以在第一时间得到解决。客户还可以享受到终身的技术服务。客户在使用时遇到故障，可以通过免费的800电话向戴尔的工程师在线咨询。如果遇到硬件故障或者其他需要上门解决的故障，戴尔的工程师在预约后，第二个工作日即可上门维修。只要客户采购了戴尔电脑，以上所有服务都是免费的。另外，戴尔还提供专门的服务网站，提供每周七天，每天二十四小时的贴心服务。

客户导向的研发体系：戴尔不专注于专有技术的开发，而是向客户提供最需要的技术。

戴尔的销售代表与客户有直接关系，他们听取客户的意见并把这些意见及时反馈给研发部门，研发部门则根据客户的需求导向来设计产品。这使得戴尔电脑的技术不断得到更新，生命周期更加延长。

问题

企业通过推销可以真正了解顾客的直接需求，另外还可以达成哪些目的？

（三）个人发展

翻开各类人才招聘信息。跃入你眼帘的一定是销售类（实际就是推销）人才的招聘广告，招聘的力度之广（招聘信息几乎涉及各个行业）、待遇之优（当然必须在未来业绩支持的前提下）、频率之快（几乎在所有招聘信息发布的每期都出现），也许令你惊讶。

【课堂讨论1-3】 大学第一桶金

昨日下午，西安市委宣传部和西安市创业办举办的“西安市自主创业事迹报告会”在高新区举行，5位高新区的创业成功人士讲述了各自的创业历程。作为一名学生创业者，钱俊东的创业经历给创业者带来了不少启发。

来自安徽农村的钱俊东2000年考入长安大学。大学时，为解决学费、生活费问题，他从日常生活用品到学习资料、考研资料等都推销过，跑遍了西安的各个小商品批发城，也没少遭受白眼和拒绝。但这些经历，为他挣得了第一桶金。他在学校的首届创业大赛获了奖，之后与同学一起开展介绍家教、电话卡销售等业务。另外，他还自修了管理心理学、法律、财务等各方面的知识，为创业做足了准备……2003年8月，他在高新区创立了一家信息通讯有限公司，成为陕西省第一个在校大学生独资创办的公司。如今，该公司营业收入已超过千万。

对于四年的创业历程，钱俊东称接触了很多事情，得到许多锻炼的机会。他认为创业者需要具备的素质中，“务实”应该是第一位，勇气、吃苦耐劳、坚持不懈、创新、管理能力、营销技能、专业知识等也不能缺乏。他还提醒想创业的市民：创业“预则立不预则废”，创业并不等于做老板，也不一定在高科技领域，传统行业同样能大放光彩。

问题

推销产品的选择对推销员事业的成功有重要意义。请你想想，目前哪些行业是推销员易于取得成功的行业？

【实训演练】

一、实训项目

推销员职业素质（身体素质）养成。

二、实训目的

（1）了解推销员职业素质（身体素质）包含了哪些内容。

（2）通过模拟实训，对比推销员应具备的职业素质（身体素质），找出自己的不足。

（3）掌握如何提高自己的职业素质（身体素质）。

三、场景设计

1．比试手臂闭合，单腿独立的时间长短，不限时（混合组）。

2．比试背手上下蹲的次数，限时 3 分钟（男生组）。

3．比试仰视天空，双手力举（不能弯曲）的时间长短，不限时（女生组）。

4．实训扮演

（1）实训主持人：教师

（2）统计时间人员：每组选派一名同学（交叉互换）

（3）实训人员：全体同学

（4）观察员：教师及全体同学

（5）评论员：教师及全体同学

（6）实训记录：教师选派

5．任务要求

通过比试，测试同学的身体素质，了解现实推销员的身体要求，树立锻炼身体，适应推销员职业素质。

四、相关知识

推销员职业素质是保证推销事业成功的基本条件。推销员职业素质要求一般包括以下几个方面：

（1）品德好：不唯利是图，遵纪守法，对企业忠诚、对顾客诚实。

（2）业务熟：掌握产品知识，了解自己的企业，熟悉用户。

（3）身体棒：推销过程复杂。

（4）心理熟：懂得人际交流

五、实训步骤

1．自行分组

（1）比试双目紧闭，手臂垂直，单腿独立的时间长短，不限时 （混合组）：分 4 组，每组男生 2 名，女生 2 名。

（2）比试双手抱握单腿，教室两头跳跃的来回次数，不限时 （混合组）：分 4 组，每组男生 2 名，女生 2 名。

（3）比试背手上下蹲的次数，限时 3 分钟 （男生组）：男生分 4 组，每组选 1 人。

（4）比试双手向上垂举，抬头仰视天空的时间长短（女生组）：女生分 4 组，每组选 1 人。每组选 1 人。

2．实训人员分组出场

（1）混合组 4 组依次出场，统计时间人员记录第一名成绩，统计排名。

（2）混合组比试结束，男生 4 组同时出场比试，统计时间人员记录第一名成绩，统计排名。

（3）男生组比试结束，女生 4 组同时出场比试，统计时间人员记录第一名成绩，统计排名。

（4）女生组比试结束，统计时间人员记录第一名成绩，统计排名。

3．交流

实训结束，请参与实训的同学谈谈，要点如下：

（1）比试后的真实想法。例如，你承认不如其他同学吗？

（2）自己对推销员身体素质的认识。

（3）未来如何提高自己的身体素质。

每人限定 3 分钟

4．点评

本组同学对参与实训同学的表现点评。

5．总结

教师对实训作全面总结。

六、效果评价

1．总体评价

通过三大比试项目，是否找出自己的不足，未来如何提高自己的身体素质。

2．分项指标

评价内容	分值	评分
比试现场的表现（坚持的程度）	20	
团结协作程度	10	
交流的气氛活跃程度	10	
自我认识是否充分	20	
自我激励是否得当	20	
未来规划是否清晰	20	

七、评选

评选最佳协作小组、最佳个人表现。

八、推销员职业素质（身体素质）养成实训总结

1．生活有规律

（1）注意饮食，少吃高脂肪的快餐，多和奶制品、豆制品。

（2）平时学习不搞通宵突击。

（3）一日三餐定时，不睡懒觉。

（4）不晒月亮，谈恋爱注意时间。

2．戒除不良嗜好

（1）不抽烟、不酗酒、喝喝绿茶。

（2）不沉迷网络游戏。

（3）不沉迷纸牌等游戏

3．有意识地做专项训练

（1）手握冰块：锻炼耐力。

（2）围绕学校操场跑步：锻炼肺活量，释放压力。

（3）多做蹲站交替练习：锻炼腿部肌肉。

（4）其他：你填写。

4．随时休息

（1）寝室闭目养神。

（2）课间打盹提神。

九、讨论

如何提高身体素质，请你提出具体方案？

【任务小结】

本任务主要讲述了推销的定义、推销的基本要素、基本特征以及推销的现实意义。通过本任务的学习，读者应该掌握以下知识：

1．推销是一个很古老的概念，商品出现，推销产生。

2．推销有广义推销与狭义推销之分，广义推销指人们在社会活动中，通过各种形式传递信息、促使他人接受自己的意愿。狭义推销指推销人员运用推销技巧和手段，说服推销对象接受推销客体的过程。两者可以相互转化。

3．推销有三个基本要素：推销人员、推销产品、推销对象。

4．推销有五个基本特征：特定性、灵活性、双向性、互利性、说服性。

5．推销的现实意义：国家发展的助推器、企业发展的火车头、个人发展的启动机。

学习任务二　推销的基本原理

【学习目标】

- 掌握推销方格理论；
- 理解推销的模式。

【技能目标】

- 利用推销的模式进行有效商务推销活动。

【案例导入】列车上的推销

“大家看看啊，好玩的点陀螺，五颜六色，可以站在任何地方。出行旅游留个纪念，有小孩的给小孩，没有的给朋友的小孩带个礼物。”说着，乘务员把电陀螺放在了手指上，让乘客看，又把陀螺放在纸盒的棱角上，都能够站得很稳。

“新型的袜子，本产品采用高科技棉麻生产，不仅耐用，而且可以防止脚气。大家坐火车都有这体会，看着别人把鞋脱了睡觉，而自己不敢脱，因为自己脚臭。”“本产品耐穿耐用，一般的袜子脚指头部分很容易磨破，而本产品前面部分采用双层耐磨棉麻料，并且不会划伤而脱线。我给大家做个实验。”说着，乘务员拿起一个铁刷子“这个刷子是一把铁刷子，在一般的袜子上划一下，袜子便会脱线，而本产品不会，大家看。”说着，便拿着铁刷子在袜子面上划来划去，而袜子没有一点脱线。“并且本产品的透气性能相当好，不会捂脚而产生脚臭脚气，大家看。”乘务员又拿着打火机在袜子下面烤起来，火焰透过袜子窜了出来。乘务员这时候又把袜子发到乘客手里，让乘客实物感受。“大家都以为这种产品的价钱很高吧，其实才 10 元钱一包，一包三双，平均每双也就 3 元钱。我们列车是受该厂家委托做个宣传，该产品在北京华联、易初莲花等大型超市都有销售，价格在 20 元一双。大家何不抓住这个机会呢？”大家还在看着产品，有的只是在观望。

“这么好的产品，这么低的价格，男士只要少抽一包烟，女士只要少买一瓶化妆品。有单身的男人现在是个机会，老婆不在场，没有人管，老婆在的话，也没有关系，10 块钱也不会不给这个权利。大家抓紧时间行动啦。”听了乘务员幽默的话语，大家一阵笑声，很多人纷纷买了列车员推销的袜子。

问题

旅客购买推销员的产品是哪些因素作用的结果？

【学习档案】

一、推销方格理论

推销方格理论是美国管理学家罗伯特.R.布莱克教授和J.S.蒙顿教授提出的，主要分析推销员的推销风格与顾客购买风格之间的互动对推销工作完成的影响。理论采用了坐标分析的方式。

（一）推销方格

推销方格图如图 2-1 所示。

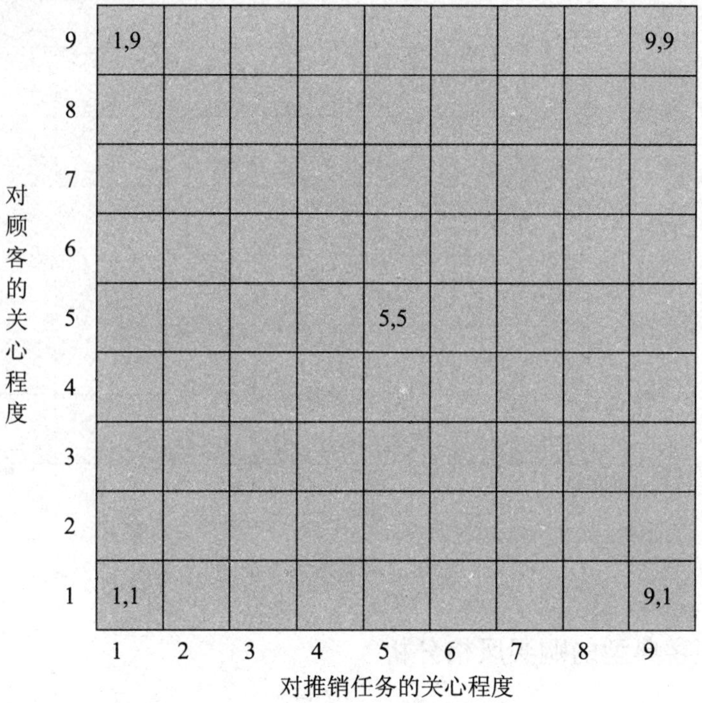

图 2-1 推销方格图

（二）推销员典型的推销风格分析

（1）无所谓型（1，1）：既不关心顾客，也不关心推销任务的完成。他们抱着要买就卖，不买拉倒的无所谓心态。

（2）人际关系型（1，9）：单纯重视并强调人际关系，对顾客以诚相待，重视生意不成仁义在，不关心或羞于谈起交换活动。

（3）强力推销型（9，1）：它与人际关系型恰好相反，持这种心态的推销人员侧重单纯关心销售任务与买卖本身，忽视商品交换背后人际关系沟通。

（4）推销技巧型（5，5）：既关心销售，又不非常重视推销；既关心与顾客沟通，但不求完全为顾客服务，注意两者在一定条件下的充分结合。

（5）解决问题型（9，9）：即关心推销效果，又重视最大限度地解决顾客困难，注意开拓潜在需求和满足顾客需要。

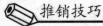

（三）顾客购买方格

顾客购买方格图如图 2-2 所示。

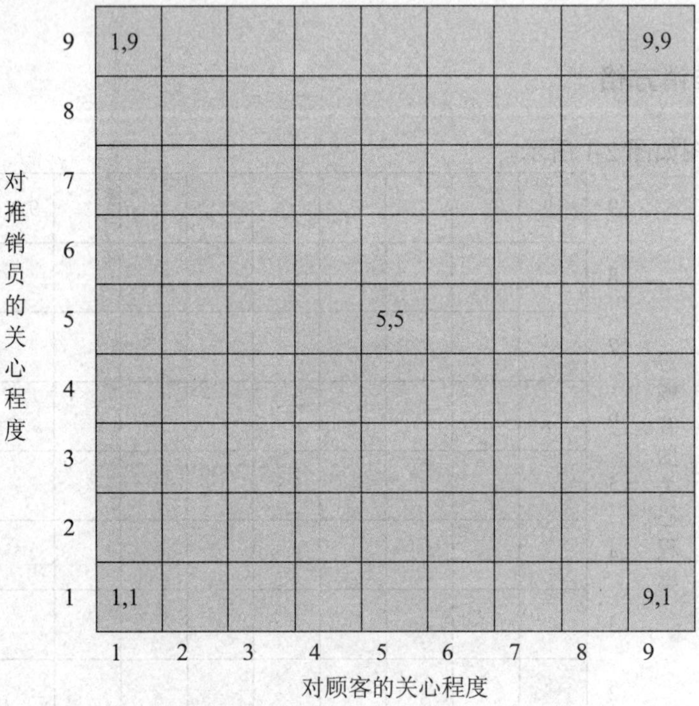

图 2-2　顾客购买方格图

（四）顾客典型的购买风格分析

（1）漠不关心型（1，1）：既不关心推销人员，也不关心商品购买本身。多数情况下受人委托购买，而且不愿意承担责任，往往把购买决策推给别人，而自己仅仅做些询问价格、了解情况等事务性工作。

（2）软心肠型（1，9）：更侧重关心推销员对他们的态度。只要推销员对他们热情，表示好感时，便感到盛情难却，即便是一时不太需要的商品，也可能作出购买决定。

（3）防卫型（9，1）：他们对所购买的商品非常重视，百般挑剔，但对推销员的态度并不重视，大多不相信推销员的话，任凭你花言巧语，他们只相信自己对商品的判断，对推销员怀有较强的防范心态。

（4）公正型（5，5）：既注重商品本身，又重视推销员的态度和服务。他们常常凭借自己的知识和经验来选择商品，对购买决策深思熟虑。同时，他们也愿意听取推销中的经验介绍而选择厂家和商标。

（5）寻求答案型（9，9）：既关心购买，又明确知道自己的需要；既能和推销员保持良好关系。在购买商品之前，已设计了自己的需要数量和需求标准，主动与推销员合作，寻找解决困难的途径。

（五）推销员推销风格与顾客购买风格的对碰

现实中的推销过程就是推销员的推销风格与顾客的购买风格的对碰过程，两者对碰结果决定了推销工作是否能够顺利完成。布莱克和蒙顿教授设计了一个简单的有效组合表，通过对推销员推销风格与顾客购买风格的叠加分析，初步揭示了推销员与顾客两种心态的组合与推销工作能否顺利完成的相关性，如图 2-3 所示。

购买风格 推销风格	1．1	1．9	5．5	9．1	9．9
9．9	＋	＋	＋	＋	＋
9．1	0	＋	＋	0	0
5．5	0	＋	＋	—	0
1．9	—	＋	0	—	0
1．1	—	—	—	—	—

图 2-3　推销员推销风格与顾客购买风格的叠加分析图

图中“＋号表示可以完成销售任务；“－”表示不能完成销售任务；“0”则表示处于糊糊状态，既有可能顺利成交，也有可能达不成任何交易，需要结合其他条件进一步分析。需要指出的是：现实推销行为受外界与内部多种因素的影响，推销员与顾客的心态呈现是十分复杂的，因此推销员推销风格与顾客购买风格无法绝对精确划分。所谓“世界上有多少个推销员，就有多少种推销心态，相反地有多少个顾客，就会有多少种购买心态”是有道理的。另外推销与购买心态也绝非是简单地受关心对方与关心商品两方面因素的影响，故推销方格理论只是大致上概括出两种心理的组合。

【课堂讨论 2-1】推销如此简单

克鲁斯所在的单位是一家著名的百货公司，公司出售的礼服销路不是太好。某一年的春天，这家公司所在地的附近有个村庄将要开发为新的市镇，于是，克鲁斯趁机去向农民们推销礼服。

他敲开了一家老农的门，这位老农对他的出现很惊奇：

“您到我家门上玩什么？”

“这位老伯，我今天来是请您看看我卖的礼服。”

“要我买啊，你有没有搞错？像我这样哪里需要什么礼服，通常只不过穿些普通的衣服罢了。”

“哦，当然我知道您一向是这样的，不过您可不能抱定这种想法不变。您知道，这年月什么都是在变的，而且变得很快，比如您所在的这个地方，不久就要变成市镇了，您总少不了到谁的婚礼上喝喜酒吧？到那时穿礼服才好。否则穿着平时的衣服，自己会觉得好没面子，说不定主人也会嫌它寒伧呢！”

“这么说倒也是的，虽然我不会有太多的机会穿它，但还是有一件比较合适，那我就买一件了。”

“多谢您帮忙。”

第一笔交易做成了。

3个月过去后，到了夏天，克鲁斯又来到了老农家。

“今天又是来干什么？”

“啊，现在已经是夏天了，您应该有一套夏天的礼服才好，上次那套礼服是天气不热时穿的。”

“上次那套礼服我还没穿过一次呢！我就说过我没有几次机会喝喜酒的，要那么多礼服干什么？”

“老伯，您这么说就不对了，礼服不是非得喝喜酒时才穿的呀，其他节日里穿上也很体面的呀！”

“这么说，我就再买一件夏天的。”

“多谢了，老伯您真是太爽快了。”

夏天过去了，转眼又是秋天，克鲁斯又一次登门。老农一见他就显出很不欢迎的态度：

“今天你怎么说，我也不要买了。”

“老伯，千万不要这么说，我觉得您还是应该再买一件。”

“小伙了，我已经够照顾你了，你怎么这么不知足呢？”

“您听我说，老伯，我只是觉得，像您这样在本地这么有名望的人，穿着丝制的礼服参加婚礼或别的喜庆场合，那才叫体面。到时您穿的是我卖给您的衣服，我的脸上也会有彩的。”

费了一番口舌后，克鲁斯又一次成功了。

问题

克鲁斯碰到其他的推销对象还会如此好运吗？

二、推销模式

所谓推销模式就是推销专家根据推销活动的特点及顾客购买活动各阶段的心理演变应采取的策略，总结出来的一套程序化的标准推销模式。推销模式的产生使推销有了可以依据的理论、步骤与法则，促进了推销效率的提高。推销模式来自于推销实践，具有很强的可操作性，是现代推销理论的重要组成部分。推销模式的种类有很多，应用较为广泛的有五种模式，即爱达（AIDA）模式、埃德帕（IDEPA）模式、迪伯达（DIPADA）模式、“吉姆”（GEM）模式、费比（FABE）模式。目前从推销实践来看，运用最广泛的模式是爱达（AIDA）模式，以下，我们将重点介绍爱达（AIDA）模式及其在推销活动中运用。

（一）“爱达”模式（AIDA 模式）

爱达模式是世界著名的推销专家海因兹·姆·戈德曼在《推销技巧——怎样赢得顾客》一书中首次总结出来的推销公式，它被认为是国际成功的推销公式。“爱达”是四个英文字母 AIDA 的译音，也是四个英文单词的首字母：A 为 Attention，即引起注意；I 为 Interest，即诱发兴趣；D 为 Desire，即刺激欲望；最后一个字母 A 为 Action，即促成购买。它的具体函义是指一个成功的推销员必须把顾客的注意力吸引或转变到产品上，使顾客对推销人员所推销的产品产生兴趣，这样顾客欲望也就随之产生，尔后再促使顾客采取购买行为，最后达成交易。爱达模式操作步骤如下。

1. 唤起顾客注意（Attention）

顾客对推销产品的关注就是做出购买行为的开始，因此，爱达模式认为，顺利开展推销活动的前提首先就必须引起潜在顾客对推销产品的注意。推销人员应通过一系列的推销技巧，充分刺激潜在顾客的感官器官，把潜在顾客的注意力引到推销人员和推销产品上，唤起顾客注意的方法很多，经常使用的有：出奇制胜法、旁征博引法、实物招抹法、气氛渲染法等。

2. 诱导顾客兴趣（Interest）

此阶段推销人员应在潜在顾客注意的基础上，充分挖掘自己产品的特色，唤起潜在顾客对推销品的兴趣。

3. 激发顾客购买欲望（Desire）

仅有兴趣是不够的，潜在顾客对推销产品发生兴趣后，他会考虑是否应该购买，会反复权衡买或不买，尤其是把推销产品与可替的竞争品做比较，此阶段潜在顾客通常会对推销品的优点、安全、适用范围、价格等提出各种疑问。此时，推销员要激发潜在顾客购买欲望就应设法打消他们的种种疑虑，使他们自我强化购买行为，激发购买欲望。

4. 促成顾客购买行为（Action）

促成顾客购买行动是爱达模式的最后一个步骤，它是全部推销过程和推销努力的目的，也是对前三个步骤的总结和收获。此阶段要求推销人员要不失时机强化顾客的购买意识，培养顾客购买意志倾向，促使顾客产生实际购买行动。

【课堂讨论 2-2】第一次打工经历

如果要说是故事，也不是很够分量，只能算是一段经历。故事需要回到今年的“五一”黄金周说起，这一天才算开起了我的人生的第一次打工篇章，我的内心无比激动。

我受“广东省中山市某调味品公司南昌分公司”的聘用，对该公司产品进行市场促销，从本质上来看，其实是协助该公司投放市场作前期的推广准备活动，由于是调味品，因此公司把推广的地点选择在农贸市场，主要的考虑是：人群密度高，且同时也是一般消费者——家庭妇女的具体消费点，我所负责的具体地点就设在南昌市系马桩农贸市场。

由于是第一天上班，我对地点不熟悉，几经周折才找到。系马桩农贸市场给我的感觉是十分凌乱，但我想，乱不一定都是坏事，至少说明来往的人多，潜在的顾客流量大，市场潜力可开发程度理想，不正符合我们推广产品的需求吗？

要推广，总要应该了解和熟悉自己的产品吧，就先介绍自己将要推广的产品吧：

（1）该产品在南昌是新上市产品，知名度不高；

（2）该产品是更新换代调味品，第四代新品，第一代味精、第二代鸡精、第三代鸡粉，我现在所要推销的产品正是第四代新品；

（3）该产品是超浓缩的，包装较精美，但分量少，价格比一代、二代的调味品偏高；

（4）最重要的是现在市场上类似的产品已经在消费者心中是根深蒂固，比如：太太乐鸡精、翔橱鸡精多、要让我推销的这个品牌顺利推广出去，取代主妇们的日常调味品确实需要一定的策略。

我一个人负责将所有货物搬到已租好的摊位时，累得大汗淋漓，时间已经是上午十点了，看见别人的摊位前是门庭若市，唯独我的台前是无人问津，有的主妇们经过摊位前也只是随性看看，更多的是在我的摊位前斜眼瞄了瞄海报。我知道今天的推广如果一味地站在摊位前，必定是“守株待兔”的效果，于是我心里默默制定了推销方案：

首先，我尽力尽情吆喝，吸引更多顾客对我的产品感兴趣，（中国人有个共性，当一个人抬头看天，那么就有第二个，接着便有无数个），我的卖力吆喝，引来了越来越多的围观者，这恰恰印证了我的观点是正确的。

然后，当顾客抱着疑惑的眼光凑过来时，我不多说什么，就将已经准备褒好了的汤加入我的调味品，给顾客品尝，这时候要看顾客脸上的表情，由于产品的质量确实很好，很多顾客在尝完之后嘴角都上扬了，说明他们开始接纳我的产品了；我真切体会到质量是带来客户的最大源泉。

接着，我在顾客品尝的同时对顾客进行产品的口头介绍，以及应对他们提出的问题，顾客所提出的问题是五花八门，我一边回答，一边猜测他们的心理活动，定夺他们可能的购买欲望，也就是充分运用察颜观色的技巧。

总的来观察，几乎所有的顾客心中都有一层顾虑，那就是该产品是否安全，毕竟他们过去没有见过，这时，我便告诉他们，南昌现在各大型超市都有供货，比如：沃尔玛、洪客隆、百货大楼等都有此产品的专柜销售。（利用现在的消费者依赖超市的心理，所以如此解释，这提升了自己所推销产品的信誉度及优点，达到了一箭双雕的目的）。

顾客最终购买的阻力涉及价钱的问题，由于价格偏高，很多顾客是思量再三，我告诉他们，它的价格与品质相比仍是低的，加上现在处于市场推广阶段，产品以促销价进行酬宾让利活动，买一送一，品质的过硬加上酬宾让利活动，很多购买行为就达成了。

现在回想，打工的这段经历给我最大的感受是：在服务性行业里，微笑与忍耐是多么重要，坚强和信念同样不可厌弃，因为我的专业是市场营销，这份兼职我不能说做得很成功，但我学到的是在课堂上学不来的经验。其实整个推销过程，我充当的角色是顾客的参谋员、服务员，我想推销产品一定要让顾客乐意接受，现在的企业都讲究双赢，给顾客带去产品利益的同时，我们的利益也一并增长嘛！

问题

主人公是如何运用爱达模式完成推销任务的？

（二）“迪伯达”模式（DIPADA 模式）

迪伯达公式是海因兹·姆·戈德曼根据自身推销经验总结出来的新公式。“迪伯达”是六个英文字母 DIPADA 的译音。即 Definition（发现）、Identification（结合）、Proof（证实）、Acceptance（接受）、Desire（欲望）、Action（行动）的第一个字母。它们表达了迪伯达公式的六个推销步骤。迪伯达推销模式认为，在推销过程中，推销人员必须先准确地发现顾客的需要和愿望，然后把它们与自己推销的商品联系起来。迪伯达模式的操作步骤如下：

1. Definition——准确地发现顾客的需要与愿望

从大量的推销实例来看，推销失败的缘由多半是因为推销对象的需要和愿望没有得到满足。因此满足顾客的需求是一切推销活动的出发点。但顾客的需求是多种多样的，有一种的，有多种的，有明显的，也有隐蔽的。以组织购买者为例，推销对象主体有两层，一个是组织本身，另一个是组织的个人代表，他们的需求自然不是单一的。因此，推销人员要去认真地思考、揣摩和分析顾客的现实需求，深入挖掘隐蔽的需求和愿望，尽量同时满足多个需求。

准确地发现顾客的需要和愿望，是引导、说服和有效推销的基础和保证。否则，洽谈将陷入无效的讨论陷阱之中。

2. Identification——把产品与顾客需要结合起来

Identification 就是把顾客的需要和推销的产品有效地结合起来，把对顾客需要的分析调查过程和以后开展的推销活动结合起来。这是一个由摸索需求的过程向展开实质性行动的转移。在这个阶段，推销员可以采取利益推销法，紧紧围绕产品给顾客带来的利益，展开推销活动。

3. Proof——证实所推销的产品符合顾客的需要

推销员在向顾客介绍、推销产品时，为了增加顾客的信任感，减少顾客的担忧，常常采用各种方式对自己所推销的产品加以证明。证明，不仅仅是言之有理，还得有理有据，推销员必须向顾客提供有说服力的证据。证据包括以下几种：

人证——有社会影响力的名人或顾客熟知的人士对产品做出的评价。

物证——产品实物、有资质的机构给出的质检报告、鉴定书、获奖证书等。

例证——曾经购买过和使用过产品的典型实例，完整个案。

4. Acceptance——促使顾客接受所推销的产品

通常来说，推销员在向顾客介绍、演示完产品之后，顾客并不会立刻、马上认可该产品。也就是说，推销员的推销与顾客的接受还有一定的距离，这时候推销员还要进一步的利用引导、总结、提问、示范、试用、说服等方法，促使顾客快速接受该产品。

在促进顾客接受产品的过程中，要遵循以顾客为主的原则，切忌以自我为中心，切忌急于求成，不能强迫顾客接受。

比如，推销员可以采用以下两种表达方式引导顾客：

“如果您对产品质量没有疑问，那我们来讨论一下送货问题好吗？”

“……可以看出，××型号的产品是您明智的选择。”

5. Desire——激起顾客的购买欲望

与爱达模式相同，在顾客认可并接受了产品之后，推销员应“趁热打铁”，进一步提出具有吸引力的建议，从而最大限度地激发顾客的购买欲望。

6. Action——促成顾客采取购买行动

与爱达模式相同，在确定顾客有购买欲望和购买意向后，应及时表达交易请求，促使顾客采取购买行动。

迪伯达模式的特点是：紧紧抓住了顾客需要这个关键性环节，充分体现说服、劝导的作用。与爱达模式相比，虽然迪伯达模式更复杂，步骤更多，但每个环节的针对性较强，推销效果更好。

迪伯达模式适用于组织购买者；适用于对老客户及熟悉客户的销售；适用于生产资料产品和保险、技术、咨询、信息、劳务等无形产品的推销。

【延伸阅读】

把推销的产品和顾客的需要结合起来

小薇是一名家电促销员，她每天都面带微笑地迎接每位顾客。

有一天，一个年轻男人走进了店里。他身穿一件洗得发白的衬衣，裤子也是旧旧的颜色，还有一双应该是穿了很久的皮鞋。头发不是那么整齐，神情也有些犹豫。

小薇主动迎上去招呼这位客人，问他需要哪种款式，要放在客厅还是卧室里。可是顾客只是自顾自地浏览各种款式的电视。最后客人在一款 29 寸纯平彩电面前停了下来，说道：“我要买电视，结婚用。”（Definition——准确地发现顾客的需要与愿望）

小薇赶紧根据顾客的要求介绍了比这款电视更先进、更时尚的一款超薄纯平宽屏彩电。并且用前一款彩电和这款作了对比，以突出这款的优势。（Identification——把产品与顾客需要结合起来）

但是，这位顾客在小薇推荐的那款电视前看了一会，就离开了。

这时，店长走过来对小薇说：“你看他的衣着打扮和神情，像是有钱人吗？”

小薇很坚定地摇头。

店长又说：“既然不是有钱人，再舍得花钱也不会购买比原来预期超出很多的产品的。”

小薇恍然大悟，她没有很好地把推销的产品与顾客的需要结合起来，从第二步就开始出了错，更不要说接下来证实、接受、激起欲望和促成购买等步骤了。

（三）其他模式简介

1. “埃德帕”模式（IDEPA 模式）

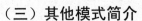

“埃德帕”模式是“迪伯达”模式的简化形式，它适用于有着明确的购买愿望和购买目标的顾客。“埃德伯”是五个英文字母 IDEPA 的译音。这五个英文字母分别为五个英文单词的第一个字母。它们表达了埃德伯公式的五个推销步骤：

第一步，Identification，意即把推销品与顾客需要结合起来。

第二步，Demonstration，意即向顾客示范产品。

第三步，Elimination，意即淘汰不合适的产品。

第四步，Proof，意即证实顾客的选择正确。

第五步，Acceptance，意即促使顾客接受产品。

2. 费比模式（FABE 模式）

费比模式是由美国奥克拉荷马大学企业管理博士、台湾中兴大学商学院院长郭昆漠先生总结并推荐的推销模式。“费比”是 FABE 的译音，FABE 则是英文字母 Feature（特征）、Advantage（优点）、Benefit（利益）、Evidence（证据）的第一个字母，这四个英文字母表达了费比模式的四个步骤：

（1）特征。把产品的特征详细介绍给顾客。特征的内容有产品的性能、构造、作用、使用的简易及方便程度、耐久性、经济性、外观优点及价格等。

（2）优点。推销人员应针对在第一步骤中所介绍的特征，寻找出其特殊的作用或者是某项特征在该产品中扮演的特殊角色、具有的特殊功能等。如果是新产品，务必说明该产品开发的背景、目的、必要性以及设计时的主导思想、相对于老产品的差别优势等。

（3）利益。推销人员应在了解顾客需求的基础上，把产品能给顾客带来的利益，尽量多地列举给顾客。不仅讲产品外表的、实体上的利益，更要讲产品给顾客带来的内在的、实质上的利益；从经济利益讲到社会利益，从工作利益讲到社交利益。

（4）证据。推销人员应以真实的数字、案例、实物等为证据，让证据说话，解决顾客的各种异议与顾虑，促成顾客购买。

3. “吉姆”模式（GEM 模式）

“吉姆”模式旨在帮助培养推销人员的自信心，提高说服能力。其关键是“相信”，即推销人员一定要相信自己所推销的产品（G），相信自己所代表的公司（E），相信自己（M）。

4. “希斯”模式

“希斯”模式适合于用来推销各种生产资料。它把整个推销过程分为 4 个发展阶段，即分析购买欲望；判断购买决策者；协调集体决策各个成员的意见分歧；创造有利的市场环境。

【实训演练】

项目1 个人故事讲述

一、实训项目

我的故事。

二、实训目的

（1）锻炼语言组织能力。

（2）锻炼交流能力。

（3）锻炼思维能力。

三、任务要求

（1）回忆自己曾经的推销故事或购买故事，讲述要注意时间、地点、人物、经过。

（2）结合过去的实训教学，比较自己做推销的不足。

（3）学会整理思路，提高未来的推销能力。

四、实训步骤：

（1）按已分配小组，每组必须选派 1 人分享自己的故事，做过推销员的分享推销故事，如果小组成员没有人做过推销员，则要求分享自己作为消费者的购买产品或服务的经历。如果有小组成员多名做过推销，可以不受名额限制。

（2）主持人（教师指定）把所用参与实训的人员全部排序。

（3）排序结束，主次人通知实训人员按分组次序。实训人员做准备（5 分钟），草拟讲述提纲。

（4）实训人员先后依次出场，讲述自己的故事（5 分钟）。

（5）讲述结束，讲述人与同学互动交流，须回答同学的疑问点或兴趣点（3～6 分钟）。

（6）教师对分享实战经历做总结发言。

五、效果评价：

1．总体评价

达到锻炼语言组织能力、学会现场交流。

2．分项指标

评价内容	分值	评分
草拟了讲述提纲	20	
语言清晰、普通话标准	20	
讲述过程逻辑清晰	20	
讲述包括了四点要点	10	
比较了过去和现在	10	
与台下交流的气氛	20	
案例模拟总体评价	100	

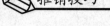

六、评选

评选一个最佳表现同学。

七、实训总结

很多大公司提拔人才除了考察写，还特别重视说的技巧。公众场合的演讲，例如你向管理层汇报自己及团队的工作，年终向下级职员做年度工作报告等。

1．现场演讲前准备

（1）准备提纲：必须罗列演讲主题提纲，必要时提醒自己，也为了稳定情绪。

（2）准备水：上台前，深呼吸，并带好一瓶水，但紧张时，喝一口水，可以让自己心情稍许平和。

2．登台以后的情绪稳定

（1）提纲摆放：把演讲主题的提纲放置自己的正前方，便于自己视线可以扫描到。

（2）目光游离：不要一直看某个区域。

（3）积极暗示：例如：我能上台足以证明比他们强；即便万一搞砸了也没什么了不起，又不是世界末日。

3．有吸引力的开场白

（1）开门见山：直截了当切演讲的主题，不拐弯抹角，让听众直接进入演讲主题。

（2）巧设问题：巧设问题的情境,易于激发学习兴趣,集中听众的注意力、激发听众对主题的强烈的兴趣。

（3）制造悬念：指把一个完整的故事或者创意在情节发展的关键点分割开来，通过设置悬念的方式来持续吸引受众关注，延长了对推销主题的感受时间。当然，在设计悬念环节时，应该尽量做到巧妙，自然，不要给受众留下生搬硬套或故弄玄虚的印象。

（4）分享故事：让听众亲身融入到故事的情景中；用他人的切身的经历向人们昭示了一个道理；让听众认为有能力取得比故事中的他还要多的成就。

（5）引用名言：引用一句鞭辟入里、含蕴深刻的名人名言，或引用一句意蕴丰富、文辞优美的古人诗文，往往能帮助我们更好地表情达意，更深刻地交流感情，为我们的言辞和文章增光添彩。

（6）赞美听众：恰如其分的赞美能使我们更好的与听众交往，从而拉近主讲人与听众之间的关系。

4．语言要做到

（1）通俗：普通,普遍的,被大众所广泛理解的. 适合群众的水平和需要,容易被群众理解和接受的, 理解和接受是得到听众认可的前提。

（2）幽默：幽默可以让听众更加轻松，轻松的环境提高了听众对主讲者的关注。

（3）逻辑清晰：逻辑清晰可以让听众听得清晰，另外对主讲者也会产生好感。

5．运用肢体语言

（1）眼神：坚定的眼神本身就是自信的一种表现。

（2）表情：轻松，谈谈的微笑

（3）站姿：挺拔

（4）手势：不要过于多样。

6．故事分享要有体会

（1）整理记忆。

（2）对比现在。

（3）思维提高。

八、讨论

（1）哪位同学的实战故事对你的启发最大？

（2）此次实训，你的感悟有哪些？

项目 2　实战场景模拟

一、实训项目

模拟案例中的实战场景。

二、实训目的

（1）锻炼学习能力。

（2）锻炼领悟能力。

（3）锻炼模仿能力。

三、场景设计

1．案例场景：见【课堂讨论 2-2】第一次打工经历。

2．角色扮演

（1）推销员：案例中的我（各小组自行决定）。

（2）潜在顾客：同学扮演（各小组自行决定）。

（3）观察员：全体同学。

（4）评论员：任课老师。

注：推销员、潜在顾客不能由同一小组成员扮演，必须交叉互演。

3．任务要求

通过模拟案例场景再现，可以帮助推销员了解现实推销中可能遇到的阻力，掌握现场推销中应该注意的细节，锻炼推销员的语言能力和勇气。

四、相关知识

见课本中案例评析部分。

五、实训步骤：

1．自行分组，每组 3-6 人，选派 1 人演案例中的我（推销员），其余人演市场中的潜在顾客。

2．推销员分组出场：推销员、潜在顾客不能由同一小组成员扮演，必须交叉互演。

3．实训内容：

（1）案例主人公在推销第一阶段大声的尽力尽情吆喝，你觉的她吆喝的内容会是什么？请推销员发挥自己的想象力演绎一番！

（2）案例主人公在顾客品尝的同时对顾客进行产品的口头介绍，以及应对他们提出的问题，请推销员及潜在顾客共同演绎一番！

4．实训结束，请潜在顾客对推销员的表现谈谈自己的感想。

5．评论员对模拟案例场景再现实训做总结发言。

六、效果评价

1．总体评价

角色表演水平、要点表达是否清晰、技巧运用是否熟悉、临场反应是否灵活。

2．分项指标

评价内容	分值	评分
小组组织准备工作	10	
角色扮演自然	20	
语言清晰、流畅	20	
吆喝有新意	20	
胆量	10	
爱达模式的初步运用	20	
案例模拟总体评价	100	

七、评选

评选出最佳推销员、最佳潜在顾客。

八、模拟案例场景再现实训总结

1．学会爱达模式在现实商务活动中的运用

（1）多研读现实商务中的案例，领会爱达模式的实战运用

（2）细化爱达模式的每一步，争取每一步都提出方案

2．克服恐惧心理

（1）在校期间多参加辩论赛、演讲赛

（2）在返回寝室时，一路高声歌唱。

（3）周末晚上独自看一场恐怖电影后独自返会校园

（4）半夜无人时照镜子

3．遐想

（1）想想你在海滨仲夏夜的沙滩漫步。

（2）想想你在海轮上吹海风，看蔚蓝大海。

（3）想想你在自己的海滨别墅的阳台观看日出。

（4）开展推销活动前，在脑海过电影，设想可能的场景。

4．进入案例场景，多做一些设想，如：我是主人公将如何操作。

九、讨论

（1）推销工作中如何克服羞涩心理？

（2）对于第一次从事推销工作的人员，你有何建议？

【任务小结】

本任务主要讲述了推销方格理论和推销模式。通过本任务的学习，读者应该掌握以下

知识：

1．推销方格理论

主要分析推销员的推销风格与顾客购买风格之间的互动对推销工作完成的影响，细分为顾客方格及推销方格，采用坐标分析方式。

顾客方格是研究顾客在推销活动中的心理活动状态；推销方格是研究推销活动中推销人员的心理活动状态。无论是顾客方格及推销方格，纵坐标关注的是人，横坐标关注的是物（任务）。

2．推销模式

就是推销专家根据推销活动的特点及顾客购买活动各阶段的心理演变应采取的策略，总结出来的一套程序化的标准推销模式。

爱达（AIDA）模式四个阶段：注意（Attention）、兴趣（Interest）、欲望（Desire）、行动（Action）。本任务重点介绍了应用最广的爱达（AIDA）模式。

迪伯达（DIPADA）模式的六个阶段：Definition——准确地发现顾客的需要与愿望、Identification——把产品与顾客需要结合起来、Proof——证实所推销的产品符合顾客的需要、Acceptance——促使顾客接受所推销的产品、Desire——激起顾客的购买欲望、Action——促成顾客采取购买行动。

学习任务三　推销前的准备工作

【学习目标】

- 熟悉推销外围环境分析包括哪些内容；
- 掌握所推销产品基本特点与功能；
- 掌握针对推销对象要做哪些准备。

【技能目标】

- 能结合所推销产品做推销外围环境分析，能做推销前分析报告；
- 能主动指出所推销产品基本特点与功能；
- 能结合产品特点做推销对象准备工作。

【案例导入】应聘实录

20××年5月，某省级报纸连续几天发布了一则当地影业集团公司招聘市场总监的启事，招聘启事是夹在影院近期上映影片广告上发布的，很简短，没有具体的要求。招聘市场总监的启事在一青年的脑海中挥之不去，经过一番思索后，青年来到了影院，应聘总监职位，以下是他们的对话实录：

总经理："你有相关影业公司的从业经验吗？"（直截了当）

应聘者："没有，但是有多年的其他行业的经验？"（事实求事）

总经理："那你知道我们招聘市场总监的目的吗？"（测试想法）

应聘者："我想问问，影院过去有市场总监职位吗？"（反问想法）

总经理："有，做了半年，工作没有起色，无论是人气还是票房都没改观，董事会不满意，他自己走了。平时我的很多朋友提出了很多建议，但效果总是不太理想！我们这次的招聘就是为了解决此问题。"（真实想法）

应聘者："确实啊！影院的赢利靠的就是人气和票房啊！不过人气是基础，没有人气票房无法完成。"（附和想法）

总经理："现在人气确实不足，前两天有一家广告公司的职员找到我，给我看了其他公司做的招贴画，他们已通过报纸发行夹带招贴画的形式打出了特价优惠，问我的公司需不需要？"

应聘者："我想，招贴画的形式很好，不过别家公司在做，你没有必要做，因为撇开巨额的广告费用不谈，单从效果来看就不可能有明显的效果！"（提出见解）

总经理："我也是那么考虑的，因为他们的优惠价格肯定坚持不了多久，我们如果照此价格，恐怕电费都不够支付。"（真实想法）

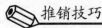

应聘者："其他电影公司做招贴画的宣传对我们确实有冲击，但也有好的一面，因为他们的招贴画告诉了所有的消费者最近要上映的影片，省了我们这部分的宣传费用，现阶段的关键是我们要分析谁是影院的消费群体，谁又可能是我们影院的消费群体，谁又是每部即将上映电影的消费群体，应该把这三部分分析透了才能做出我们的人气和票房！"（对象分析）

总经理："不要急，慢慢讲"，接着给服务台打了一个电话"请拿两杯饮料上来，另通知今天下午我不见任何客人。"（营造气氛）

应聘者："影院的消费群体从大的方面可以分为团体消费和个体消费。团体消费根据其职业特点又可以突出两大群体的推销方向，一是公务员，另一个就是教师。公务员消费特点是晚上和周末，晚上应酬多，观影的可能性小，相比，周末的消费刚性很大。教师消费的特点是时间灵活，尤其是高校教师，白天照样可以抽出时间观影，倒是晚上因为要备课，观影的可能性较少，两大群体正好可以在时间上有个互补，如果能把握好这两个消费群体，做成长期的团体票，将会带来一个固定的票房收入，但是具体推销步骤很复杂，下次给出具体方案。至于个体消费无须对职业划分，但要对消费群体进行年龄上的划分，主要要强调青年群体的消费，就我们影院来说，其优势在于地处步行街商圈，青年男女在休闲购物时无一不从门前经过，这是我们影院在推销自己时最大的地理优势。"

总经理频频点头："请继续说。"（兴趣陡增）

应聘者："当然从门前经过并不意味他们会来影院消费，要把他们从休闲购物的激情中转入到影院的消费是需要技巧的。其实招贴画的形式也可以借鉴，不过我们的宣传不需要报纸夹带的形式，那太落伍了，可以采取新的推销渠道，既然青年男女喜欢购物，那么商圈的卖场就可以成为我们推销的主战场。"

总经理："有道理，那么推销如何进行呢？"

应聘者："我们可以把电影票的优惠卷做成两联和卷，一联为免费卷，一联为八折卷，两卷必须同时使用，这无形中就形成了价格的优惠。另我们的优惠卷与商家联合起来，即只有买了某商家的产品就给予赠送，商家有我们的免费给予，他们一定会把影票作为噱头，在完成自己商品销售的同时也免费为我们影城做了广告，购物青年男女在得到优惠卷后，一般女生会表达出极大的兴趣，不过她不可能一人前行，男孩也不会让其一人独行，我们的优惠卷恰好满足了两人的心愿，两人结伴的美丽就是我们推销的成功啊！这一步只是我们推销策略中很少的部分，仅仅也是自己提高推销策略的部分，对于其他影院的竞争者，我们也可以用一些特别的策略扩大影响力，赢得销售的成功。你如觉得必要我们可以下回聊！"（造成紧迫）

总经理："很精彩，相信今后市场方面的运行有你的参与一定会取得成功。另外，你来了后由你全权负责销售人员的工作，负责对他们的培训，过两天，集团董事长就要出差回来了，我带你去见见他，你的职位最终决定权在他手上，希望今后你我合作，市场方面我配合你。"

问题

应聘者针对影城的业务做了哪些推销前的准备工作？

【学习档案】

一、推销外围环境分析

类似其他人类活动一样，推销活动必然受到各种内部和外部因素的制约和影响，我们把影响和制约推销活动的各种外部因素总称为推销环境。一般来看，推销外围环境分析包括了人口、经济、文化、竞争等环境因素的分析。

“商场如战场”，要取得战场上的主动以及获得最终的战果，一个很重要的前期工作就是做战前的综合分析，同样，推销要想取得预期的成果，也必须对推销外围环境做认真全面的分析，任何推销活动均处于一定的推销环境之中，其活动规律必须适应所处的外在环境。尤其对一个企业开拓新的市场，推销新产品时更应注意。

（一）人口环境

需求是人创造的，没有基本的人口，市场无法形成，推销无法开展。人口数量直接决定市场规模和潜在容量，人口的性别、年龄、民族、职业、聚集地分布等也会对市场产生深远的影响，从而影响着企业的推销活动。企业应重视对人口环境的研究，密切关注人口特性及其发展动向，及时地调整推销策略以适应人口环境的变化。 以下仅对人口数量、结构是如何影响推销活动展开分析。

1. 人口数量分析

人口数量是决定市场规模的一个基本要素。如果收入水平不变，人口越多，对食物、衣着、日用品的需求量也必然加大，相应市场也就越大。企业开展推销活动首先要关注所在地区的人口数量及其变化，尤其是推销品是人们生活必需品时更要关注。 很明显，百万人口以上的大城市市场容量比十几万的县级城市明显大很多。一般来说，大城市往往是企业拓展推销业务的首选，当然也将面临激烈的竞争。

2. 人口结构分析

人口结构包括了年龄、性别、教育与职业、家庭、社会、民族等诸多因素。年龄结构指不同年龄的消费者对商品和服务的需求，企业应了解不同年龄结构所具有的需求特点，决定产品的投向，寻找推销的目标市场。性别结构指性别差异对消费需求的影响，企业可以针对不同性别的不同需求，制定有效的推销策略。教育与职业结构指人口的教育程度与职业不同，对市场需求表现出不同的倾向。家庭结构指一个国家或地区的家庭单位的多少以及家庭平均人员的多少，这可以直接影响到某些消费品的需求数量。社会结构指城市、农村对产品需求的区别。民族结构指民族不同，饮食、居住、服饰、礼仪等方面的消费需求都有明显的差异。

（二）经济环境

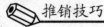

经济环境是影响企业推销活动的主要环境因素，它包括收入因素、消费支出、产业结构、经济增长率、货币供应量、银行利率、政府支出等因素，其中收入因素、消费结构对企业推销活动影响较大。

（三）文化环境

文化环境主要由价值观，消费习惯和宗教信仰，审美观等因素构成，文化环境强烈地影响着消费需求，消费观念与消费行动，左右着人们的购买行为和推销人员的推销活动，从而对推销活动有着十分重大的影响。

1. 价值观

价值观是人们在长期的社会生活中形成的对各种事物的普遍态度和看法，消费者受教育程度的高低，职业的差别，会产生不同的价值观，进而影响消费需求，消费观念。例如工人农民购物，较注重商品的品质，而知识分子则较强调商品的外观与艺术性等。

2. 消费习惯

消费习惯是人们在一定的社会物质条件下形成的风尚、礼节、习俗、惯例和行为规范。从事推销工作必须了解推销地区的消费习惯和推销对象的宗教信仰。现实生活中经常出现某商品在此地畅销，在彼地却滞销的情况，其原因往往也是由消费习惯或宗教信仰不同所致。

3. 审美观

不同的国家、民族、种族、宗教、阶层等对事物的评价，往往有不同的审美标准、审美意识和审美习惯，审美观直接影响着人们对商品式样、规格、色彩、品种、装潢、包装等的选择。例如对时装的审美观就具有鲜明得地域性。必须指出，即便是同一个国家、民族、种族、宗教、阶层随时间的变化审美观也会悄然发生变化。

作为一个推销人员，必须对文化环境进行研究，并对文化环境的发展予以极大的关注，推销人员应该在推销产品和服务的同时，推销新的消费观念。

（四）竞争环境

竞争的形式有三种，卖者之间的竞争，买者之间的竞争，买卖双方之间的竞争。对于推销人员来说，推销自己的产品主要来自两个方面的竞争，一是同类产品或服务的竞争，二是替代产品或服务的竞争。

对于同类产品或服务的竞争，推销人员的工作重点是强调产品的特征和差异性，推销人员应根据产品的价格、品质、用途等特点，将本产品进行明晰的市场定位。在市场竞争日益激烈的情况下，同类产品越来越多，如何科学合理的市场定位是所有企业成功、高效推销产品的关键。

对于来自替代产品或服务的竞争，推销人员应该实事求是地将产品与消费者的实际需求相联系，在介绍替代产品或服务的同时，特别指出自己产品的优势。

应当注意的是推销人员必须全面地了解竞争对手的情况，你对自己的产品了解有多深，对竞争对手的产品也要多深。

明确自己所处的竞争环境，了解自己的竞争对手并不是刻意贬低竞争对手，当消费者提起竞争对手及其产品或服务时，推销人员应该先从强调自己产品或服务的与众不同之处着手，向消费者推销，这是最基本的推销手段之一。

（五）地理环境

地理环境由地理位置、气候、交通、自然条件等要素构成，人们的消费需求与其生活的地理位置有着密切的联系，所以人们的消费需求和生活习惯均表现出地方性，因此，要想顺利地开展推销工作就一定要考虑地理环境的影响。例如，一个推销员去南方推销加湿器，到北方推销除湿机，可以想象他将遇到多大的阻力。

交通条件也是推销地理环境中的因素之一，一般来看，交通枢纽地区社会购买力比较强而且集中，但市场竞争激烈，交通不发达地区一般也是商品流通的薄弱环节，社会购买力比较分散，消费者消费选择性较差，市场竞争相对减弱，因此推销人员必须考虑到推销工作所到之处的交通状况，并且要全面分析推销地区水陆空交通条件及其相互替代性，此外推销人员必须考虑到推销工作的各种费用，以利于决策。

总之，各种地理环境因素，对推销工作的成败都有重要的影响，推销人员应该熟知推销地区的地理环境，包括当地的气候条件，地理位置，交通条件等。

（六）科技环境

科技环境是因科学技术的发展而构成的环境，信息化时代科学技术突飞猛进，产品更新的速度越来越快，人们的消费观念也在不断更新，例如，媒体和网络技术的发展，出现了“电视购物”“网上购物”等新型方式。通过“网络系统”人们还可以在家中订购车票、飞机票、戏票和球票。这些都给推销工作带来了新的挑战。

（七）政治与法律环境

一个国家的政局稳定与否，会给推销活动带来重大的影响。如果政局稳定，人民安居乐业，就会带给推销活动良好的外围环境。相反，政局不稳，社会矛盾尖锐，秩序混乱，必定会影响经济发展和市场的稳定。法律环境则是由国家和地方的各种法令、法律所构成。

政治环境直接影响到人们的消费需求和推销活动，政治生活的任何细微变化，都会猛烈地冲击其他方面的正常生活，例如欧洲国家曾规定禁止销售不带安全保护装置的打火机，这对中国打火机的出口市场是一个巨大的冲击。

法律也直接影响到人们的消费需求和推销活动，国民经济各个方面离不开法律环境，一切市场活动也不例外，必然受到法律环境的约束，要从事正当的推销，必须懂法守法，在法律允许的范围内从事正当的推销，例如广告促销时，要遵守广告法，推销摩托车，要注意地方是否禁摩等。

总之，推销活动必须在政治法律环境所规定的框架内进行。

【延伸阅读 3-1】

2006 年 12 月 14～17 日，在印度孟买举办的亚洲产品博览会上，将首次开辟中国电动自行车专用展位，向印度和亚洲的厂商以及消费者展示中国电动自行车的风采。

中国电动自行车（以下简称电动车）行业近几年迅猛发展，与前几年相比，中国电动车的出口有了很大的进步，但主要是出口到经济发达的国家，对与中国国情相似的广大发展中国家，如印度、巴西、秘鲁、墨西哥、埃及等，中国电动车企业还较少涉及。

我们认为这些国家市场潜力巨大，若努力开拓，必将是中国电动车企业未来最大的海外市场，也是最理想的海外市场，我们仅以发展中国家印度为例，展望印度的电动车市场。

印度人口 11.2 亿，为世界第二人口大国。同时印度也是经济大国，自 1991 年拉奥政府正式开始经济改革至今，其年均 GDP 增长率达 6.5%，近几年经济更是飞速发展，2003 年 GDP 增长率为 8.5%，2004 年 GDP 增长率为 6.9%，2005 年 GDP 增长率为 7.5%。已成为世界第十大经济体，是继中国之后的全球第二大消费市场，被称为“后中国市场”！

虽然印度经济这几年快速发展，但由于印度人口众多，交通不发达，自行车和摩托车是其主要交通工具。印度自行车产量仅次于中国，2005 年销量在 2000 万辆以上，市场保有量在 2 亿辆左右。印度使用自行车最多的人是上学的学生、工厂工人、农民和低收入的职员。与欧美人相反，作为一个发展中国家，自行车在印度人眼中是一种交通工具，休闲的用途很少。以自行车为交通工具的人大约要占到印度总人口的 10%～15%。印度国内生产的自行车车价大约为 60 美元，最低车价约为 25 美元。

在印度城乡各地，摩托车是继自行车之后的又一主要交通工具，在上下班高峰时间，摩托车队几乎溢到了人行道上。根据印度政府 2002 年的抽样调查，在购买家庭交通工具方面，印度 1.807 亿个家庭中，只有不到 10%的富裕家庭选择汽车，其余中低收入家庭主要选择的是摩托车；大部分白领阶层为了行动方便，也把摩托车当成主要交通工具。另外，印度人结婚时，女方父母再穷也要借钱买一辆摩托车送给新郎，否则新娘难进新郎家门。印度摩托车年推销量有数百万辆，是南亚第一大摩托车消费国。

随着印度经济的进一步发展和政府对环保的日益重视，印度市场必然会产生对电动车的巨大需求，经济、便捷、环保的电动车自行车必然会取代自行车、摩托车，成为印度人民的首选交通工具。预计印度市场 2006 年电动自行车需求量预计达到 100 万辆以上，今后还会成倍增长。印度电动自行车工业发展较为缓慢，2001 年 7 月才推出首辆电动自行车，现在全印度的电动自行车保有量不超过 4 万辆，远远不能满足其市场的需要。同时，印度政府对进口中国电动自行车没有任何限制，以 36 伏中性款式的电动车为例：一辆车的出口价为 240 美元，另外享受 12%的出口退税，综合利润可高达 27%。若中国广大电动车企业能够抢占先机，以最快的速度进入印度市场，则必然是进入了一片能够创造利润神话的“蓝海”区域！

阅读材料以发展中国家印度为例，较为完整分析了我国电动自行车在印度推销的外围环境，例如分析了人口（印度人口 11.2 亿，为世界第二人口大国）；分析了购买力（印度也是经济大国）；分析了消费习惯（女方父母再穷也要借钱买一辆摩托车送给新郎）；分析了所处竞争环境（印度电动自行车工业发展较为缓慢）；分析了交通环境（电动车必然会取代自行车、摩托车成为印度人民的首选交通工具）；分析了政治、法律（印度政府对进口中国电动自行车没有任何限制）。应该说对外围环境分析是很全面和到位的，值得其他推销人员在工作中借鉴。

二、推销人员准备

推销外围环境分析只是推销工作开展的前期准备的一项工作，另一项重要的工作就是自我的准备。

（一）树立信心

信心是推销胜利的法宝，自信是推销成功的第一秘诀，你的信念体系决定你的推销成果。如果你想在事业中取得成功，那么你一定要相信你所代表的公司，相信它是市场上提供产品最好的公司，相信自己能够胜任推销工作，相信自己能够说服客户购买商品，相信自己能够战胜推销活动中的各种困难，你要相信自己的产品和服务不仅仅是市场上最好的，而且对顾客来说也是最有价值的。只有在顾客接受了你之后，他们才能认同你的公司，才会购买你的产品或服务。

【延伸阅读 3-2】

英国心理学家克列尔·拉依涅尔提出的 10 条规则可以帮助你增强自信心。

第一条：每天照三遍镜子。清晨出门时，对着镜子修饰仪表，整理着装，务必使你自己的外表处于最佳状态。午饭后，再照一遍镜子，修饰一下自己，保持整洁。晚上就寝前洗脸时再照照镜子。这样一来，一整天你就不会为自己的仪表担心，能一心去工作学习。

第二条：不要总想着自己身体的缺陷。每个人都有缺陷，你对自己的身体缺陷想得越少，自我感觉就会越好。

第三条：请记住，你感觉明显的事情，其他人不一定注意得到。当你在众人面前讲话感到面红耳赤时，众人可能只是看到你两腮红润、令人愉快而已。

第四条：不要过多地指责别人。如果你常在心里指责别人，这种毛病就可能成为习惯。总爱批评别人是缺乏自信的表现。

第五条：请记住，大多数人喜欢的是听众。当别人讲话时，你不必用机智幽默的插话来博取别人的好感。你只要注意地听别人讲话，他们就一定会喜欢你。

第六条：为人要坦诚，不懂不要装懂，对不知道的东西要坦白地承认。不能故作冷漠，否则，只会引起别人的厌烦。

第七条：要在自己的身边找一个能分享快乐和承受痛苦的朋友。这样在任何情况下你都不会感到孤独。

第八条：不要试图用酒精来壮胆提神。如果你羞涩腼腆，那么就算喝干了酒瓶也无济于事。只要你潇洒大方，滴酒不沾也会讨人喜欢。

第九条：请记住，拘谨可能使某些人对你含有敌意。如果某人不大理你，不要总觉得自己有错。对于有敌意的人，少讲话虽不是最好的方法，但却是惟一的方法。

第十条：请记住，一定要避免使自己处于不利的环境中。因为，当你处于不利环境时，虽然人们会对你表示同情，但他们同时也会感到比你地位优越而在心里轻视你。

（二）必备工具

“一位优秀的推销员不单纯靠说话，还要利用各种推销工具”，丰田公司对职工如是说。那么，推销工具通常有哪些呢？

（1）名片：准备两套以上的名片、名片上个人头衔不要罗列过多。

（2）介绍信：如果介绍信是推销对象所熟悉的人写的效果更佳。

（3）样品：样品一定要在外观、质量上不能有瑕疵，另可以配多套供潜在顾客选择。

（4）产品价目表：除印有本单位出售的全部产品价目外，还应备有其他单位的价目，便于潜在顾客比较。

（5）各单位同类产品质量比较表：质量比较表要做成表格式样，另多采集数据，争取让数据说话。

（6）统计资料和图表：即收集制作的有关产量、销量、质量、出口量、市场占有率、推销服务网点等内容的统计资料和图表。

（7）买主名单一览表：让用户知道已购买并使用本单位产品的买主，起到说服对方购买的作用。

（8）权威机构或人士的评价资料，例如专业杂志上发表的评论、报纸上的报道等。

（9）小礼品：礼品质量一定不能差，绝不能购买次品作为小礼品。

（10）推销员自己用的手册：推销员可以根据自己想推销的主打产品，制作一些针对性的宣传资料。

（11）其他工具：除以上工具外，推销员还需要合同单、备忘用具、印鉴、地图、照相机、香烟、打火机等。

（三）关注礼仪

会见、接待潜在顾客必须做到彬彬有礼。礼貌待客能满足顾客自尊自爱的心理需求，所以得体的礼仪是一件有力的推销武器。

【课堂讨论 3-1】礼仪产品形象代言人

2002 年 12 月，我们去拜访石家庄当地最大的食品添加剂经销商，在谈起双方合作历程时，经销商兴致勃勃地给我们讲起 A 公司销售人员拜访他的故事：

A 公司是我们公司在国内最大的竞争对手，他们的产品质量优秀，进入食品添加剂行业已有一年，销售业绩不错。

经销商说："那是 2001 年 12 月的一天，我的秘书电话告诉我 A 公司的销售人员约见我。我一听 A 公司的，听潜在顾客讲他们的产品质量不错，我也一直没时间和他们联系。既然他们主动上门，我就告诉秘书让他下午 2∶00 到我的办公室来。"

"2∶10 我听见有人敲门，就说请进。门开了，进来一个人。穿一套旧的皱皱巴巴的浅色西装，他走到我的办公桌前说自己是 A 公司的销售员。"

"我继续打量着他，羊毛衫，打一条领带。领带飘在羊毛衫的外面，有些脏，好像有油污。黑色皮鞋，没有擦，看得见灰土。"

"有好大一会，我都在打量他，心里在开小差，脑中一片空白。我听不清他在说什么，只隐约看见他的嘴巴在动，还不停地放些资料在我面前。"

"他介绍完了，没有说话，安静了。我一下子回过神来，我马上对他说把资料放在这里，我看一看，你回去吧！"

听到这里，我们都笑了。经销商继续说：

"就这样我把他打发走了。在我思考的那段时间里，我的心理没有接受他，本能地想拒绝他。我当时就想我不能与 A 公司合作。后来，2002 年初，你们的张经理来找我，一看，与他们天壤之别，精明能干，有礼有节，是干实事的，我们就合作了。"

问题

为什么说礼仪是产品形象代言人？

【延伸阅读 3-3】

1. 仪表

（1）干净、烫平；

（2）衣服颜色要慎重选择，尽量保持大方、稳重；

（3）尽可能不佩戴代表个人身份或宗教信仰的标志，除非确知推销对象与自己的身份或信仰相同；

（4）发腊勿擦过多。以免使入感觉油腻恶心；

（5）不要戴太阳镜 ，因为只有眼神才能给顾客以可信赖感；

（6）首饰不要佩戴过多，以免使人觉得俗不可耐；

（7）可适当配戴公司标志或与推销品相符的饰物，以使顾客对企业及推销品加深印象和联想；

（8）公事皮包要大方；

（9）领带要质地优良；

（10）出发前从头到脚自检。

2. 介绍

（1）在推销场合结识朋友，可由第三者介绍，也可自我介绍相识。

（2）为他人介绍，要先了解双方是否有结识的愿望，不要贸然行事。

（3）无论自我介绍或为他人介绍，做法都要自然。例如，正在交谈的人中，有你所熟识的，便可趋前打招呼，这位熟人顺便将你介绍给其他客人。

（4） 在有些场合亦可主动自我介绍，讲清姓名、身份、单位，对方则会随后自行介绍。

（5）为他人介绍时还可说明与自己的关系，便于新结识的人相互了解与信任。

（6）介绍具体人时，要有礼貌地以手示意，而不要用手指指点点。

（7）介绍的原则是将级别低的介绍给级别高的；将年轻的介绍给年长的，将未婚的介绍给已婚的，将男性介绍给女性，将本国人介绍给外国人。

3. 握手

（1）合：一般在见面和离别时用。冬季握手应摘下手套，以示尊重对方。一般应站着握手，除非生病或特殊场合，但也要欠身握手，以示敬意。

（2）谁先伸手：一般来说，和妇女、长者、主人、领导人、名人打交道时，为了尊重他们，把是否愿意握手的主动权赋予他们。但如果另一方先伸了手，妇女、长者、主人、领导人、名人等为了礼貌起见也应伸出手来握。见面时对方不伸手，则应向对方点头或鞠躬以示敬意。见面的对方如果是自己的长辈或贵宾，先伸了手，则应该快步走近，用双方握住对方的手，以示敬意，并问候对方"你好"，"见到你很高兴"等。

（3）握手方式：和新潜在顾客握手时，应伸出右手，掌心向左，虎口向上，以轻触对方为准（如果男士和女士握手，则男士应轻轻握住女士的手指部分）。时间1～3 秒钟，轻轻摇动 1～3 下。

（4）握手力量轻重：根据双方交往程度确定。和新潜在顾客握手应轻握，但不可绵软无力；和老潜在顾客应握重些，表明礼貌、热情。

（5）握手时表情应自然、面带微笑，眼睛注视对方。

4. 言谈

（1）应做到语言表达准确，避免措辞含糊不清；

（2）注意使用规范语言，除特殊场合外，一般应讲普通话和官方语言；

（3）使用礼貌语言，杜绝粗野语言；不要口头语；

（4）注意讲话的语音语调，发音清晰，速度适中，避免病句和错别字；

（5）讲话不应声嘶力竭或有气无力，讲话要准确规范，富于表现力。

5. 距离

推销员与顾客同处一室，应把上座让给顾客。什么位置是上座呢？有两个扶手的沙发（或椅子）是上座，长沙发（或椅子）是下座；面对大门的是上座，接近门口处的位置是下座；在咖啡馆，靠墙壁的一方是上座；在火车上，面对前进方向的是上座。当然，这些区分并不是硬性规定，但若推销员遵守了这些礼节，在一定程度上表示了对顾客的尊重和谦让之心。在遵守上述礼仪的前提下，推销员与顾客进行交谈时，还面临着空间距离的把握问题。

6. 迎客

客人来访时推销人员应引领客人进入会客厅或者公共接待区。推销员在前面领路时，切记始终面带微笑。在公司内不同场所领路时，应该留意以下重点：

（1）走廊：应走在客人前面两、三步的地方。让客人走在走廊中间，转弯时先提醒客人："请往这边走。"

（2）楼梯：先说要去哪一层楼，上楼时让客人走在前面，一方面是确认客人的安全，一方面也表示谦卑，不要站得比客人高。

（3）电梯：必须主导客人上、下电梯。首先必须先按电梯按钮，如果只有一个客人，可以以手压住打开的门，让客人先进，如果人数很多，则应该先进电梯，按住开关，先招呼客人，再让公司的人上电梯。出电梯时刚好相反，按住开关客人先出电梯，自己才走出电梯。如果上司在电梯内，则应让上司先出，自己最后再出电梯。

7. 离开

推销员在洽谈结束之后，与顾客道别。离开洽谈顾客的地点时，要面向顾客渐渐退出并轻轻带好房门。

8. 敲门

要用食指敲门，力度适中，间隔有序敲三下，等待回音。如无应声，可再稍加力度，再敲三下，如有应声，再侧身隐立于右门框一侧，待门开时再向前迈半步，与主人相对，经允许后进屋。

9. 其他相关礼节

（1）吸烟。最好不吸烟。吸烟会引起别人的反感。

如果推销员吸烟，走访的潜在顾客也吸烟时，可以主动地递上香烟。要是客户首先拿烟招待时，推销员应该赶快取出自己的香烟递给顾客，并说"先抽我的"，要是已经来不及，应起身双手接烟并致谢。

（2）宴请。正式宴会要提前用邀请函或电话的方式告知潜在顾客。如果是临时应酬则可随意一些。宴请地点要考虑顾客心理；菜肴要适合顾客的胃口，最好由顾客点菜；陪客人数要适度，一般不能超过顾客人数；不能醉酒，劝酒要适度；最好自己单独去结账；宴毕应请客人先走。

三、推销产品准备

（一）熟悉公司

很多时候，我们在商场都可以看到柜台推销员对产品的吆喝，但一旦消费者拿起产品，问上一句："这是哪里产的或这是哪个公司生产的产品"，你可以发现很多推销人员的反应都立即紧张起来，通常的回答是"这个我真的不知道，你看外包装说明书好了"，或者是立即提起产品包装，一边看包装一边读给你听。当然，也有一部分推销人员可以较为流利地回答以上问题，但当你深入下去，比如，你问“公司的员工人数有多少”,“公司的技术力量如何”,“公司的主要产品与其他同类产品比较有哪些特色”等，这些都会难倒不少柜台推销员。试想，当你有以上问题提出，而推销人员无法顺利回答，你会作何感想？你会痛快地购买吗？所以，一个高明的推销人员首先就要对推销产品的公司熟悉。

1. 基本概况

公司的一些简介，也就是让他人通过你写的简介能了解你们公司的一些基本情况，或者你想要重点介绍你们公司的哪一方面的情况。其基本内容如表 3-1 所示。

表 3-1　公司基本情况

序号	熟悉内容	获取方式
1	注册时间、成立日期	公司在工商部门登记记录、内部培训资料、公司网站、外部宣传资料
2	注册资本	公司在工商部门登记记录、内部培训资料、公司网站、外部宣传资料
3	法定代表人	公司内部询问、内部培训资料、公司网站
4	员工人数	公司人事部门询问、公司网站
5	员工素质	公司人事部门询问、公司网站

2. 组织运作

要搞好推销工作就必须了解自己企业在各方面的协作。例如，如果集团潜在顾客提出需要多少产品，而作为推销员的你竟然不清楚自己企业的生产能力，你敢签约，你能签约成功吗，对方会相信你吗？你对企业的生产部门财务部门、运输部门、生产部门和推销成果部门都不熟悉，如果顾客有什么抱怨，推销员应该找哪个部门来解决问题呢？推销人员应熟悉企业组织运作的内容如表 3-2 所示。

表 3-2　推销人员应熟悉企业组织运作的内容

序号	熟悉内容	获取方式
1	各部门（财务、生产、推销成果、物流、售后等）负责人是谁	公司网站、公司人事部门的文件、公司实地走访
2	关联业务的具体经办人是谁	公司网站、公司人事部门的文件、公司实地走访
3	负责人、具体经办人的工作风格	所在部门询问、查询过去工作记录、公司业务总结
4	负责人、具体经办人各自背景	公司内部走访、通过其他人际网络
5	负责人、具体经办人联系方式	公司人事部门查询、所在部门人员咨询

3. 生产能力

从消费心理学角度出发，越是生产能力强的企业，消费者越是青睐。生产能力的主要指标如表 3-3 所示。

表 3-3　生产能力的主要指标

序号	熟悉内容	获取方式
1	品种的多寡	公司对外介绍资料（产品目录）
2	每一品种目前日产量	公司对外介绍资料、公司内部生产数据汇总
3	主要产品特色	公司对外介绍资料、公司内部的产品资料、推销员个人整理
4	短期内增加产量的可能性	公司外部宣传资料、生产部门的汇报材料、实地走访询问
5	新产品研发能力	公司年终总结、公司技术部门资料

4. 推销成果业绩

越是推销成果火爆的企业，消费者越是聚集，具体来看，推销成果业绩的主要指标如表 3-4 所示。

表 3-4　推销成果业绩的主要指标

序号	熟悉内容	获取方式
1	总推销成果量	公司网站、外部宣传资料、内部培训资料
2	各地推销成果点的数量	内部培训资料、推销成果部门数据
3	与往年的比较（总推销成果量、各地推销成果点的数量）	内部培训资料、推销成果部门数据推销员个人整理
4	行业地位	传媒报道、公司网站、内部培训资料、推销成果部门数据、推销员个人整理
5	市场占有率	传媒报道、公司网站、内部培训资料、推销成果部门数据、推销员个人整理

5. 售后服务

售后服务是附加利益的体现，消费者同样是很关注的，具体来看，售后服务的主要指标如表 3-5 所示。

表 3-5　售后服务的主要指标

序号	熟悉内容	获取方式
1	运输能力	内部培训资料、实地观察
2	具体地址	公司网站、外部宣传资料、内部培训资料
3	联系电话	公司网站、外部宣传资料、内部培训资料
4	服务的承诺	内部培训资料、过去的案例、公司文件

推销员在熟悉自己公司的时候还必须清楚地知道竞争对手的情况，因为顾客常常会将你的产品与竞争对手的产品加以比较，然后决定购买哪一种产品，需要指出的是对于竞争

对手，推销员一定要公平地评价，如果缺乏事实依据，刻意贬低竞争对手及其产品的话，反而会使顾客产生厌烦心理。

（二）熟悉产品

虽然推销员不是所推销产品的技术专家，也不是产品的开发设计人员，不可能全面了解自己推销产品的知识，但是掌握产品知识的基本内容却是必须的。一般来看，一个优秀的推销人员对产品应该做到以下几点。

1. 生产过程及生产工艺

推销员如果熟悉自己推销产品的生产过程及生产工艺，这就向你的推销对象潜在的表明了你的专业能力，要知道，顾客都是相信专业人士的眼光，即便是推销没有完成，顾客都愿意与你成为朋友。

2. 使用特点

顾客购买产品就是为了获得其使用价值，因此，顾客对推销品的使用功能是特别关注的，很多顾客的购买犹豫就在于产品在某些使用功能上与他的预期期待有一些差距。如果推销员对产品的使用特点有详尽的了解，就可以突出自己产品的特色，最大程度上打消顾客的购买犹豫。

3. 保养与维修知识

顾客都希望自己购买的产品物美价廉，物美体现在产品能够较全面满足顾客的使用需要，产品的价廉难道就是单纯的产品标价便宜吗？其实，产品的保养就是价廉的一个体现，越是保养时间长的产品，顾客获得使用的功能时间就越长，满足感就越强。因此教会产品的保养就是给予顾客价格优惠。让顾客了解你对维修知识的精通也是为了强化你专业人士的形象。

4. 售后保证措施

售后保证主要是为了让顾客在购买时吃一颗“定心凡”，顾客最害怕的购买行为就是假货，或由于运气不佳买到了次品，如果没有售后保证，顾客会对推销员的推销行为产生“一锤子”买卖的意识，可以想象推销员的后续推销行为将会遇到什么样的阻碍。

5. 竞争产品的有关知识

推销员应该抱有一个信念：要想排除竞争产品对自己推销行为的干扰，一定要把竞争产品看做自己的产品来研究，你了解自己的产品有多深，那么就应该了解竞争产品有多深。

【课堂讨论 3-2】熟悉产品的重要

资料 1 产品知识的胜利

有一年轻朋友来访，论及其对产品了解，令我肃然起敬，思路大开。

他是某风机厂的驻京办主任，实际上是驻京津地区的产品销售代表。近几年来，他的事业发展十分顺利，个人的经济收入也水涨船高，他和他爱人已把孩子从老家接到北京，入托北京市正规的幼儿园。

据他介绍，他推销产品，一不靠请客送礼，二不靠回扣，而是靠他的知识。在和潜在顾客的接触中，他能把企业生产的产品性能和那些配套设备，按潜在顾客建筑物面积应当用什么型号风机，可以有多大的排风量等，说得一清二楚。当潜在顾客有特殊要求时，凡是企业有条件满足其需要的，就当场答应确定下来，企业确实没有条件满足潜在顾客需要的，他也能主动为潜在顾客推荐其他企业的产品。当有些设计人员在设计通风、排风系统碰到一些困难时，他还主动帮助他们出主意。总之，他和潜在顾客、特别是工程技术人员有许多的共同语言，潜在顾客觉得和他这样的推梢员打交道，比较靠得住。

我的朋友是高中毕业生。高考时差了几分未能如愿。风机厂的厂长独具慧眼，招其进厂并送他到上海交大专修了两年，学习了空气动力学、流体力学和与风机有关的其他基础科技知识，取得了大专学历。他回企业后一方面参加生产实践，同时参与产品的销售工作，后来，随着业务的熟悉，他就独当一面开拓市场了。他一直坚信，有没有相应的专业知识，在推梢产品时是大不一样的。当潜在顾客有某些特殊要求时，有些推销人员就拿不定主意，有的还需回厂商量，因而贻误商机，而他却能和潜在顾客实事求是地讨论研究，取得共识，等其他企业的销售人员到来时，他的合同已签定下来了。

资料 2　熟悉产品推销成功

前几天，我们营销专业的学生为上海光明乳业驻宝鸡办事处进行订奶宣传活动。

刚开始我们在各街道设摊，来看的问的人不少，但由于我们第一次没经验，还没等人家张口我们就一窝蜂地围上去，七嘴八舌地介绍，很多顾客一看这阵势扭头就走了。这种固定老套的等客上门、愿者上钩的销售方式，使我们第一天只卖去了十几袋奶，接待了几个续订的老潜在顾客。主要原因还在于我们自己对所推销的光明奶的功效都不太了解，顾客问的一些问题回答不上来，总是统统的一种说法，简单枯燥，让顾客看不出与其他奶制品的区别，不愿买。晚上回到公司办事处时，大家都索要了几份有关公司及光明奶的资料详细阅读。

在对自己所推销的产品熟识了解后，我们开始计划到各家属区上门推销。我们两个人分一组行动，拜访推销时间确定在早上 9：00 ~ 11：00；下午 3：00 ~ 5：00。这时大部分家里人都上班去了，家里留下的多是老人，这也正是我们推销的主要对象。我们根据老人的情况，主要宣传介绍的是高钙奶。每次敲门时，很多老人总是透过防盗门狐疑地看上半天，这时我们就微笑着拿着奶边递给他们看边说："老大爷，我们光明乳业给您送高钙奶来了。"在这个过程中，老人不知不觉地打开了门，很自然地接过我们递过去的奶翻来彼去地看，抓住这个时机我们就赶紧介绍："老大爷，您可能经常喝奶，但这个奶可跟您以前喝的不一样，它是刚上市的一种专门针对老人生产的高钙奶。老年人骨质疏松老化，很怕摔跤，这都是因为骨头里面钙少所引起的，所以缺钙就要补钙，我们这种高钙奶含钙要比普通奶高 50%，很适合您这种年纪的人喝，喝高钙奶也容易转化吸收。如果不相信，您可以先买几袋试一试，要觉得好再订也行。"这么一介绍，有的老人就先要几袋试试，而上下楼邻近单元的老人一看也都围上来询问。因为有订奶户的详细资料，我们有时给他们提供翻看，让他去打听一下曾订过奶的熟人，这比我们说服有用得多。采用这种方法，使很多老人非常痛快地订了。

逢到周末，一敲门碰到的多是家庭主妇，她们一般掌握着家里的订奶权。这就要看她给谁订奶，有时候拿不准，就把三种产品拿出来同时介绍："您好，想问一下您家里平时订什么奶?"得到回答的多是"得力康"平安乳业或"惠民"奶这些早期进入市场的。"我们这儿有刚上市的新产品您可以看看了解一下，如果家里有小孩和老人，您可以试一下这种高钙奶，小孩子正处在骨骼生长期需要补钙，这高钙奶含钙比普通型高 50%，如果小孩有其他补钙品，您还可以试这个纯香的强化奶，它含脂低，能防止小孩过胖。当然您光关心小孩也不行，您和丈夫是家庭支柱，也需要关心自己的健康。这样超浓型奶是专为你们这些整天忙于工作又得为家庭操心的人生产的，它的含脂量高些，能及时补充能量。"而很多家庭妇女关心问题是奶的新鲜度以及是否按时送到家。这时我们就从卫生状况，奶源设备等方面来介绍，给她们看公司宣传图片："您看这是工作车间、奶源基地的图片，我们的产品由西安分厂凌晨两点以前生产出来，然后用冷藏车直接快运到宝鸡的，保证在早晨 6：30 分之前送到订户家。"这么一看一说，很多人就放心了，也开始喜欢上我们的产品，很多人尝试着订半月或一个月的。

问题

案例讨论：推销员熟悉产品对顾客会产生哪些方面的影响?

四、推销对象准备

推销的前期准备工作包括很多方面，除了推销人员自我准备，还包括推销外围环境分析、推销产品准备、推销对象的准备。推销对象准备又包括：购买心理、购买动机、购买风格、年龄层次、性别差异、职业特点等方面。

（一）购买心理

顾客在购买商品的过程会受各种因素的影响，心理活动很复杂，但细细观察，也有一定的规律性。顾客购买心理活动一般要经历四个过程，即认知过程，情感过程，意志过程和购后感受过程。

1. 认知过程

顾客在采取购买行为前总是从商品的认知开始的，而认知过程则是从感觉开始的，顾客通过感官来接受商品的各种信息的刺激，形成对商品个别属性的心理反应，在感觉的基础上，再通过意识对商品的感觉材料加以整理和综合，在头脑中进一步反映商品的整体，即商品的各种属性的综合。

2. 情感过程

顾客是社会人，处于复杂多变的社会环境之中，是否决定购买，在很大程度上要受情感的影响，购买过程中，顾客的情感过程主要受以下因素的影响。

（1）购买环境的影响：这主要是指商店的布置和环境，如果商店布置得整洁、美观、

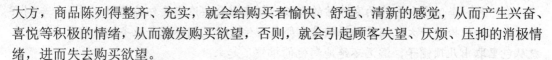

大方，商品陈列得整齐、充实，就会给购买者愉快、舒适、清新的感觉，从而产生兴奋、喜悦等积极的情绪，从而激发购买欲望，否则，就会引起顾客失望、厌烦、压抑的消极情绪，进而失去购买欲望。

（2）商品自身的影响，这主要是指商品的包装、商标、造型等、色彩鲜艳、搭配协调柔和、包装美观新颖、造型合理的商品会给人以美的享受，从而激发顾客的喜悦情感而产生购买欲望。反之，顾客就可能产生不悦的情感，导致拒绝购买的心理。

（3）个人情绪的影响，每位顾客有不同的性格倾向，生活习惯和社会经历等，这些不同的背景形成了不同的情绪状态，从而产生不同的购买心理与购买行为。

（4）社会情感的影响，由于社会性需要而引起的情感通常被称为高级社会性情感，例如，购物中的攀比心理。

3. 顾客购买的意志过程

拟定购买计划到实施购买计划，还需要付出一定的意志努力，甚至还要经过一个准备阶段，才从决定购买到实际购买。

4. 购后感受过程

顾客通过上述过程购买商品之后，通过亲身的使用或其他人员对该商品评价，使顾客对所购买的商品又重新评价，加深认识，产生买后感受，如果顾客对该商品感到满意，产生好评，那么顾客就会产生重复购买或扩大购买的欲望，并对该商品进行宣传，反之，则顾客对此种商品后续购买将产生障碍。

（二）购买动机

动机是驱使和诱发人们从事某种行为的方向，它是产生行为的直接诱因。因此，推销员在开展推销活动前应对顾客购买产品的动机进行详尽的分析。顾客产生购买动机有两个条件，即内在条件（主观需要）和外在条件（外界刺激）。如个体要满足生理需要（衣、食、住、行、医等）或社会需要因素（友谊、荣誉、自尊等），这些都可以划归内在条件；客观的某种环境条件则是外在条件。当以上两个条件同时具备，就会产生购买的动机，从而支配购买行为，两者缺一不可。当然你可以把顾客的购买动机做如下更为细致的划分：追求实用的购买动机；追求安全、健康的购买动机；追求便利的购买动机；追求廉价的购买动机；追求新奇的购买动机；追求美感的购买动机；追求名望的购买动机；追求自我表现的购买动机；追求攀比的购买动机；追求满足嗜好的购买动机，等等。不管顾客购买的动机是什么,他们在购买中都有一个共同的渴求——购买时的愉悦体验!如果推销员能够牢牢把握这一点就可使推销活动进展得更为顺利。

【课堂讨论 3-3】抓住顾客的心

资料 1　推销员的互动

20 世纪 20 年代，随着体育运动的热起，在一个名叫赫佐格奥拉赫的德国小镇上，先后出现了三家运动鞋作坊。其中有位老板刚 20 岁出头，他起初是一位跟着父亲在街头摆摊的修鞋匠，后来因为从体育运动中看到了商机，才大胆投资办起了一家制鞋作坊。

有一天，小伙子和另外两家作坊的老板一起乘坐公共汽车去纽伦堡推销鞋子。车到半路，上来一位拎着一大包帽子的推销员，那是一位无时无刻不想着业务的推销员，一上车就从包里取出几顶帽子，滔滔不绝地向他们推销了起来。

小伙子和那两位老板自己也是去推销产品的，对那人的帽子当然没有什么兴趣，他的两位伙伴纷纷把头侧向了另一边看着车窗外。可小伙子却不一样，他饶有兴趣地听着那位帽子推销员讲话。后来，那位推销员问他："买一顶帽子吧，等我下车之后你就要错过这个好机会了！"

"你的话很有道理，但你的形象使我的购买欲打了不少折扣。"小伙子认真地说。

"我的形象?你是说我的穿着不得体?"帽子推销员纳闷地问。

"不，你虽然戴着非常不错的帽子，穿着非常不错的服装，但你的鞋子上沾满了灰尘甚至是污泥，而这足以间接地影响到你的产品形象。"小伙子说。

那位推销员听后连忙拍了拍自己鞋子上的脏泥，但鞋子上的污泥并没有那么容易被拍掉。他尴尬地说："做推销员东奔西跑的，这是不可避免的！"

"对！可是你如果穿着一双随时都能擦干净的运动鞋，那这些就完全可以避免了。"小伙子边说边伸出脚，然后往自己的鞋子上洒了一些灰尘，接着用湿布一擦就干净了。

帽子推销员的眼睛一亮，觉得穿运动鞋确实是一个不错的选择，不仅走路比穿靴子轻松，最主要的是它能像皮鞋一样擦去就能干净，可以保持自己的最佳形象。这样也就不至于再像刚才这样，因为形象问题而使别人的购买欲降低。

帽子推销员忍不住问小伙子这种鞋子是哪儿买的，他激动地表示下车后第一件要做的事就是去买一双这种鞋子。这时，小伙子把身边的大包打开说："你现在就可以从这里买一双。"

事情的结果可想而知，那位向小伙子不断推销帽子的人，最终从小伙子的手中买走了一双鞋子。而与小伙子一起的那两位老板却始终侧着头，无所事事看着车窗外面。

几年以后，小伙子的作坊发展成了一家大型的制鞋公司，而另几位作坊老板却还举步维艰地在原地踏步，最后甚至停业，进了小伙子的公司打工。他们曾经问那小伙子是如何做到这一切的，小伙子说了这样一句话："在你们眼里，只有想买鞋子的人才是你们的顾客，但在我眼里，任何人都是我的顾客，包括那位一心向我推销帽子的人！"

这位小伙子的公司就是后来扬名世界的德国运动用品制造商"阿迪达斯"，而他本人就是阿迪达斯的创办人——阿道夫·达斯勒。

资料 2　了解顾客的购买疑惑

陈福狮步入社会的第一份工作是当一名普通的饲料推销员。每月工资只有 4800 元新台币（相当于 1200 元人民币）。这在当时的台湾只能算是低收入阶层。陈福狮不仅要负担自己的生活费用，还要照顾没有工作的妻子。为了生活，陈福狮每天骑着摩托车，到农户家里去推销饲料，从早上 6 点一直干到晚上 7 点，陈福狮希望通过努力获得加薪的机会，来改善家庭的生活状况。

然而，任凭陈福狮怎么卖力地推销饲料，他的销售业绩却丝毫没有长进，虽然每次推销产品时，他都滔滔不绝地大谈饲料知识。可是，找他买饲料的人还是寥寥无几。那段时间陈福狮得到最多的，就是无情的拒绝。为什么付出这么多的努力，销售业绩却始终没有提高呢?在一次拜访潜在顾客时，陈福狮找到了答案。

"你养过鸡没有？"潜在顾客的一句话，深深地震撼了陈福狮。作为一个推销鸡饲料的人，对养鸡一窍不通，凭什么让潜在顾客相信你。

陈福狮回家以后就下定决心，自己要体验一下养鸡的过程。很快，他养鸡的事情就传开了，一名饲料推销员，不仅没有把饲料推销给潜在顾客，反而买了潜在顾客养的鸡。一时间，陈福狮成了一些人茶余饭后的笑料，对于他人的冷嘲热讽，陈福狮并没有在意。白天他依旧正常上班，去推销饲料。靠那点微薄的收入补贴家用。到了晚上，陈福狮便一头钻进鸡舍里，研究起如何养鸡，一干就是大半夜。这样两点一线的生活，陈福狮一干就是3年。通过养鸡，陈福狮学到了许多书本上没有的知识。也明白了许多和饲料相关的知识，说起养鸡，陈福狮甚至比一些专业的养鸡户还要精通。

渐渐地，陈福狮推销饲料成了一绝，只要他出马，很少有不成功的时候。许多的养鸡户都喜欢和他交流养鸡的经验，从他手上购买饲料。潜在顾客认为，从一个懂得养鸡的人手上买饲料，心里比较踏实。陈福狮的销售业绩有了明显的提高，成为了销售人员中的佼佼者。当然，陈福狮的工作能力也得到了老板的赏识，很快他就被提升为饲料部门的主管。

经过了十几年的艰苦创业，如今的陈福狮是台湾大成集团东北亚区公司总经理，兼任辽宁大成农牧实业有限公司董事长等 8 个职务。他所管辖的连锁公司已经由 1990 年来大陆创业时的一家发展到今天的 85 家，年销往国际市场的鸡肉达到 4 万吨，屠宰生鸡 3. 2 亿只。年营业额也达到了 70 亿元人民币。

问题

阿迪达斯的创始人及陈福狮的高明之处在哪？

（三）购买风格

分析研究潜在顾客的极佳方式就是判断他属于哪种风格的潜在消费者，如果能识别潜在消费者的办事风格，就能更快地满足潜在顾客的需要，为之提供解决问题的办法。潜在消费者的购买风格反映了他的个性和沟通特点，现实商务活动中常见的 9 种常见的潜在消费者购买风格如表 3-6 所示。

表 3-6　常见的 9 种常见的潜在消费者购买风格

序号	购买风格	购买特点	打动策略
1	专家型买主	对你的产品或服务了如指掌 其提问使你应接不暇 叫停你的陈述 对你的讲话漫不经心 突然停止与你通话	激发他的好奇心，为产品制造悬念 采用满足其虚荣心的方式，让其自我感觉良好
2	胆小型买主	对你表示敌意，急切的拒绝你的任何提议 同意你说的一切且太轻率	重复产品及服务的特点 鼓励做出决定，告知决定的利益

（续表）

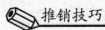

序号	购买风格	购买特点	打动策略
3	虚心型买主	友善亲切，彬彬有礼 若你的推介听起来有吸引力，他会兴趣盎然 他会询问有关你的产品的问题 他的拒绝方式坦诚直接	有礼貌地回答所有问题 保持友好的态度 阐述清楚利益
3	举旗不定型买主	无法当场作决定 不能直截了当地处理问题 个人不会与你保持眼神交流	不要给他们太多的选择或主张 对他们主观的拒绝作出建设性的客观回应，不要被他们模糊不定的回绝所刺激 假如他们拒绝你，请尊重其选择，之后将话题转到你产品的优点益处上 如他们想与其他人交谈，你约定通话的时间，回答他们所有有关执行和技术方面的问题
5	理智型买主	珍惜自己的时间，不会轻易地认同电话推介的事物 不同意则会采用非常直率的拒绝方式 购买过程中坚定自己的思维方式 拥有清晰的思路	要跟这些潜在顾客观点保持一致 尽量向他们表示你的崇敬之情 让他深信你打电话的目的是为了帮助他 激发好奇心上
6	不满型买主	喜欢表达工作中及购买过程的辛苦 找各种借口责备卖家 与他们通电话，他们将开始抱怨，并希望得到你的认同 对价格特别计较	接受其责备，他们不会提出反对意见或批评你 赞同地表示他们的抱怨是值得和合理的 对他们的感受深表同情 快速果断地解决问题 交往中淡忘他们的抱怨
7	善于表达型买主	感情丰富，容易被声情并茂的推介所感染 以自我为中心 对你的来电表示愤怒，会迅速而情绪激动地拒绝你的电话 对你的推销漫不经心 惟一兴趣是“我能得到什么”	说明他们将从购买中获得的好处 满足其虚荣心和自豪感 借助推荐书和证明资料这些公众的认可资料 他们很关心开场白，这决定了关系的拉近和最后的购买

（续表）

序号	购买风格	购买特点	打动策略
8	分析型买主	他们需要的信息较多，要么在电话中索取，要么请求你寄给他 “怎么办”是此类买主的口头禅，如“它怎么运作?”“你怎么维护它?”“你怎么交货?” 他们还需要更多有关你和你公司的资料。“你的公司多大?”、“你与哪些客户打过交道?”、“你有多少经验?”	向他们展示你的产品，突出产品的特点，尽快激起他们的兴趣 不要把所有的好处马上“灌输”给他们，应让他们有时间消化吸纳资讯。 跟他们讲道理，逻辑性和理性是他们成功的基础
9	威胁型买主	他们说话的嗓门大，举止唐突，甚至粗鲁无礼，并且表现出很容易生气的状态 初次交往，他们不会给你任何说话的时间，他们会持续对你施压，让你只有招架之功 在了解你对他们不构成威胁，而且你不会被他们的行为所吓倒之后，他们会乐意与你谈商务。	谦恭友好，但不要屈服于他们恃强凌弱的态势 极尽奉承之能事，在不损害你和你的职位的前提下，对其所述之事表示赞同 以理服人，把他们的需要和愿望记在心上，称赞他们的理性和逻辑性

上面所列 9 种购买风格是多数潜在顾客面对推销的真实写照，你必须掌握了这方面的知识，这样你可以节省每次与潜在顾客打交道的时间、费用并减少受挫的次数。

（四）年龄层次

不同年龄层的潜在顾客都有各自的消费特点。如少年儿童潜在顾客好奇心强，青年潜在顾客购买欲望强，中老年潜在顾客较为理智忠诚。面对这些消费者时，要区别对待，不能疏忽。

1. 少年儿童潜在顾客消费心理特点

少年儿童潜在顾客消费心理特点如表 3-7 所示。

表 3-7　少年儿童潜在顾客消费心理特点

序号	心理特征
1	处于由不成熟向成熟转变阶段，好奇心强
2	喜欢和成年人相比
3	购买行为逐渐趋向稳定，开始显现出一定的购买倾向性
4	逐渐由受家庭影响转变为受社会影响，并乐于接受社会影响

2. 青年潜在顾客消费特点

青年潜在顾客消费特点如表 3-8 所示。

表 3-8 青年潜在顾客消费特点

序号	心理特征
1	易于接受新鲜事物，追随时代潮流
2	消费欲望强烈
3	消费时常缺乏理性

3. 中年潜在顾客的消费特点

中年潜在顾客的消费特点如表 3-9 所示。

表 3-9 中年潜在顾客的消费特点

序号	心理特征
1	看重舒适与方便
2	较为理智与忠诚
3	消费计划强

4. 老年潜在顾客的消费特点

老年潜在顾客的消费特点如表 3-10 所示。

表 3-10 老年潜在顾客的消费特点

序号	心理特征
1	消费习惯稳定
2	追求实用、便利
3	注重保健

在推销产品中，如果能充分把握不同年龄层的潜在顾客各自的消费特点，那么推销工作开展将有声有色。

【课堂讨论 3-4】大学期间的兼职

20××年3月，我认识了很多其他品牌的经理，因此我找了一个我现在从事的工作——在沃尔玛推销 DVD 的，这开启了我人生真正的职业生涯。在那里我学到了交易流程，领悟到在推销产品前要观察顾客的不同情况，要分析他们可能的购买心理，根据他们的不同特点开展相应的推销活动。比如，学生一般来说都属于低消费者，但因为时尚的要求，在购买 DVD 后，大部分会考虑买音箱，我就会推销小巧、时尚型的，当然价格与质量方面都是很适合学生购买力的。如果是中年人来购买，首先我会问，需要带音箱还是要不带音箱的，要不带音响的，我就带顾客到单机柜台，然后问要功能多点呢还是一般的，顾客一般会问："功能多的都有什么功能呢？"我的回答是："有 USB 接口、三合一读卡器……"至于老年人，我一般会推销功能简单的，因为大多数老年人根本不懂 USB、三合一读卡器是什么东西，你在他面前说这些功能他反而很不喜欢，也不耐烦。另外，老年人很多靠微薄的退休金生活，收入自然较低，因此，我会向他们推销价格便宜的机型。另外很多老年人的自尊心很强，对他们说话的语气要尊敬，慢慢给老年人讲产品是怎样使用的。在我有针对性的推销下，营业额有了起色。我感到了莫大的鼓舞。

问题

主人公在现实推销活动中对推销对象做了哪些准备？

（五）性别差异

性别不同，消费特点也会不同。如男性消费者比较自信、决策迅速、动机不强、时常被动行事、理智多于感情；女性消费者具有较强的主动性、灵活性，具有浓厚的感情色彩。

1. 男性潜在顾客的消费特点

男性潜在顾客的消费特点如表 3-11 所示。

表 3-11　男性潜在顾客的消费特点

序号	消费特点
1	比较自信、决策迅速
2	被动行事，购买的形成往往是由于外界因素的作用
3	理智多于感情
4	看重简单、实用
5	注重商品档次

男性客户多具备理智型购物心理。大都是经过一番认真的思考之后，产生的对某种物品购买欲望和购买行动。当然不排除一部分女性化特质的男性。

2. 女性客户的消费特点

女性客户的消费特点如表 3-12 所示。

表 3-12　女性客户的消费特点

序号	消费特点
1	具有较强的主动性、灵活性
2	具有浓厚的感情色彩
3	购买动机易受外界因素影响，波动性较大

（六）职业特点

职业群体的消费特点很复杂，毕竟在现实生活中职业的种类太多了，请读者上网搜寻不同职业的消费特点。

对待不同类型的顾客，推销员的基本原则就是因人而异，根据不同的对象采取不同的对策，这就要求推销员必须有接纳多种不同类型顾客的心理准备，平时多加自我教育和训练，去揣摩、识别多种不同类型的顾客。一般来说，推销员不要仅凭直觉和初次印象去评断顾客，而且要掌握顾客的内心，并且，无需在意顾客对自己的观感和印象，抛弃成见和顾虑，将顾客视为有理性，有感情的人，用愉快和沉稳的态度去从容应对。

【实训演练】

一、实训目的

（1）了解在现实推销活动中，推销员自身形象与推销礼仪的重要作用。

（2）知道应该采取哪些具体措施和方法来提高自己的礼仪形象。

二、场景设计

1．场景：推销员已经预约好了潜在顾客，现在准备进入潜在顾客的办公室、进入办公室后与潜在顾客交往的一般商务礼仪。推销员公司、所要具体推销的产品及其他辅助场景均由各小组自行决定。

2．角色扮演

（1）推销员：各小组自行决定。

（2）潜在顾客：各小组自行决定。

（3）观察员；教师及全体同学。

（4）评论员：老师。

注：推销员、潜在顾客不能由同一小组成员扮演，必须交叉互演。

3．任务要求

通过与潜在顾客的见面，熟悉推销员应具备的礼仪，并且知道应该采取哪些具体措施和方法来提高自己的礼仪形象，同时能够找出他人在礼仪上的不足，以利于未来进一步改进。

三、相关知识

推销礼仪是推销员在推销活动中应当遵循的社交礼仪，推销员是企业的外交官，是企业与顾客沟通有友好使者，他们所代表的不仅仅是个人，也代表着企业，为树立良好的企业形象，推销员应注重基本的礼仪。

1．举止礼仪

（1）进门之前应按门铃或轻轻敲门，然后站在门口等候回应，按铃或敲门的时间不要过长也不要太用力。

（2）看到顾客时，应点头微笑致礼，再向顾客表示耽误他几分钟时间，接着说明来意。

（3）即使拜访老顾客，也不要任意抚摸或玩弄桌上的东西，不要触动室内的书籍，花草及其他陈设物品。

（4）在顾客坐定之前，推销员不应先坐下，坐下时坐姿要端正，身体向前微倾，不要跷二郎腿。

（5）顾客讲话时，要认真听，回答时要以肯定的语气开始。

（6）养成良好的习惯，克服各种不雅举止。

2．仪表礼仪

（1）整洁、得体、自然、大方。

（2）服装打扮可以根据外界环境相应调整，但不要出现奇装异服。

（3）服饰注重整体效果，从头到脚应该相互辉映，协调搭配，一般来说，男士服饰的颜色不要超过 3 色。

3．自我介绍和递接名片

（1）自我介绍简单明了：可先说声“您好”，然后介绍自己的姓名和身份等，如果有同行者，在自我介绍后，紧接着介绍同行者的情况。

（2）递名片：在自我介绍的同时将名牌递给对方，递名片时，拿名片的下端，让顾客易于接受名片并易于阅读。

（3）接名片：①推销员接过名片后要点头致谢，不要立即收起来，而是认真默读一遍名片上得信息。②将名片放入自己上装口袋或手提包，名片夹中。③第一次见面后，应在名片背面记下约见顾客的时间，地点，大体内容，建议简单记下对方的特征，让名片成为自己的约见，为再次约见提供话题。

4．称呼

（1）对有职务的人士，可以直接用职务名称来称呼，如“处长”“经理”等。

（2）对有职称、学位的人士，如教授、工程师、博士等可冠以姓称呼，如“王教授”“范博士”等。

5．问候

（1）问候老潜在顾客，可用“呵！很久不见”等。

（2）问候一般潜在顾客，可用“您好”“早上好”之类的话。

6．握手

（1）面带微笑，双目注视顾客，可根据场合一边握手一边致意，如“您好”“谢谢”“再见”等。

（2）应由主人，年长者，身份地位高者，女性先伸手。

（3）对于年长者和有身份的顾客，应双手握住对方的手，稍稍欠身，以表敬意。

（4）握手掌握力度，不要过猛，尤其对女性，也不要松垮。

（5）不要长时间握住对方的手。

（6）如戴手套，握手前应脱下手套。

（7）几个人同时握手时，注意不要交叉，应等别人握完手后再伸手。

7．交谈

（1）音量要适中：说话的声音要适当，推销员在与顾客交谈时，咬字要清楚。

（2）频率要适中：频率不要太快，确保吐字清晰。

（3）注视对方：注视对方可以做到恰当的眼神交流。

（4）少用手势：谈话时可适当用些手势，但幅度不要太大，更不能手舞足蹈。

（5）多听，少说：交谈中鼓励潜在顾客多说话。

（6）把握互动：对方说话时，不要轻易打断或插话，应让对方把话说完，如果要打断对方讲话，应先询问："请等一等，我可以插一句吗？"

（7）熟悉内容：推销员必须做好充分的准备工作，熟悉说话内容，清楚讲话的素材、讲究语言技巧。

四、实训步骤

1．自行分组，共分5组，具体演出人数小组自行决定。（讨论场景、角色扮演、准备8分钟）

2．实训人员出场

（1）介绍环节：小组组长介绍成员角色扮演情况、具体场景是什么、公司及其具体产品是什么。（2分钟之内）。

（2）演出环节：在小组自拟的场景下、在自拟的角色扮演下，分组出演。（3分钟之内）。

3．互动环节

（1）交叉评价其他各组同学的推销礼仪是否符合规范。（小组讨论3分钟、评价2分钟）。

（2）如果不符合，哪些地方值得改进，如何改进呢？（小组讨论给出方案5分钟之内）。

4．评论员对推销礼仪实训作总结。

五、效果评价

六、全体同学参与评选最佳演出人员、最佳组织小组。

七、开场白实训总结

提升礼仪的步骤如下：

（1）牢记信条：我们是做商务，亲和力是很关键的因素，推销过程中的礼仪会迅速加大双方的交流和谐。

（2）友人指正：让朋友指正自己在日常生活及与人交往中哪些做得不够、礼仪上存在哪些不足。

（3）观察他人：观察自己周边的人，看看他们在与人交往中礼仪上存在哪些问题，对比自己，是否也存在他们一样的问题。

（4）视频学习：购买一些礼仪光碟，例如，教授商务礼仪的知识讲座，在观看时，对比自己的实际，提高自己的推销礼仪。

（5）自我观察：对照镜子即时观察自己的仪表，请同学或朋友把自己平时与周围人的交往拍下来，在电脑上观察自己。

（6）时刻提醒：结合自己的日常交际，提醒自己平时需要在哪些礼仪上改进。

（7）互相对练：在教室或寝室，同学间选定场景，互相对练，互助提高。

八、讨论

各组给出提升推销礼仪的建议及方法（罗列具体操作步骤、越具体越好）。

【任务小结】

本任务主要讲述了推销外围环境分析、推销人员准备、推销产品准备和推销对象的准备。通过本任务的学习，读者应该掌握以下知识：

1．推销前应该做的准备工作。主要有推销外围环境分析、个人自身准备、熟悉推销产品、了解推销对象。

2．推销外围环境分析。包括了人口、经济、文化、竞争、地理、科技、政治与法律等环境因素的分析。

3．推销员自己的准备。包括树立信心、必备工具、注重礼仪等。

4．推销产品准备。包括熟悉公司、熟悉产品。

5．推销对象的准备。包括购买心理、购买动机、购买风格、年龄层次、性别差异、职业特点等方面。

学习任务四　寻找顾客

【知识目标】

- 理解寻找顾客总体思路；
- 理解寻找顾客具体方法各自优势；
- 掌握寻找顾客有哪些具体方法。

【技能目标】

- 能结合所推销产品做寻找顾客总体思路报告；
- 如何具体构建口碑宣传的平台；
- 如何查询单个顾客、团体顾客信息；
- 会议推销、贸易展览如何具体操作。

【案例导入】境界真的有大小啊

央视百家讲坛，于丹教授开讲庄子心得时，在讲到境界有大小时，引用了惠子和庄子之间的一段对话，其中有庄子对惠子讲的一个故事：

宋国有这么一户人家。他们家还真是有稀世的瑰宝，就是家里有个秘方。这个秘方呢能够在寒冷的冬天让人手脚沾了水以后不皴。他们家有不皴手的药啊，所以就世世代代以漂洗为生。有一天，有一个过路的人偶尔听说他们家有这个秘方就来了，跟他商量，我以百金来购这个秘方。全家人一听，晚上就开了一个会。说咱们家这个秘方，虽然由来已久，但是全家人这样漂洗为生，咱们也没见过百金呢。人家花这么多钱，不就买个方子嘛，干嘛不给他呀，咱卖了吧。所以呢拿了百金以后太知足了，觉得这省去多少辛劳呢。这个过路的人呢，拿了这个秘方就走，他是去干什么呢？当时战国时候，各个地方都在诸侯混战之中，为了争地而战。那么在东南部就是吴越之争。吴越之地，我们知道是靠近水乡。这个人从宋国拿了秘方直奔吴国去跟吴王讲。如果你要是选在寒冬腊月的时候向越人发起水战，那么你有此秘方，军士可以手脚不冻。手不生疮可以拿着兵刃啊。而越人没有这个秘方，你可以去试一试这个效果。吴王就听了他的建议，拿着小小一个秘方开始向越人发起了水战。这一战吴国大胜。所以这个提供秘方的人呢。裂地封侯，马上身价非同一般。

问题

寻找顾客总体思路应遵循什么步骤？

【学习档案】

一、寻找顾客总体思路

如果没有寻找到顾客，后续的推销工作就无法展开，任何优秀的推销人员都深知，要想取得辉煌的推销业绩，主动寻找顾客是迈开实质性推销活动的前提，也是最重要的环节。如何在看似无限的顾客群中找到自己的推销目标，达成自己的推销业绩，是每一个推销人员必须面临的问题。不要奢望你的产品所有顾客都会接受，优秀的推销员会在看似无限的顾客群中，缩小范围，通过资格审查，锁定最优质的顾客。寻找顾客在思路上必须从以下几个方面来考虑。

（一）顾客的需要

任何商务活动，寻找顾客是最为重要的一个步骤。推销活动更是如此，能否科学、高效地寻找潜在的顾客群，对推销工作的顺利完成起着至关重要的作用。案例中庄子所谈及的“路人”，从推销角度来看，乃是推销奇才。他花重金买下宋国从事漂洗为生的家庭秘方时，一定是经过了一番仔细的思考。他买秘方绝不可能仅仅是为了自己的防冻（代价太大），而是把秘方作为一种未来可以开发的商品。此时他就必须面临一个问题：如何把自己手上的防冻秘方或防冻产品推销出去。要成功作到这一点，“路人”对需求防冻秘方的潜在顾客必然分析如下：

（1）漂洗行业：此行业对秘方的需求是无可质疑的。“路人”当然可以拿着买来的秘方，做成产品（为持续推销考虑），向漂洗行业的人员推销。

（2）普通居民：“路人”当然也可以“走南闯北”，在各国巡走，向普通居民推销自己的防冻产品。

（3）达官贵族：达官贵族显然是他可以考虑的推销对象。尤其是达官贵族家里的夫人和小姐。

（4）各国君王：各国君王肯定是可以推销的对象，因为君王和他众多的家眷对产品的需求一定是旺盛的，尤其是靠近水乡的国度。

（二）支付能力的考虑

仅仅具备需要是不够的，要完成推销任务，更需要进一步分析潜在顾客的支付能力。“路人”的分析应该是：

（1）漂洗行业：行业的性质决定了对防冻产品的急迫，从经济学角度来看，就是效用高。因此，为未来持续工作的必要，此行业的从业人员只要是资金允许一般都会及时、足额支付。另外去行业所在地亲自看看，了解单个漂洗作坊的运转状况。对于运转良好的作坊，即便先给产品，后续的支付能力也是有较大的胜算。

（2）普通居民：考察他们的支付能力情况比较复杂，尤其是面对面、随机式的推销，更多的要靠自己的观察判断，如果采用赊销的推销方式，普通居民的支付能力就必须通过一些间接资料去了解。

（3）达官贵族：支付能力无须过多考虑。

（4）各国君王：支付能力几乎不要考虑。

支付能力在“路人”心中的排序应该为（高到底）：各国君王、达官贵族、漂洗行业、普通居民。

（三）功效的考虑

推销产品的难度和推销品所能获取的收益对比分析。“路人”的分析应该是：

（1）漂洗行业：推销难度有，但只要从业人员在使用后，感觉效果好，将继续购买，未来可以保持一较高的收益。

（2）普通居民：虽然人数众多，但随机购买行为多，推销难度对于非靠近水乡的国度的居民有不小的难度，另外推销的时间较长，未来推销环境变化很大，预期收益很难确定。

（3）达官贵族：，推销难度较小，只要是功能确切，达官贵族家庭的太太、小姐们在使用后，会炫耀自己，起到口碑推销的作用，达到连续推销的功能。未来可以保持一较高的收益。

（4）各国君王：推销几乎没有难度，因为自己不敢欺骗产品的功能，君王及家眷也可以随意让他人试用，只要效果好，产品可以成为贡品，但君王及家眷的使用量毕竟有限，产品推销成功虽可以确保终身的收益，但要想获得最大的收益就要重新思考。

（四）全面分析

战国时局，诸侯纷争，东南部吴越之争更是常态。吴越之地均靠近水乡，过去两国的争斗，一般不会选在寒冬腊月（天寒地冻，士兵沾水，手生疮，脚冻伤，无法开战）。如果有防冻的秘方，交战任何一方对此秘方的需求一定极其强烈，需求的数量也是惊人的（所有参战的百万级士兵及后勤人员均需要）。从支付能力来看，国家支付能力几乎是无限的。最后从功效方面考虑，获秘方的国家取得胜利有极大的可能。战争胜利后，国家对提供秘方者的赏识何止 “百金”“千金”，其获得的收益（显性和隐性）无法估量，裂地封侯是水到渠成啊！

现代推销人的启示：“路人”与“宋家”的区别是如此的明显，真的是“眼光有长短”。“路人”推销秘方的成功是值得所有推销人员品味。他在实践推销过程中总体思路明确，能够迅速定位自己的推销对象。综合分析推销功效，达到了用时少、销量多、利润高、个人名望获得的全能境界。令世人真的不得不感慨：境界真的有大小啊！

二、确定顾客范围

寻找顾客是推销活动的起点，只有选择恰当的顾客，才有可能顺利地完成推销工作。可是，在茫茫人海中究竟谁才是推销员要找的顾客呢？这就需要推销员先确定顾客的范围，从而避免大海捞针般地盲目寻找。

（一）顾客的类型

在实际推销活动中，对顾客可以按照不同的标准进行分类，以便更有效地寻找与发现顾客。

1. 按照构成主体分类

按照不同的顾客构成主体，可以将顾客分为个人顾客和组织顾客。

（1）个人顾客。个人顾客是为了满足个人或者家庭的生活需要而去购买产品的各类消费者。他们购买产品的种类很多，涉及面广，而且购买频率高，但是每次购买的数量较少。

（2）组织顾客。组织顾客是为了满足公司、企业等组织的生产经营需要而去购买产品的各类组织机构。组织顾客与个体顾客不同，组织顾客购买的产品种类较为单一，而且购买频率低，但是每次购买的数量很多。组织顾客主要包括政府机关和事业单位、公司和企业以及中间商等。

2. 按照购买产品的目的分类

按照顾客购买产品的不同目的，可以将顾客分为政府型顾客、企业型顾客、中间商型顾客和终端型顾客。

（1）政府型顾客。政府型顾客是为了满足工作和服务需要而采取购买行为的群体，主要包括政府机关和事业单位，并以政府采购为代表，多采用招标的形式进行购买。

（2）企业型顾客。企业型顾客是为了满足自身生产经营服务的需要而采取购买行为的群体。他们购买的产品多以原材料、半成品、零部件和各类消费品为主。购买形式通常是派出企业代表进行采购，有时也以招标的形式进行购买。

（3）中间商型顾客。中间商型顾客是以盈利为目的进行购买的群体。此类顾客进行采购看重的并不是产品的使用价值，而是产品经过买卖环节能给他们带来多少利润，创造多少价值，换一句话说就是能加多少价卖出去。从这个角度看，中间商型顾客进行采购并不是自身有需求，而是为了卖而买。

（4）终端型顾客。终端型顾客是为了满足自身生活需求而进行购买的个人顾客，也可被称为个人消费者。与中间商型顾客不同，这类顾客购买产品看重的是产品的使用价值，而不是从中赚取多少利润。产品只有到达个人消费者手中，并做好售后服务，才是真正推销活动的终结。

（二）顾客具备的条件

推销活动的第一个步骤是寻找和发现顾客。推销理论中的 MAN 法则简明扼要地总结出了顾客具备的三个条件，即作为顾客的人（Man）是由金钱（Money）、权力（Authority）和需要（Need）这三个要素构成的。

1. 有购买需求

潜在客户是否具有购买需求 N（Need），是成为顾客的首要条件，也是推销活动能否成功的关键。如果顾客根本就不需要推销员所推销的产品或服务，那么推销就是无意义的。所以，没有购买需求的顾客不会成为推销员的推销对象。

但是，需要指明的是，需求是人们对某种目标的渴求与欲望，它能够由内在的或外在的、精神的或物质的刺激所引发，所以需求又是可以创造的。随着科技的发展和新产品的大量问世，这使得顾客存在大量尚未意识到的购买需求。这时候，推销员就不应该消极地等待顾客自己去认识需求和产生购买欲望，而是应该去大胆地探索和创造顾客需求，从而完成推销任务，获得推销利益。

1. 有购买能力

在现代社会中，任何的经济活动都是以货币为支付手段的。推销员寻找和面对的潜在客户是否有购买资金 M（Money），或者说是否有钱，是否具有消费此产品或服务的经济支付能力，也是成为顾客的必要条件。如果一位推销员向一位低保户推销进口食品，尽管顾客有购买食物的需要，但是却没经济支付能力，那么推销也是不成功的。

不过，需要说明的是，推销员不能一味地强调客户的现实支付能力，还应注意了解顾客的潜在支付能力。当推销员确定顾客值得信任并具有潜在支付能力的时候，要主动协助顾客解决支付问题，比如，可以建议顾客利用银行贷款或者使用信用卡等方式购买，从而有效地完成推销过程。

2. 有购买权利

在成功的推销过程中，推销员极力说服的顾客是否具有购买决定权，又叫购买决策权 A（Authority），是成为顾客的第三个必要条件。比如，推销员向一位已婚男士推销一款新上市的灶具，任凭推销员说得如何头头是道、天花乱坠，顾客又是如何地赞同推销员的观点，推销依然不会成功的，因为作为使用者的这位已婚男士的妻子才是这款灶具产品的购买决策者。

所以，对于推销员来说，一定要注重推销效率。比如，向一个家庭或一个团体进行推销时，应向该家庭或团体的购买决策人进行推销。若事先不对潜在顾客的购买决策状况进行了解，不分青红皂白，见到谁就向谁推销，很可能会“竹篮打水一场空”。

只有同时具备购买力（Money）、购买决策权（Authority）和购买需求（Need）这三个要素才是合格的顾客。现代推销学中，把对特定对象是否具备上述三要素的判断称为顾客资格鉴定。顾客资格鉴定的目的就在于发现真正的推销对象，从而避免浪费推销时间，提高工作效率。

三、寻找顾客的技巧

确定了寻找顾客的总体思路，推销人员必须针对不同的顾客、不同的推销环境充分运用一些具体技巧寻找到顾客，以下将结合现实推销案例呈现寻找顾客的技巧。

（一）上门推销

上门推销法也称逐户寻找法，地毯寻找法或挨门挨户访问法，也有人称之为走街串巷式，上门推销法直接同顾客接触，这就决定了优点主要集中在以下三个方面：

（1）推销员可以借机进行全面的市场调查，能够比较客观和全面地了解顾客真实需求。这是因为顾客与推销员过去并不相识，顾客无须修饰自己对产品和需求的真实看法，因此推销员可以收集到顾客对产品和其他各方面的意见。

（2）在普遍走访过程中推销员可以让顾客对推销品产生较深的印象，扩大企业的社会影响力。

（3）普遍走访遇到的顾客流量大，推销员可以与各色人等交流，这对以后的推销工作积累丰富的职业经验极为重要。

当然，普遍寻找法的缺点也是十分明显的，归纳起来，这一方法主要有以下两方面的不足之处：

（1）普遍寻找法针对性不强，有一定的盲目性，比较费时费力，成功率相对较低。

（2）采用这种方法，对顾客来说没有任何心理准备，容易产生抵触情绪，推销员贸然登门造访，往往使顾客无所适从，影响他们正常的工作和生活秩序，进而对推销人员会产冷淡感以至心存戒心和不信任，拒绝和推销人员接触，这样，会影响推销工作的顺利进行。

【课堂讨论 4-1】上门也有不同

资料 1　小区居民的烦恼

“叮……”家住建设二路的尹女士家的门铃又响了，她刚一开门，就有一个手提包袋的男子主动介绍说：“我是 XX 公司的，这是我们公司的产品”，边说边拿出一种洗涤剂。还没等那个男子说完，“砰”的一声，尹女士就把门关上了——这是推销员上门推销的一幕。对这种上门推销，有的居民不等来人开口，就将其拒之门外；更多的居民则是通过“猫眼”向外探视，见是陌生人，干脆不开门。

如今这些推销员上门推销的商品可谓五花八门，“高档”一点的如上门推销储蓄、保险等。他们多是公司的直销人员，他们手中持有公司证明，一般到企业、事业单位办公室“登门造访”。还有一类则是推销低档消费的日用品，有牙刷、牙膏等生活用品，有收音机、单放机等娱乐服务器，也有按摩器等健身用品，推销这些商品的大多是一些小商贩，他们“深入”居民小区、学校、病房、工地，无孔不入，又缠又赖，那股黏糊劲，真叫人难以招架，避之惟恐不及。家住江城花桥小区的吴先生说：“我从不买他们推销的东西，附近就有几家超市、便民店，买东西挺方便。”而家住小果湖的王女士则义愤填膺：“他们真是烦死人，每天都门铃不断，吵得人不得安宁，有几次还误把客人关在门外。”

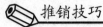

资料 2 房贷市场持续低迷 工商银行首开上门推销之先河

面对不容乐观的房贷市场前景，就连大银行也坐不住了。近日，国内信贷规模最大的工商银行在业内率先推出了“房贷预约”服务，有购房贷款意向的市民只要给工行发一条短信或 E-mail，就会有工行的客户经理上门为其办理房贷手续。工行内部人士昨天透露，目前，该行已在苏州等地进行上门办房贷的试点，不久将有望推广至上海等地。

可以说，一向“坐等客来”的国内银行此前极少会“屈尊”为个人客户提供上门服务的。此次，工行放下架子，登门推销房贷在业内还是独家。此前，国内银行一般只对电子银行的个人客户提供上门服务。当沪上同行获悉工行此举后，纷纷表示愿意考虑跟进。不过，也有银行人士提出，本就有限的银行人手如果再投向个人房贷的上门推销上，无疑将加重银行的经营成本，是否合算还有待观察。

不过，一直被很多市民埋怨的繁琐的房贷申请手续，在银行提供上门服务之后，将会变得简单高效起来。许多打算购房的市民表示，愿意尝试“房贷预约”这一贷款新方式。

资料 3　一汽将上门推销

本报讯（记者张利东）前天晚上，一汽大众推销公司总经理苏伟铭在北京透露，针对旗下一款商用车开迪的推销，公司正在计划全国设立几个分销中心，派出专门推销人员上门推销。

苏伟铭坦言，一汽大众去年引进的大众品牌商用车开迪，目前的推销压力比较大。苏伟铭透露，目前管理层初步意见是，在全国经销商中确立 5 家左右的经销商，作为开迪分销中心，派专门的推销人员上门推销开迪。

资料 4　西班牙旅游到北京上门推销

皇马的第二次来京带动的并不仅仅是中国球迷的热望。日前，以马德里市市政厅经济发展部长米盖尔·安赫尔·维亚努埃瓦为首的西班牙马德里市的多名政府官员联合在京推销旅游业务。

据介绍，目前西班牙急缺大批会说中文的导游，政府已开始通过各种方式解决中文导游困境。马德里市已物色了不少来华学习中文的留学生以及部分在华学习西班牙语的中国学生，其中有的已达成毕业后到西班牙做导游的协议。

问题

推销员应如何拓展 “上门推销” 的思路？

推销员应拓展 “上门推销”的思路，上门推销所面临的“门”究竟定位何处？资料 1 中的顾客阐述了对上门推销所持有的代表性看法，此时他指的“推销门”是推销员面临的个体普通住户的“家庭门”；资料 2 中的工商银行的客服人员面临的“推销门”也是普通住户的家门，不过是一道顾客主动邀请进入的门，是“企业门”；资料 3 中一汽大众推销公司的推销人员面临的“推销门”是多家经销商的门，也是“企业门”；资料 4 中西班牙马德里市的多名政府官员面临的“推销门”是“政府门”。

尽量避开最小的门——普通居民的家门。建议推销员在开展“上门推销”上把思路放于较大的门——“企业门”和“行业门”。一般来说，“企业门”决策单一（唯一法人代表），资金充裕（相对“家庭门”）、消费数额大（相对“家庭门”）。搞定一次其效益抵过千百次对“家庭门”的推销。

如果企业准备通过上门推销来寻找顾客，那么就必须作足上门推销外围软环境的建设。何为软环境呢？即指企业为推销活动做了哪些前期的铺垫活动，例如企业为品牌的塑造、文化的推广，形象的设计，公益活动等做了多少努力？达到了怎样的预期效果？这些措施能否辅助上门推销人员顺利进行推销活动。只有把前期的软环境做到位，上门推销才会发挥应有的效率。

（二）广告吸引

广告推销是吸引顾客、寻找顾客的重要方式之一：广告即“广而告之，诱导关注”的意思。现代广告是现代社会及其经济活动的有机组成部分，如我们常见的政府公告、公益广告、商业推广广告等。商品推销如果借助于一定的媒介，就可以把有关商品信息有计划地传递给买方，从而达到影响舆论，扩大推销的宣传效果。

广告形式多样，如电视广告、电台广告、报纸杂志广告、招贴广告、路牌广告邮寄广告、电话广告等。今年来，新媒体广告例如微信、微博、qq 等形式的广告也在急速发展。

广告推销必须充分抓住顾客等待的时间展开，试想当你手头有工作时，你对广告推销会关注吗？因此，潜在顾客对你给予充分的关注时刻，必定是顾客处在时间等待的状态。比如，网络是如此的便捷为什么企业仍要选择报纸作为广告推销的方式呢？就在于报纸能够满足顾客在等待时对广告推销产品的关注。就此思路，旅游区休息通道、宾馆的客房、各公共场所的电梯、公共卫生间等都是在休闲和空间上必须等待的时间，潜在顾客在这些时间段不论有无心情，都会自觉不自觉得对广告推销予以关注。因此，企业完全可以利用这些等待的时间开展广告推销活动。

【课堂讨论 4-2】优惠券自助打印

前些天在广州的正佳广场看到了钱库网的优惠券自助打印机，一楼都摆放了好几台，黄色的外观，带有触摸屏。靓丽的机身外观，颇能吸引消费者驻足观看。透过这台自助打印机，消费者可以自选优惠券，并立即打印下来。首先是通过手机免费申请二维条码会员卡，这个到是比较新鲜，二维码会员卡是永久保存在手机里的；然后，类似羊城通的方式，通过刷会员卡即可登入选择优惠券，然后通过下面的出口打印出优惠券。另外还可以通过发送短信指令到某一通道号，登入 wap 网站获取优惠券，或直接发送商家编码获取该商家的优惠券。如果在城市各个公共购物网点都布置了这样的优惠券终端机，那对消费者来说，无疑是非常方便的。手机优惠券至少免去了像纸优惠券那样携带的麻烦，而且不易丢失。这种手机优惠券的促销方式，至少目前在国内还不多见。

问题

钱库网的商品广告推销方式与其他广告推销有何不同？

（三）介绍寻找

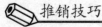

这种方法是业务员通过他人的直接介绍或者提供的信息进行顾客寻找，可以通过业务员的熟人、朋友等社会关系，也可以通过企业的合作伙伴、客户等由他们进行介绍，主要方式有电话介绍、口头介绍、信函介绍、名片介绍、口碑效应等。介绍法在西方被称为是最有效的寻找顾客的方法之一。

1. 介绍法的优点

介绍法的优点主要有以下几个：

（1）大大地避免推销人员的盲目性。介绍法能够增加推销成功的可能性，一般来说，顾客对推销员是存有戒心的，如果是顾客所熟悉的人推荐来的，就增加了可信度，用户帮助推销员找用户，能起到花钱登广告所起不到的作用。

（2）减小成交障碍。心理学家哈斯曾告诉人们："一个造酒厂的老板可以告诉你为什么一种啤酒比另一种啤酒好，但你的朋友（不管他的知识是渊博还是疏浅），却可能对你选择哪一种啤酒具有更大的影响力。"研究表明：朋友、专家及其他关系亲密的人向别人推荐产品，影响力高达 80%，向由顾客推荐的顾客推销比向没有人推荐的顾客推销，成效率要高 3 ~ 5 倍。

（3）可以降低推销费用。

2. 介绍法的不足

介绍法不足之处主要有以下几个：

（1）经常使推销人员处于被动地位。因为介绍寻找法是依靠现有顾客介绍其他的顾客，如果现有的顾客不愿意或不能为推销人员介绍新的顾客，就会使推销人员处于被动的地位。

（2）无法预料现有顾客所介绍的情况。即使现有的顾客愿意提供一些信息，但如果所提供的情况没有可用之处，往往会使原定的推销计划不能实现。

【课堂讨论 4-3】邻居的影响力

无论何种产品，若能在某一家推销成功的话，就犹如打入了这附近的整个家庭市场。所以，一旦获得订单，切不可志得意满就此打住，而应将已购产品的整个区域的住户列为攻略目标，这是相当值得关注的事。

笔者曾担任某太阳能热水器的推销指导，按照上述方式实践之后，有个意外的发现。那就是：凡是市场普及率高的地区，产品再次推销的额度要比普及率低的地区更高，这是因为普及率的提高反过来更能增加推销额。

特别是已经装热水器家庭的附近地区，推销的进展变得相当容易。当然不可否认的是，商品本身的经济特性也有相当程度的关系，但是"那家已经装了，我们也来装一个吧！"这种社会性的攀比需求，常促使人们购买 3 ~ 4 万台币的商品，像这种购买倾向，在农村地区尤为显著。

其他的商品的推销也可利用此种心理，"陈先生和林先生家也都和我们订了契约呢！"

推销员在向潜在顾客提出他熟悉的人，使潜在顾客获得基本交流上的安全感，“所以，府上无论如何也和我们订个契约吧”。如此步步为营地紧逼对方，往往能达成推销业绩。

在都市区，常采用这种方法的便是钢琴的推销。推销员利用父母望子成龙，不愿输给附近小孩的心态，非常容易在高级住宅区攻城略地，将商品顺利地推销出去。但为了把这片区域变成自己的地盘，首先须做充分的准备工作。攻下其中一家客户后，得到契约便大肆宣传，敲锣打鼓，如迎神赛会般，热热闹闹地将商品搬运过去。如此便将住宅区附近的预定客户犹如地瓜茎蔓牵连般地一一掌握于手中。

在此过程中，最重要的是将左右邻居各住户培育成有力的预定客户，对第一家的售后服务绝对要漂亮，要彻底，绝不能让他有任何不满。“考虑一下，或是要找另一家”，若第一位客户如此对询问的人回答，那你就完蛋了，就完全地失去这片区域的预定客户了。若想让对方成为你的得力助手，能介绍有希望的预定客户，那是再好不过了。这犹如建立了强固的壁垒般，可轻而易举地拿下那片区域。

问题

为什么社区邻居是介绍寻找的好方式？

【延伸阅读 4-1】

促成老顾客介绍新顾客的方式

不是所有的老客户都愿意把潜在的新顾客介绍给推销员，即便他有这个影响力，我们究竟应该如何发动他们呢？首先，你应该把老客户分类，确定哪些可能愿意给你转介绍，确定初步的老顾客后，进一步把愿意介绍潜在顾客的老顾客分类。

1．自我炫耀型

这类老顾客喜欢出风头，好表现自己，只要在购买产品以后获得了满意就会在遇见邻居街坊后主动谈及自己购买产品的行为，主动与邻居分享他购买产品后的满意感。如果今后公司开产品说明会，推销员完全可以请此类老顾客上台讲几句话，事后给他颁发荣誉奖，给他一些纪念品，另外在言语上充分尊重他们，强化他们自我满足的感觉，他一定会把我们的事当成他自己的事在社区广为宣传。

2．金钱追逐型

此类顾客就很现实了，你想让他介绍新顾客，必须给他金钱上的回报，比如给他提成等。这对推销员是好事，符合市场经济交易的原则，毕竟信息是很值钱嘛！推销员遇见此类老顾客，可以很直接地跟他谈怎么付他提供信息的回报，只要你的条件让他满意，他在利益的诱惑下一定会很卖力地给你介绍新的顾客。现实中这类老顾客很多，但很多却由于各种原因不和你明确提出，也不积极给你介绍新顾客。如果你发现有老顾客主动跟你提出要所谓的信息费用，那就要恭喜你了，他会成为你寻找新顾客的助理。

3．互惠互利型

这类老顾客给你的介绍量不大，不会很用心给你介绍新客户的，他与你继续交往其实是看中了你的某项资源，有事需要你帮忙，他可能给你成功介绍几个客户后，就会婉转地告诉你，他有什么困难一直没解决，希望你动用资源帮助他，你如果拒绝或者说你办不了这件事，他就不会继续把新顾客介绍给你，当然，你如果把他希望的事做成了并做得令他很满意，那么他以后会一直跟你保持这种关系。

4. 友人帮忙型

此类老顾客是最省心的，当然他的新顾客介绍量也是最少的，他给你介绍新顾客，纯粹是出于朋友之间的关系给你帮忙，他不会特意为你介绍某个顾客，仅仅是因为他认为遇到了合适的潜在新顾客才把这个人介绍给你，此类老顾客的心态就是：遇到了就介绍，遇不到就算了。这类老顾客你要精心与他处好关系，既把他当顾客更当朋友看待。

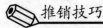

（四）委托助手

委托助手法，就是推销人员雇佣他人寻找顾客的一种方法，委托助手法所依据的是经济学的最大最小化法则和市场相关性原理，因为委托某些相关行业或企业以外的其他人员充当推销助手，将寻找到的顾客和收集的有关信息传递给推销人员，由推销员和顾客开展下一阶段的推销工作。这些接受雇佣，被委托寻找准顾客的人士，一般被称为“推销助手”或“猎犬”，所以，这种方法也叫“猎犬法”。

1. 委托助手法的优势

委托助手法的优势主要有以下几个：

（1）节省寻找的时间：在西方国家这种方法运用十分普遍，一些推销员常雇佣有关人士来寻找准顾客，自己则集中精力从事具体的推销访问工作，这些受雇人员一旦发现准顾客，便立即通知推销员，安排推销访问。

（2）节省寻找的费用：花费的费用比推销员亲自寻找顾客和收集信息所需费用要少得多，推销员本人可以腾出更多的时间接近那些影响力较大的关键顾客，因此，可以取得较大的经济效益。

（3）获取准确的市场信息和产品信息：被委托寻找准顾客的人士因为熟悉市场，可以获取准确的市场信息和产品信息，能较早地预见到推销产品市场的发展变化趋势。

（4）较大的影响力：推销助手通常对潜在顾客有较大的影响力，甚至能直接说服其购买推销产品，大大减轻了推销员后续展开推销的阻力。

2. 委托助手法的不足

尽管委托助手法在寻找顾客时优点很多，但也有不足：

（1）推销助手的人选难以确定。

（2）推销助手的积极性难调动。

（3）推销员处于被动地位，其推销绩效要依赖于推销助手的合作。

委托助手法法的成功与否关键在于委托助手法的选择。

推销助手的选择是一件非常严肃的事情，推销员在选定时必须仔细考量。因为助手的选择不利不仅容易贻误了推销的时机，更重要的是可能搞坏了推销员与潜在顾客的关系，使推销网络无法顺利建立。究竟如何选择呢？其实可以从猎人选择猎狗的思路得到启发。猎人选择猎狗一般从以下三个方面考虑：

（1）跑得快：时间就是猎物，时间就是生命。对猎人来说，猎狗跑得越快，捕获猎物的机会就越多，另外，面对一些突发事件，例如猎人突遭袭击，猎狗也可以迅速赶到。因此，推销助手的选择就应该选择那些行动迅速，在你的利益诱惑下可以立即开展潜在顾客寻找，帮你建立推销网络的人。

（2）跑得久：跑得快的猎狗有它的优势，跑得久的猎狗也有它的长处。跑得快的猎狗可以短距离追逐猎物，可往往耐力不够，如果猎物耐力较强又可以躲过短距离追逐，那么此时就是跑得久的猎狗天下了。推销助手的选择也可以考虑那些虽然不能立即为你带来利益的，但他们的持久时间的寻找也会带给你长久的回报，只是你要不时提醒他们，你要经常与他们保持联系。

（3）力量大：有些猎狗具有很强的战斗力，它们的出动能为猎人捕获大型的猎物。即便这些猎狗参与的捕猎次数不多，但一旦它们发力，只要短短的几次就能为猎人带来丰厚的回报。

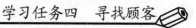

【课堂讨论 4-4】委托助手的魅力

资料 1 最伟大的汽车推销员

乔.吉拉德是世界上最伟大的汽车推销员。曾创造连续 12 年平均每天推销 6 辆汽车的成绩，荣登汽车推销世界第一的宝座，至今无人能突破。看看吉拉德推销汽车的一些方法，你就可以学到很多推销的真谛。吉拉德只要到加油站加油时，就经常主动和加油站里的人聊天，尤其是那个加油站附设修理业务的人员，他更是对他们特别殷勤。因为他们几乎每天都与有必要换新车的人接触，如果有人把必须花 500 美元修理费的车子开到加油站去，加油站的人就会对他说："与其花费这么多的修理费，还不如买辆新车划算。"而将那个人介绍到吉拉德这里来，一旦生意成交，他不必修理车子就能从吉拉德这里获利 25 美金的临时介绍性的收入。

其实，从事汽车修理服务行业及汽车解体业的人，同样也能够成为汽车推销信息提供的来源，因为他们所处理车子的所有主人，都是迟早面临非买新车不可的状况，而且某些人也有可能获得保险公司的理赔金。保险公司内的汽车赔偿保险经办人亦能成为信息提供的最佳来源。

但是这些信息来源事实上并非都是与汽车有关的生意人，也不限于那些收入较少的人。在底特律，有许多领取高薪受雇于医药品大厂商的医生，他们大都是富有之人，拥有数辆汽车的情形相当普遍，此外，他们在学会以及各种会议上所遇到的人数也不少，因此，他们的表现往往不逊于与汽车相关行业的其他人士。充分利用信息提供者的方法，绝对不能以为与信息提供者有所约定，即表示一切顺利，假如你没有勤于追踪，最后仍可能毫无所获，吉拉德常常利用空闲时间，仔细查看信息提供者名单，如果发现长时间内有人一直都没有介绍客户，吉拉德就会立即打电话给他，和他聊天，然后加上一句："最近都没有寄 25 美元给你的机会，为什么呢？"这样不仅可以提醒已经忘掉此事的人，对于那些尚未养成习惯劝别人向推销员买车的人，也可借此催他早日培养这种习惯。

当你在寻找信息提供者时，最重要的是必须仔细观察受我们委托的人，事后是否会好好为我们工作，再者，不断寻找新的信息提供者也是一件相当重要的事。吉拉德不管在任何时候，到任何地方去，一直努力寻觅适合于做这件事的人，即使在做完工作到健身俱乐部之时，他也会拿名片给衣物保管室的服务人员或按摩师，和他们谈酬谢金之事。经过吉拉德不断的努力，有时候甚至能促使原来从未想到的客户主动来找吉拉德。

资料 2　向懂行的客户求教

一位朋友知道我是搞推销的，便向我推荐一种新型汽车大灯增亮器。该增亮器由进口电器、国标线、保险盒组成，可以保护电压稳定，不起热、不烧毁，延长大灯使用寿命，增强大灯亮度。

我想推销这种产品也没啥难的，现在车那么多，还愁没有市场吗?拿到产品后，我首先想到的是那些省级公务车维修定点单位和公务用车定点维修中标企业，我认为它们是大修理厂，每天接触汽车也多，我的产品肯定能用得上。于是我找到市内的一家大型汽车修理厂，没想到见过经理，任我好说歹说，他也一百个不同意，即使放一个样品也不让。我只好找到另外一家，没想到，遭到了同样的拒绝。为什么会出现这种情况?我百思不解。

一天，趁中午吃饭人少时，我又回到第一家汽修厂，向一位五十多岁的修理工请教。他见我挺虚心的，又确实有犯难的事情，就同情地对我说："你是第一次做汽配业务，当然不懂其中的奥秘，市内只要上点规模的修理厂，零配件进货渠道差不多都有定点单位，何况像我们这些省级公务车辆维修定点单位。再说，维修的差不多都是进口车，高级车，私人的少，公家的多，来我们这儿的司机只是为把车修好，不在乎花钱，至于大灯节能不节能的，他们根本不在意"。老师傅指点我："现在的出租车司机为了多赚钱，整天没白没夜地拉活，电路就会经常出毛病，大灯亮度自然会发黄，像点蜡，这些人的车多是自己的，你的产品他们能要。"听完老师傅的话，我茅塞顿开，连连道谢。

我找到华通汽车修理部的张经理，他的客户多，开出租的不少。等我把产品功能介绍后，他爽快地说："你把产品放在我这儿，我帮你介绍，不过价格你得给我再低点。""没问题，咱们两个是双赢，价格好商量。"接着我做了一个条幅，印上"定点安装大灯增亮器"，并写上张经理的手机号，挂在华通修理部。张经理精通业务，又与顾客很熟，通过他的介绍，许多老客户都装上了大灯增亮器。至今，他的手机整天响个不停。

推销遇到问题，应向懂行的人请教。这些人身处前沿，对市场行情掌握第一手材料，倾听一番点化，必能使你少走弯路，直取捷径。

问题

委托助手适合哪些产品的高效推销?

（五）资料查阅

资料查阅法是指推销人员通过查阅各种现有的资料来寻找顾客的一种方法。

1. 资料查阅法的优势

资料查阅法的优势主要有以下几个:

（1）成本小：资料查阅寻找法是一种间接的方法，推销人员无需走访和接触顾客，只要所获取的资料信息准确可靠，推销工作就会以较小的代价取得较好的效益。

（2）速度快：信息时代可以利用多种高科技手段，快速获取顾客的信息。

（3）渠道广：就我国现阶段的情况看，推销员可以利用的资料比较多。

2. 资料查阅法的不足

资料查阅法的不足主要有以下几个：

（1）难以辨别信息可信度：如果这些资料的来源或提供者的可信度较低，则会对推销工作起阻碍的作用。

（2）难以把握资料的时效性：市场不断变化，资料的时效性很重要，应注意获取最新的信息资料，剔除旧的、过时的资料。

3. 资料查阅法的核心

资料查阅法核心在于如何通过渠道查询到顾客的信息，资料查询法从推销对象来分析，可以分为以下两类：

（1）团体顾客：团体顾客指推销员对政府机构、企业事业单位等的资料查询。一般来看，以下渠道可以考虑：

① 工商企业名录：这些信息都是公开的，推销人员可以查找所要推销产品相对应的企业具体名称、地址、电话及大概的业务范围。

② 统计年鉴：政府部门每年都会发布各行各业的统计数据，可以通过统计年鉴中的细分数据，查找相关的企事业单位的信息。

③ 工商管理公告：比如工商管理部门发布的商标注册公告、企业登记公告等

④ 行业协会目录：很多行业协会在一定的时间都会定期发布本行业的发展状况，其提供的行业报告及相关数据也是寻找潜在顾客很好的渠道。

⑤ 专业信息书报刊物：比如很多书报刊物其实已成为众多企业发布信息的窗口。仔细观察现在很多的刊物其实是企业资助开办，通过这些公开发行的书报刊物，同样可以查询很多企业的信息。

⑥ 招聘广告：现代很多企业发布的所谓招聘信息，其实仅仅为了本身宣传，根本不于招聘。完全可以去人才市场的招聘现场看看企事业单位的信息。当然，翻看各类报纸广告也可以查询很多信息。

渠道不仅仅限于以上所拟，完全可以罗列更多，但通过资料查询得到的这些信息是不够的，还要进一步查询。比如，应该查询到谁是权利决策者；谁是影响权利决策者决策的环境因素；谁又是未来产品具体的使用人。

（2）单个顾客：单个顾客指推销员对普通居民开展的资料查询。一般来看，以下渠道可以考虑：

① 专业人士提供：正如资料 1 中所述朱女士家的宝宝的资料被推销人员查询到，朱女士的疑惑是可以理解的，因为婴儿的信息一般是通过医院的相关人员、社区的卫生服务中心、负责建卡的地段妇幼保健院留出。因为这些机构的专业人士确实掌握了朱女士家宝宝的信息。

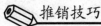

② 各种形式的俱乐部：现代社会各种形式的俱乐部活跃，可以通过俱乐部成员登记的信息查询潜在的顾客。比如可以通过查询健身俱乐部的成员信息有针对性的开展减肥产品的推销。

③ 各种主题的QQ群：QQ群有很多主题，有同学、朋友等，但现在越来越流行户外活动等的时尚群。可以查询并加入其中，群内的信息你慢慢就可以掌握了。

④ 各级工会：中国现阶段的工会很多停留在发放职工的福利上，他们对职工的信息是非常清楚的。可以通过发放一些赠品的方式接近工会并查询职工的信息。

⑤ 社区居民委员会：社区居民委员会对本社区的居民是比较熟悉得，可以配合他们开展各种免费试用或提供免费服务的方式查询居民的信息。

⑥ 各类展览会：普通居民参加展览会表明了他对展览的内容感兴趣，他此时提供的个人信息就是推销员所要面对的潜在优质顾客。资料2中的王先生及他的同事的个人信息被推销员查询到就不奇怪了。

同样，查询单个顾客的信息也不仅以上罗列，但推销员现在却需要仔细考虑了，即便你查询到了单个顾客的信息，你的推销阻力绝对超出你的想象。试想一个你从来不知晓的人突然对你个人的信息是知跟知底，你的感受会如何呢？

【课堂讨论4-5】我的信息你怎么知道

资料1　婴儿出世引来无数保险推销电话　医院被疑卖资料

朱女士在今年9月12日生下宝宝，之后就不断有生产婴幼儿产品的公司打来电话“嘘寒问暖”，最多一天可接到三四个推销电话。朱女士说，这些人不仅打搅了她的休息，电话铃声还老把宝宝吵醒，实在是烦透了。

不过，朱女士的反感并不能阻挡这些推销员卖力地打来电话，他们被拒绝后照样孜孜不倦地继续打来。一次，对方细致地询问朱女士和孩子的身体状况，孩子有没有回奶，喂的是母乳还是奶粉，十分周到体贴。她起先还以为是医院打来的电话，没想到最后对方开始推销起了奶粉，朱女士这才恍然大悟。更奇怪的是，这些公司似乎都知道宝宝长到多大了——宝宝刚出生，就有人来推销喜蛋，做手印脚印或者做胎毛笔，但宝宝满月后这些人就不来电话了，而是换成拍满月照的公司，现在宝宝两个月大，就有人来推销百天照。“不知道这些人有什么能耐，不仅知道我家电话，连我宝宝长多大，需要什么样的服务都搞得一清二楚。”

显然，朱女士屡被骚扰的原因是个人资料被这些公司获得。但朱女士表示，除了在医院建卡登记过资料外，她没有向任何人泄露过资料。她记得某保险公司业务员曾无意中透露说，这些资料都是从朱女士生产的医院买来的，每人2元钱，而且医生会把资料卖给不同的保险公司和妇幼保健品公司，并可重复卖。

随后，记者试图与这位保险公司的员工取得联系，但始终未能打通电话。记者又以朱女士丈夫的身份，询问一家推销满月照的公司他们的资料究竟从何而来，对方表示资料都是老板给他们的，具体哪里来的不知道。最后，记者以经营婴儿照相业务公司的名义给朱女士生产的沪上某知名医院打去电话，要求“建立长期业务关系，购买孕妇资料”，但遭到拒绝，对方表示孕妇资料是绝对保密的。

朱女士生产的该医院办公室相关负责人表示，医院有严格规定，不允许泄露产妇资料，因此绝对不会是该医院工作人员所为。她表示，孕妇的资料管理有多个环节，社区的卫生服务中心、负责建卡的地段妇幼保健院都有孕妇产检的有关资料，所以不清楚究竟是哪个环节“出卖”了朱女士的信息，但是人们“往往把事情推给医院”。

该负责人表示，行业里的确也有这样的通病存在，医院之前对相关的情况曾进行过调查，也查到过一些类似的孕妇名单，但可以肯定的是，“我们医院拿不出这么全的资料”。该负责人强调，医院一直有严格规定，同时也不允许婴幼儿产品公司的推销人员进入医院半步。对此，市卫生局相关负责人同样表示，卫生局有明确规定，禁止医院将病人资料向外泄露传播。

资料 2：手机打来房产推销电话 我的个人信息被出卖了

在南京一栋写字楼上班的王先生昨日告诉记者，他们单位里最近发生了一件“怪事”：河西一家楼盘在一个星期的时间里，分别给王先生和他的近十位同事的手机上打来了房产推销电话。售楼人员是怎么知道王先生和他同事的手机号的？又为何向他们集体推销这家楼盘呢？众人百思不得其解。

记者假装是王先生的同事，拨通了售楼小姐的电话并与其攀谈了起来。当记者问售楼处怎么得到客户的手机号码时，售楼小姐马上警觉起来，敷衍地回答说是“信息部提供的”。记者再追问，她就什么都不肯说了。王先生告诉记者，他和同事也都问过售楼人员是怎么获知手机号的，得到的答案也是“信息部提供”，至于这是怎样的一个部门，又如何获取了众人的号码，就无从知晓了。

问题

资料查阅到潜在顾客，后续如何接触不容易引发潜在顾客的反感？

（六）贸易展览

贸易展览是企业融入新市场，寻找最大多数潜在顾客的最优方式。就现实看，贸易展览包含的内容广泛，消费者见到的博览会、交易会、洽谈会、推介会以及各种主题的节日其实都归属贸易展览的内容。

1. 贸易展览的优势

贸易展览优势主要表现在以下几个方面：

（1）比较自然获取潜在顾客资料：每一场贸易展览其参展的客商与潜在顾客云集。首先在人气上为未来推销员与潜在顾客创造了和谐的交流的态势。在交流过程中，可以利用信息反馈表，收集和分析潜在顾客的资料，寻觅后续的推销机会。

（2）可以借机了解市场行情：融合的交流气氛，使潜在顾客能够较为轻松的表达自己的最深层次的需求，同时也有利于推销员在愉悦的心情下开展推销活动的交流。双方都可以更进一步交流，推销员借此可以了解市场行情。

（3）能够较充分地介绍和演示：在贸易展览上，企业和推销员可以邀请最好的演讲者来介绍公司的情况；可以利用展台精心演示自己的产品；可以鼓动潜在顾客参与演示和试用。

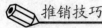

（4）便于展后的进一步推销：在贸易展览结束后，推销员应制定相应的行动，充分利用反馈表收集到的信息分析潜在顾客的实际状况，看看有哪些潜在顾客是优质客户，愿意与推销员保持联系，推销员应对这些潜在顾客建立长期的联系。

2. 参与贸易展览需要考虑的因素

具体参与贸易展览要认真思考参加什么主题的贸易展览、展台应该如何设计、如何接待参会人员，等等。因为这些因素都将影响有效寻觅潜在顾客。

（1）参加的贸易展览主题考虑：正常的思路就是结合展览的主题参加相应的展览活动。比如，贸易展览的主题是食品，那么参加的都是食品生产企业和关注食品的潜在顾客，不会出现汽车的展商。服装节自然是各品牌的服装展示，怎么可能见推销机械生产的展商呢？事实也是如此啊！你随便去贸易展览现场看看，确实是主题决定了展出的内容。

（2）展台的设计：贸易展览的企业众多，你想吸引潜在顾客的关注，就必须充分利用，展台的设计吸引他们的眼球。这又主要体现在：灯光和装饰展台的色彩运用、宣传台布及招贴画的制作、企业相关的资料摆放位置、人员的有机安排。灯光和装饰展台的色彩运用为了缓和全场类似产品的审美疲劳，宣传台布及招贴画的制作可以满足潜在顾客读出产品的功能，企业相关的资料摆放位置便于潜在顾客在路过时手取自然方便。

（3）展台中的接待：企业必须首先把人员划分两套人马。一套接待团体顾客，一套接待个体顾客。接待团体顾客的人员应该安排企业中高级管理人员参与，展览结束中必须有专人陪同，展览结束，必须有后续的的一系列的安排，比如，共进晚餐、共游城市及景点、共看演出等。个体顾客就可以相对简单，只要展台确保有人即可。需要指出的是：无论是接待团体还是个体顾客，展台接待的人员着装、发式、言谈、办理登记速度等都必须统一和协调。牢记：人员的有机安排是展现企业形象的第一站，很多潜在顾客就是从与接待人员的接触中感知企业的经营和管理实力。

【延伸阅读 4-2】

资料 1　日本食品博览会　各国展商卖力推销

第 31 届国际食品饮料博览会日前在东京开幕，这次食品盛会的规模排在世界第三、亚洲第一，各国的农产品和食品厂商都是摩拳擦掌，卖力地推销自己的产品。

展会上，美国展台位置最为显著，参展商除了挂出“美国猪肉”的大幅宣传标语，还把漂亮的模特请到展台，现场给观众们制作鲜美可口的烤肉，看来要给客户留下深刻的印象，视觉听觉和味觉都要全方位出击。不过，这个方法可算不上独家原创，来看看这边“加拿大牛肉”也已经烤好了，就等您张嘴吃了。由于畜禽肉类近年来频频发生安全问题，疯牛病、禽流感、口蹄疫越闹越凶，弄得大家在餐桌上不得不多加小心，为了把产品推销出去，看来“安全”是一大卖点，这头模型牛身上的仪器据说可以相互联网，监测牛的健康状况并且随时向外发送信号，而这些宣传品也都在强调食用鸡肉并不危险。展会上，韩国展商也用现炒现卖的法子来吸引客户，他们带来的传统食品得到很多观众的捧场。

资料2 三亚借杭州国际童玩节推销清凉旅游产品

昨日，首届“杭州国际童玩节”在位于之江旅游度假区的金都极地海洋公园开幕。正在杭州推介“清凉一夏,三亚度假”的三亚旅游促销团队借此机会,大力推销三亚夏季旅游产品。

记者在杭州看到,许多街道满街都是“童玩节”的广告,“童玩节”成了这个夏天杭州最热的焦点。据杭州市旅游局有关人员介绍,此次杭州举办的童玩节整体活动的国际化程度较高,注重文化交流、寓教于乐。同时,引进多个国家的展演活动,邀请多国少年儿童表演团体来杭表演交流。

借促销地的优势资源进行宣传,是三亚促销中一个难得的机遇和平台。三亚在多年的促销活动中总结出了一些好的经验,能够轻车熟路地驾驭在促销当中出现的一些特殊情况,并很好的运用到实际工作中。

资料3 张家界糖酒会上推销旅游

在本届糖酒会上，作为惟一一家参会的旅游景区，张家界的绝美风光引起了广大参会客商的广泛关注，成为本届糖酒会的旅游大赢家。

张家界市非常重视本次糖酒会带来的商机，张家界市旅游局相关负责人说，“我们免费提供了 15000 份宣传折页和小册子，还把宣传资料送到了大会指定的接待酒店。不仅可增加展会前后到张家界旅游的人数，还可以全面提升张家界景区形象”。据了解，张家界市派出了多个部门组成的工作组，和糖酒会组委会全面接触，全面促销张家界绝美风光。

湖南国际会展旅行社负责人介绍，该社推出的旅游产品中，大部分是张家界的产品和线路，引起了参会客商对张家界游的强烈兴趣。他预计，在大会的后期，参加张家界旅游的人数还会有大幅上升，张家界将成为本届糖酒会的旅游大赢家。

大会组委会办公室副主任、湖南国际会展中心总经理施宏桥说，张家界作为惟一一家参会的旅游景区，已成了糖酒会上一道亮丽风景。

（七）直接观察

直接观察是比较古老和最基本的方法，也就是指推销员根据自己对周围的直接观察和判断寻找潜在的顾客。运用这种方法的关键在于推销员的自身素质和职业敏感性。

1. 直接观察的优势

（1）易于发现潜在的顾客：推销员直面市场，直面潜在的推销对象，可以直观发现潜在顾客。比如在房地产推销中，由于房产的不可移动性和售价高的特点，很多有购房意向的人总是喜欢反复到楼盘现场察看。如果房产的推销员不是坐在所谓的推销大厅，而是具有敏锐的眼光，就往往能获得潜在顾客。曾经一篇报道讲某个购房者，他在看准某一地区的一个楼盘时，一年中不下几十次去观看，从土建一直到卫生洁具配套，他甚至比推销员还清楚。他的行为最终引起了在楼盘现场走动的某推销员的注意，推销员的主动出击，最终双方达成了购房协议。所以说，推销员一定要注意用眼、用耳、更用心，注意观察周围人群，随时发现潜在顾客。

（2）锻炼推销员的职业敏感：职业敏感是要锻炼的，直面市场、潜在顾客可以扩大推销员个人的视野，可以很好地锻炼自己的洞察能力，同时在推销进程中可以积累相关的行业推销经验，这是非常重要的一种能力训练，往往可以触及推销灵感的爆发。

2. 直接观察的不足

（1）无法探知潜在推销对象的真实需求：推销员通过直接观察法寻找潜在顾客往往会因为看到浅显的表象。

（2）受推销员个人见闻的局限：每一个推销员都有其习惯性思维，在现实推销过程中总是受到自己的见闻、曾经的生活经历、昔日的求学感悟等外在因素的影响。同一个推销对象在推销员的主观世界中呈现的推销机会往往差异巨大。

3. 运用直接观察法高效寻找潜在顾客的具体思路

（1）转化潜在顾客的表象需求：推销过程千万不要受个人直接观察到的表象迷惑。

（2）挖掘潜在顾客需求后面的需求：推销员应该勤思考，多站在潜在顾客的角度看待推销活动，挖掘产品推销出去能否给潜在顾客带来超出他们自己原本以为的利益。既能否开拓出产品新的功能意义，激发潜在顾客对产品更深一层次的需求。

（3）广交朋友，分享见闻：在很多社交场合，尤其是在轻松的会友环境中，推销员应该注意通过不经意的表达，把自己直接观察的事物与友人分享，同样也许朋友间不经意的见解却可以一语惊醒“梦中人”，正所谓“它山之石可以攻玉”嘛！你没有考虑到的部分，恰恰是他们的思路所在，毕竟个人见闻不同。这种瞬间的灵感激发，也许就可以让你转化潜在顾客的表象需求，挖掘潜在顾客需求后面的需求，达成高效的推销业绩。

【课堂讨论 4-6】你看到了推销商机吗

资料 1　鲁人能去越国卖鞋吗

原文：鲁人身善织屦，妻善织缟，而欲徙于越。或谓之曰：“子必穷矣。”鲁人曰：“何也？”曰：“屦为履之也，而截止越人跣行；缟为之冠也，而越人披发。以子之所长，游于不用之国，欲使无穷，其可得乎？”

译文：有个鲁国人擅长编草鞋，他的妻子擅长织白绸，他想搬到越国去。有个人对他说：“你到越国一定会穷的。”那个鲁国人问：“为什么？”劝他的人说：“编草鞋是为了给人穿，而越国人不爱穿鞋喜欢赤脚，织白绸是为了做帽子，而越过人不爱戴帽子喜欢披散着头发，你要去不能用你长处的国家，想不穷做得到吗？”

资料 2　向和尚推销梳子

一位已近暮年的商人，为了在四个儿子中挑选出自己基业的继承人而决定做一个测试：让他们在一天的时间内向寺庙里的和尚们推销梳子。

早晨，四个儿子身背梳子分头而去。

不一会的工夫老大便悻悻而归：“这不是明摆着折腾人吗？和尚们根本就没有头发，谁买梳子？”

中午老二沮丧而回：“我到处跟和尚讲我的梳子是如何如何的好，对头发护理是多么多么的重要，结果那些和尚都骂我是神经病，笑话他们没有头发，赶我走甚至要打我。这时候我看到一个小和尚头上生了很多癞子，很痒，正在那里用手抓。我灵机一动，劝他买把梳子挠痒，还真管用，结果就卖出了一把。”

下午老三得意地回来：“我想了很多办法，后来我到了一座高山上的寺庙里，我问和尚，这里是不是有很多人拜佛？和尚说是的，我又问他，如果礼佛的人头发被山风吹乱了，或者叩头时头发散乱了，于佛尊敬不尊敬？和尚说当然不尊敬。我说你知道了又不提醒他，是不是一种罪过？他说当然是一种罪过。于是我建议他在每个佛像前摆一把梳子，香客来了梳完头再拜佛。一共12座佛像我便卖出去一打！”

晚上老四才满身疲惫地归来，不仅所带梳子悉数卖光，还带回了与寺庙签署的厚厚订单以及与寺庙合资成立梳子厂的协议。看到大家惊诧不已，老四解释说：“我找到当地香火最旺的寺庙，直接跟方丈讲，你想不想给寺庙增加收入？方丈说当然想啦。于是我就给他出主意说，在寺庙最显眼的位置贴上告示，只要给寺庙捐钱捐物就有礼物可拿。什么礼物呢，一把经得道高僧开光并刻有寺名的功德梳。这个梳子有个特点，一定要在人多的地方梳头，这样就能梳去晦气梳来运气。于是很多人捐钱后就梳头又使很多人去捐钱，这样所有的梳子都卖出去了还不够。”

问题

老四的成功之道在哪里？

（八）中心开花

中心开花法又称名人介绍法，是连锁介绍法的一种推广运用，就是指推销人员在某一特定的推销范围内，取得一些具有影响力的中心人物的信任，然后在这些中心人物的影响和协助下，把该范围内的个人或组织发展成为推销人员的准确性顾客的方法。

如果细心观察，在许多产品的推销领域，中心人物是客观存在的，只要确定中心人物，使之成为现实的顾客，就很有可能发展一批潜在顾客。利用中心开花法寻找顾客，关键是“中心人物”是否信任推销和合作。

1. 中心开花法的优点

（1）节省时间与精力：推销人员可以集中精力向少数中心人物做细致的说服工作，避免推销人员重复单调地向每一个潜在顾客进行宣传与推销过程。

（2）扩大商品的影响：借助中心人物的震源效应在了解大批新顾客的同时还可扩大商品在普通消费者中的影响力。

（3）加速成交：一般大家都愿意听从专家的意见，因此利用中心人物的名望与影响力可以提高推销人员的知名度和美誉度。专家推荐的顾客，更利于成交。

2. 中心开花法的缺点

（1）“中心人物”的确定难度：如何顺利确定产品推销的“中心人物”是不容易的。这主要涉及产品的品牌形象与使用特点是否与你想确定的“中心人物”相符。比如，你推销的产品是木工机械，你的一位朋友是名医，是医疗界的“中心人物”，但你会把他作为自己产品推销的“中心人物”吗？ 另外就是“中心人物”会发生变化，一旦你选择的“中心人物”突然变成了负面关注人物，你的推销就很受伤了。

（2）“中心人物”的接近难度：既然是“中心人物”那么其地位、身份特殊，即便是企业和推销员确定了“中心人物”，但想要接近他们确实是困难多多，另外，既然是“中心人物”那么数量一定有限，自然你想顺利进入“中心人物”的地带，必将阻力大。

【课堂讨论 4-7】核心的力量

资料 1　杨元庆两会现场推销联想笔记本 ThinkPad X300

新浪科技讯 3 月 6 日凌晨消息，综合媒体报道，政协委员、联想集团董事长杨元庆 4 日在参加政协会议讨论时，现场拿出了联想最新发布的 13.3 英寸轻薄笔记本 ThinkPad X300 供委员们观摩。杨元庆的现场“推销”是为了配合他关于企业创新的发言。

据媒体报道，在 4 日举行的政协科技、科协联组讨论会上，当轮到杨元庆发言时，他别开生面地为讨论会增加了互动环节——杨元庆拿出一款笔记本，向委员们说，“这是一款联想的最新产品，总重量不到 1420 克，只有 18 毫米厚，大家可以相互传着看看。”

杨元庆所说的这款“总重量不到 1420 克，只有 18 毫米厚”的“联想最新产品”是其最新发布的 ThinkPad X300。这款笔记本屏幕大小为 13.3 英寸，拥有诸如固态硬盘、LED 背光屏幕、超长电池续航时间（最长可到 10 小时）、加强版无线连接等新技术，含电池与光驱后总重量为 1.42KG，最薄处只有 18 毫米厚，此外这款笔记本的设计也被国外媒体用“完美“来形容。

有媒体报道称，联想 ThinkPad X300 当时传到了前来参加讨论的一位国家领导人的手里，他仔细把看后，一连问了“电脑在哪里组装”“CPU 是哪个国家的”“进口材料占多少”三个问题，杨元庆回答说：新电脑是全球采购零件、深圳组装。

在现场展示了这一创新的新产品后，杨元庆做了关于企业创新方面的发言。

资料 2　屡次推销，江崎利一满腹顽强终售古力果

在日本的牛奶糖市场上，一向是被“森永”与“明治”这个糖果巨人所主宰，其他小品牌大多只能拣些糖果屑吃吃；如果是新生的品牌，要求生存就更加困难了。

“古力果”糖果公司的老板江崎利一创业之初，面临的就是这种恶劣的环境。糖果类商品的主要战场，就是零售店头内的陈列架，不能在架上占得一席之地，商品即宣告死亡。然而货架是有限的，一物进必有一物出，也因此，大阪市内的零售店都不愿意为了这个毫无知名度的商品挤掉其他的品牌；尽管业务员费尽唇舌，尽管古力果的品质好、价钱便宜，店主也不愿意把它摆上陈列架。四处奔波的结果，换得了一场空，江崎利一知道这么下去不是办法，左思右想，终于体会到必须“在决定性的地点拥有强大的兵力”。江崎利一想到：“石头一定是从山顶一路滚下去的。一定要先打入一家大商店，在这家大店站稳脚步后，小商店必定也能够接纳我们，甚至不必去推销，他们也会自动找上门来”。

江崎利一心目中的“决定性的地点”，是大阪·北滨地区的“三越百货”。赫赫有名的三越起初也不理睬古力果这个名不见经传的新品牌，一次、两次、三次……三越毫不动心，江崎利一仍然以强大的兵力一次又一次地推销，努力了十次、二十次后，三越终于被他的热诚和执著说服，答应在店内试销古力果的产品。既然三越都摆了古力果的东西，大阪市内的大商店也陆续跟进了。江崎利一见机不可失，立刻在《朝日新闻》和《每日新闻》上大打广告：“营养糖果‘古力果’，三越及各大糖果店均有售”。古力果的业务员便拿着这份报纸广告到各零售店去，说服了众多的店主，迅速地抢占了一家家零售店的货架。

集中火力，强力攻击，古力果终于大放异彩，一步步登上了日本糖果霸主的宝座。如果坚持当初的散兵游勇作战方式，今天市场上可能都还不知道有古力果这种商品呢。

问题

中心人物如何接近？

（九）网络搜寻

21世纪科技的发展，网络的普及，使推销人员通过网络寻找顾客已成为当前推销产品最有力的措施。传统的推销方式往往需要企业安排大量的人力、物力、财力来实现，这不仅费时而且推销的成本通常较大。对比传统的模式，网络带来的方便和高效率是无法比拟的。目前，微信、微博、QQ及各类APP在网络寻找顾客中扮演了越来越重要的作用。

1. 网络搜寻的优势

（1）成本低，速度快：利用互联网，企业可以在网络为广大用户提供大量信息的在线服务，顾客看到企业产品的信息，如有这方面的需求，就会通过在线服务作出反应，企业的推销人员可以及时与潜在顾客建立联系。

（2）信息交流双向：网络可以传统的推销手段如媒体广告、展览、产品目录等只能提供单向的信息输送，推销员无法及时获得消费者的反馈信息，既搞不清接收者是谁，也不知道有多少接收者。而网络广告可以根据更细微的个人差别将顾客实行分类，传送订制的广告，潜在的消费者还可以借助网络的帮助实现人与人直接面对面的信息交流，企业的推销人员可以根据消费者的反馈信息和意见来确定哪些人是企业的准顾客，哪些人可能成为企业的老顾客。

（3）推拉兼用：传统的推销往往采用“推”的方式，即通过各种手段传播本企业的产品和服务信息，而网络推销不仅可以通过发送电子邮件，将信息“推”向顾客，还可以通过设立网站，吸引用户访问自已的站点，即“拉”来顾客。

（4）扩大顾客寻找范围：网络可以到达传统推销及推销渠道无法到达的地方，通过国际互联网，可以发现世界各个角落的潜在顾客，企业的潜在用户也可以轻松廉价地了解企业的资料并达成交易，对于一些顾客比较分散的产品，尤其可以体现出网络推销的好处。

（5）声情并茂：互联网络具有文字、图片、色彩、声音、动画、电影、三维空间、虚拟现实等所有广告媒体的功能，更有能力不断地容纳高科技开发出来的新成果，新花样，让网络世界变得丰富多彩，增加人们对网络的好奇心与注意力，使得企业的广告宣传达到更好的效果。

2. 网络搜寻的不足

（1）顾客真实身份的甄别，匿名性是网络使用者进行网络行为的一大特性，几乎人人都是无名氏，这种顾客身份的模糊给在网络确定准顾客带来了一定的困难。

（2）顾客真实意愿的甄别：因为顾客真实身份的甄别的困难，所以顾客在网络论坛上言论比较随意，推销员要甄别哪些是真正有意向的顾客就会遇到较大的阻力。

【课堂讨论 4-8】网络的威力

资料 1　竹鼠养殖难，销路更难

20××年7月，某大学毕业生罗弘在经过一番思考后决定返回家乡广西开始自主创业，他的家乡在山区，有成片的竹林，竹林中生活着一种山鼠，当地人称其为竹鼠。罗弘想起在家食用竹鼠的美味，再结合市场考察，认为开发竹鼠的食用价值潜力巨大，于是多方筹措资金，在自己的家中办起了竹鼠养殖场。

经过一段时间的摸索和不懈的努力，竹鼠人工养殖取得了成功，这使罗弘倍感兴奋，但兴奋过后失意又开始涌向罗弘，因为他不知道竹鼠的销路在何方。过去看着竹鼠数量的增多是那么的开心，如今竹鼠的繁殖却带给他无尽的烦恼。罗弘试着在当地的酒店推销自己的竹鼠，可惜在耗费了各种波折后仍旧是一无所获，创业资金的缺乏加上推销的受阻，预示着创业之路即将结束。

苦闲之余，罗弘开始上网打发时光，一天在某论坛上，罗弘无意中提及自己在创业中的困惑和烦恼，网友看后纷纷留言献计献策，罗弘在一些网友的留言中得知广东、福建省的一些消费者对竹鼠的食用存在需求，于是上网有针对性地查询广东、福建等省份的客商信息，并主动在很多农产品的销售网站上留下了自己的供货信息。

过了几天，焦急的电话等待，等来的竟然是众多买家的上门询问和参观，这使罗弘喜出望外，最终两家买主的亲自上门提货，使罗弘拿到了人生第一笔自主创业的资金回报——一万元现金。

罗弘的竹鼠推销取得了初步成功，接下来的日子，询问的客商越来越多，竹鼠的供应已无法满足客户的需求，罗弘终于靠竹鼠成功推销走上了一条自主创业之路。

资料 2：农妇开微博推销十字绣

京郊顺义区赵全营镇红铜营村妇联主任孙亚荣大清早就从家里赶往村委会办公室，登录新浪微博更新博文、查看产品评论以及是否收到私信。自从开通“红绣满园”微博后，她现在最忙的事就是给村里妇女们编织的十字绣找到更多销路。

“微博是个好东西，既能吃喝咱的产品，还能很快带来人气。”孙亚荣早在今年 3 月初就开通了新浪博客，介绍村民们十字绣最新作品以及常见绣法，7月 4 日又开通了微博，就在跟记者说话的 10 分钟工夫，她边拍照边上传，数条微博已经共享到网上，为了随时随地浏览、更新，她还将微博与自己的手机绑定。

孙亚荣清晰记得，开通微博不出 1 小时，就收到一条私信。如今农村人也玩起微博，够时尚的嘛，“‘红绣满园’不属于我个人，它的开通就是帮助村里妇女们销售自产的十字绣。”孙亚荣毫不讳言新建微博立足于“找市场赚钱”的定位。

在红铜营村妇联办公室，记者点击打开了“红铜营十字绣《红绣满园》”的微博链接，“富贵有余”的针织现场、村里自办十字绣展的一等奖作品、参加北京市第七届农民博览会现场……近 20 条博文里全部是十字绣作品展示和相关活动介绍。“我们尽量每天都上传几幅村民自己编织的优秀作品或文字介绍，有可能的话，我们还考虑上传视频信息。”孙亚荣说，尽管开通时间还很短，已有中间商和消费者致电或发信息要求进一步沟通。

村民杨海伶的《珍爱永恒》卖出 700 余元，张红梅的一幅作品也以 3 000 元成交，而一位不愿具名村民的作品更是卖出 15 000 元高价，某画家也曾委托村里将其 20 幅油画全部转化为十字绣作品。

问题

网络寻找顾客要注意哪些方面？

（十）会议推动

近几年，会议推销在中国很流行。通过会议的形式开展推销其优势至少可以体现以下两点。

1. 迅速寻找到数量可观的潜在顾客

会议推销对寻找新顾客作用明显，如果推销员在开拓新区域时采取会议推销的方式，那么就可以迅速寻找到数量可观的潜在顾客，比普遍走访等方式提高很多的效率。

2. 潜在顾客的注意力相对集中

会议场所的空间、时间限制决定了参加会议的潜在顾客注意力相对集中。只要潜在顾客对会议的主题感兴趣，是主动参与的，一般注意力较为集中，加上场地的限制，潜在顾客的注意力不可能飞到其他的主题上，只能在有限的时间内关注你的会议内容。注意力的相对集中反过来又刺激了会议推销的热度，使会议推销互动功能更能发挥效应。

知识讲座是一种可以利用的好形式，但一定要讲究技巧。首先不要让潜在顾客发现讲座的真实目的是为了推销，会场最好避免一切指示推销产品的东西（如条幅、广告牌、传单等）;其次，讲课内容要精心准备，的确为顾客想，提供他们需要的知识，再次，要注意授课方式，避免呆板、说教，尽量用轻松诙谐的语言、实例，调动听众的积极性和参与热情。

【课堂讨论 4-9】会议也要讲究策略

资料 1　免费看电影变味成推销

几天前，李先生在路上领到有人散发的电影票，散票人告知，凭电影票可以带孩子到省会某影院免费看电影。因为是假期，7 月 29 日下午，李先生带着孩子来到这家影院，影院里的学生和陪同来的家长真不少，“足有 300 多人”。但奇怪的是，电影放映之前却有人在这里搞起了“讲座”。李先生说，当时自称是北京某学校的人先是讲了一大通如何提高学生的速算能力，而后又进行现场演示，最后一项是推销书籍和光盘。将近两个小时后，电影才开始上映。“发电影票时只说可以免费看电影，也没说要办讲座和推销书籍、光盘的事，结果搞了那么长时间的活动，这不是把人骗过去的吗？”

资料 2　第二期“名嘴”英语讲座明日开讲

仅剩 200 张免费入场券赠送，讲座现场更有好礼相送。

近日，本报举办的“名嘴”英语讲座受到了众多市民的欢迎，前来报社领取入场券的读者络绎不绝。短短两天时间送出了 800 张入场券，现剩 200 张入场券继续免费送市民。

本报第一期举办的“名嘴”英语讲座活动，读者好评如潮。在读者的强烈要求下，决定于明日上午举办第二场“名嘴”英语讲座。此次英语讲座重点在如何提高学生的英语听、说能力上，教会学生如何走出英语学习的困境，并让家长掌握更多、更科学辅导孩子学习英语口语的方法。

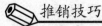

此次讲座邀请了省电台著名英文节目主持人、疯狂口语专家梁伟担任主讲。届时除了精彩的讲座外，梁伟还将现场与大家进行互动，解答大家在英语学习中遇到的问题。本报还将在讲座现场向家长赠送课外辅导指导方法手册，并（登记）发放120张中小学英语课程听课卡，有效期至10月16日。欢迎领到听课卡的家长届时前去体验周二或者周四晚上的中小学试讲课程。另外，本报将成立助学和学习体验组，现场（登记）发放60张为期一个月的学习体验卡。数量有限，发完即止。

资料3　含而不露办讲座

有些搞推销的朋友崇尚“疯狂拜访，黄金万两”。实际上，陌生拜访的效果总是不尽如人意，效率也太低。因为对方一听说你是来推销的，马上在心里筑起一道抗拒的高墙，你说得再好，他也不以为然地想：王婆卖瓜，自吹哩。那么，你说的，他在听的时候自然要掺进水分。

有没有什么方法让潜在顾客心甘情愿地坐下来兴致勃勃地听你讲解呢？有，这就是知识讲座。由于大家是怀着获取知识的心态来听课，心情较放松，开放的心态便于接受、沟通，你在妙趣横生的讲课中不动声色地渗透产品的推介，起到“润物细无声”的效果。在轻松愉快的气氛中，顾客也就不会带着挑剔的目光，怀疑的态度，拒人于千里之外。即使他们一时不买产品，但一旦需要时他们会想到你，甚至可能会介绍朋友找你，而且你要主动去联络他们也有了一定基础，不再是尴尬万分的陌生拜访了。

去年5月12日，单位通知我们：公司请来医师搞健康讲座。会上，李医师细致详尽而富于权威地讲解了人体经络的特点、分布，然后告诉大家如何在日常生活中利用其特点保健身体、预测疾病。我们大开眼界，听得认真极了，会场鸦雀无声，不少人还做了笔记。没有一个人认为她是做产品推销。直到最后，李医师讲到针灸的妙用及人们对银针的恐惧，这正说到我们心坎里去了。然后她问：“你们是不是希望有安全的针灸器?”

停了几秒钟，李医师以轻描淡写的口气告知大家一个重要信息，台湾已研制出电子针灸器产品，她是从一个朋友处得知的，它有银针的优点，摒除了其缺点，效果不错，使用方便。说到这里，她就此打住，什么也不提了，后来我才醒悟，妙就妙在她的欲擒故纵手法，假如她喋喋不休地说开来，大家没准会厌烦。然而，她不说，我们的好奇心勾起来了，七嘴八舌地问：“哪里有的卖”，我还问了多少钱一台。在提到针灸器时，李医师已详细地介绍过银针的作用，其中提到可治腰痛，这正合我的需要。

因为大家的提问，李医师从助手处拿出一台小小的电子针灸器，助手一直坐在观众席上，谁也没注意到他。李医师开始讲解这台袖珍仪器。我认为她真是顶尖高手!开始时先漫不经心地揭示一句：大陆还没有，她帮朋友带了几台过来是讲课用的。如此的说明，摆脱了推销产品的嫌疑，强调了她仍是为了讲课。介绍、示范完毕，她又补充一句，如有人需要，可以填个申请，经过审批，70%的人能买到产品。我们被“吊”得跃跃欲试，我简直担心买不到，就提要求：能不能把这台样品卖给我。助手变魔术般地取出一台新的，把我仅存的那一点点由于样品而产生的遗憾打消了。我喜出望外地问价，她平平常常地回答600元。我心里“咯登”一下，这么贵!嘴上说出来的却是：“等我，我上楼取钱。”她跟着我，很自然地解释说会议室要锁门了。

在我向同事借钱时，她们大叫：“600元太贵了！”我却反复为其辩解，历数它的优点，其实就是在维持自己做了决定的尊严。她却自始至终保持微笑，对我的同事的异议不置可否，她就那么大度而自信地微笑着。假使她急于表白、驳斥，说不定就把我推向同事的反对阵线。她的笑好像在对我说，你做得对，我支持你。于是，我倒为她打抱不平起来。

问题

通过会议讲座的方式寻找到顾客只是万里长城的第一步，要想更有效率的完成会议推销过程，你还应在哪些环节全面考虑？

（十一）娱乐先锋

1. 娱乐寻找潜在顾客的媒介分析

通过娱乐寻找潜在顾客的表现方式非常广，媒介也很丰富，常见的娱乐寻找潜在顾客的方式主要有以下几种：

（1）娱乐中的时尚主题：娱乐中时尚元素是寻找年轻潜在顾客的主力。而影视作品及其衍生产品的体验就是时尚元素的开端，是引领时尚的牵引机。年轻人最喜欢模仿，尤其是模仿偶像的一言一行，而决大多数的偶像都是通过影视作品确立，因此只要把自己的产品有机地揉入影视作品就可以树立产品的时尚品牌形象，这不仅可以牢牢抓住广大的年轻潜在顾客群，更可以引导他们的未来消费倾向。目前来观察，影视作品揉入产品的方式很多，资料1中好莱坞电影中的汽车道具的使用就一直以揉入某赞助的品牌为思路。资料2诺基亚则把产品通过影片、电影宣传海报及主题曲、MV等方式呈现。资料3中《变形金刚》对产品的宣传就更厉害了，几乎被质疑成就是为玩具推销订做的电影。

（2）娱乐中的休闲主题：娱乐中的休闲主题是娱乐的起源、娱乐的真谛、娱乐存在的意义。娱乐中的休闲主题伴随人类社会的进程发展而发展。现代社会，休闲主题以书画古玩鉴赏及各类游览活动为代表。看看央视《鉴宝》及各省市电视台效仿节目的火爆，看看每一个长假，中国几乎每一个旅游景区都是人声鼎沸，再看看每一个城市的步行街总是人来人往。即便像肯得基、麦当劳等的洋快餐店在中国由于注入了休闲的寓意，你总可以看到店内洋溢的休闲的氛围，就不奇怪顾客是等位入席了。

（3）娱乐中的刺激主题：现代社会已不可能有聚众围猎等的原始刺激运动了，这已被群众参与的文体比赛活动所替代。同样，看看中国举办奥运时全国观众的关切程度、企业广告的宣传热度，也一定听过足球世界杯看台上人们的呐喊；再回头看看国内各类娱乐选秀节目对年轻学生的刺激，就会明白娱乐中的刺激元素是可以如此有效率地寻找到潜在顾客。

2. 结合产品的特点开展娱乐活动

通过娱乐活动寻找顾客应该结合产品自身的特点。例如，从事旅游户外产品的推销，可以精心策划一些主题户外活动，比如组织驴友夜探“鬼屋”；如果从事房产的推销，可以建议公司搞一次楼层趣味消防演习，让群众在娱乐中感知楼盘的抗水性和防火性；如果从事旅游景点的推销，可以策划“寻宝”活动，让顾客在寻找“宝物”的过程中完成景点的游览；如果从事电子产品推销，完全可以举办性能测试赛或功能挑战赛；如果从事啤酒推销，可以策划自制啤酒的比赛。总之，产品推销一定要结合自己的特点。

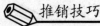

3. 结合特殊的节日开展娱乐活动

节日本身就是天然的品牌，每一个节日所代表的隐语几乎每一人都知晓，如果把自己的产品与节日的隐语结合就会产生迁移的效果。例如，如果从事纸张的推销，就可以结合纪念“孔明灯”的放飞时间开展“孔明灯”的制作和放飞大赛；如果从事眼镜的推销，可以在“全国护眼日”开展诸如不良的配镜对眼的伤害影响等的测试活动；如果从事服装的推销，可以在“丝绸之路”的纪念活动中复制古人在“丝绸之路”上推销丝绸的历程，让顾客自然感悟丝绸在现代的复古流行；如果从事保健品的推销，可以在九九重阳节开办养生讲座；如果从事玩具的推销，可以抓住六一国际儿童节开展玩具制作演示大赛。总之，结合特殊的节日开展的娱乐活动让顾客更易参与。

【课堂讨论 4-10】娱乐——寻找顾客新强音

资料 1　借道电影推销自己的新车型

好莱坞电影中的汽车一直是人们津津乐道的话题，不过你可不要把这些来自各大公司的名车仅仅看做是道具，它们的作用可不一般！50 年前，007 驾驶着阿斯顿·马丁飞驰的英姿成为银幕英雄的经典形象，也由此开创了借电影推销商品的先河。这也是为什么在热门电影《终结者 3》中出现了施瓦辛格驾驶着丰田公司新推出的双排座客货两用车 Tundra 的镜头。Tundra 售价的大众化和电影主角的驾驶魅力使年轻人对电影中 Tundra 产生了浓厚的兴趣，其诱惑力是非常大。

在信息日益多元化的今天，已经很少有人愿意坐在电视机前看一个长达 30 秒的广告了，于是丰田公司采取了这种办法推销自己的新车型。SOUNDBITE:（English）“We think it's even better than a commercial. What better way to really show the toughness and the durability?” SUPER CAPTION: Deborah Wahl Meyer，Corporate Marketing Manager，Toyota（同期）“我们认为这比商业广告要好，还有什么方式能真正表现出车的坚固和耐用呢？”丰田汽车公司销售部经理黛博拉·沃尔·迈耶说到 。

目前，众多的汽车生产商纷纷效仿这样的方法，愿意花上数千万美元让自己的产品在一些知名电影中出场。例如，通用汽车公司的凯迪拉克在《骇客帝国》中就出尽了风头；在《古墓丽影》中，吉普汽车公司的越野车也因为劳拉·克罗夫特相伴左右而风采大增。对普通的观众而言，能在欣赏电影的同时，领略各类名车风采，也可以算的上是一举两得。

资料 2　《变形金刚》未映先挨批 被质疑成玩具推销广告

11 日即将在内地公映的《变形金刚》，已经在韩 国、日本以及北美本土掀起旋风，显示了巨大的票房号召力，但同时，影片引起的争议也颇大，负面的评价超过正面赞扬。当然，这些批评似乎都无损于影院对《变形金刚》的信心，而发行方也表示，对《变形金刚》的期待是超《加勒比海盗 3》、平《蜘蛛侠》的一亿五千万纪录。

《变形金刚》在北美地区刚上映，虽然不乏“精彩、震撼、成功”之类的叫好声，但也遭遇了一些专业影评人的“恶评”。有媒体很直白地建议抵制该片，“这部吵闹、粗野的电影会令你感到痛苦多过于开心。”Colesmithey 的评论质疑影片是一个商业广告，是“为了推销车、玩具和战争而进行的一次令人作呕的、强势灌输的商业行为，它谎称自己为一部电影。这不是电影，这是发酸的垃圾饮料。别让你的孩子们碰它。”对于影片的导演迈克尔-贝，媒体也不留情，《西北先驱》评论道：“从迈克尔-贝被选为这部电影的导演那一刻起，《变形金刚》就丧失了最后一点成为一部稍微过得去的电影的机会。”更“刻毒”的评论把迈克尔-贝说得一无是处，“迈克尔-贝没有计划、没有风格，不会讲故事，不懂控制节奏。他只懂得堆积特效，只懂追求最大、最吵，无论他手上的明星是布鲁斯-威利斯、本-阿弗莱克还是那些会变成车的机器巨人，他只管把他们用没完没了晃啊晃啊摄影机攒在一起便是。”

与海外评论正反两极的情况不同，国内已有一些观众看过该片，反响基本是褒多于贬。因此，南京各大影院对票房充满了信心。影片上映虽比北美推迟了一周，好在时间相差不长，盗版压力并不是很大，影院的计划是10日晚24点引爆，当日恰逢半价日，票价最低为25元，现场还赠送变形金刚玩具。

问题

通过娱乐寻找潜在顾客的方式越来越流行，请你分享现实生活中你所遇到试图通过娱乐方式寻找潜在顾客的推销活动。

【实训演练】

项目1　通过会议模式寻找顾客

一、实训目的

（1）了解会议推销的意义。

（2）把握会议推销基本程序，如何做到全程办好会议推销。

（3）掌握会议推销需要重点关注的问题。

二、场景设计

1．会议主讲人向潜在潜在顾客推销四种不同的主打产品，具体推销品由各小组自行决定，建议：净水产品、吸氧产品、书籍、滴眼液、保健品重点考虑。

2．角色扮演：

（1）会议主讲人：各组推荐一名同学。

（2）会议工作人员：3～6人。

（3）潜在潜在顾客：观摩教师、同学

（4）观察员；教师及全体同学

（5）评论员：任课老师

3．任务要求

通过会议推销的方式锻炼推销员的语言能力，了解会议推销中可能遇到的阻力，掌握会议推销中应该注意的细节，学会如何妥善处理现场潜在顾客的异议。

三、相关知识

会议推销的一般步骤：

1．简要介绍：会议主讲人寒暄致意并简要介绍自己及公司的一些情况、要推荐的产品、会议所需要的时间等信息。

2．具体介绍：运用产品“三段法”的模式

（1）特性：是指产品的特性，你可以介绍有关产品本身所具有的特质给予潜在顾客。例如：衣服的质料、原产地、织法及剪裁等。

（2）优点：是指产品特性带来的优点，例如：衣服的质料是棉质，具有吸汗的优点。

（3）好处：是指当潜在顾客使用产品时所能获得到的好处。这些好处是源自产品的特性所引发，使潜在顾客感受使用时的好处。例如：衣服的质料是棉质，吸汗，穿起时舒服。

3．亮出价格：先谈产品使用功能，再谈价格。

4．互动环节：讲解后留一定时间由潜在顾客针对产品提问题，妥善处理现场潜在顾客的异议。

5．促成交易：产品价格优惠及数量折扣。

四、实训步骤

1．自行分组，共分4组，每组3～6人，选派1人作会议主讲人。

2．会议主讲人分组出场。

（1）介绍环节：介绍自己、公司及具体产品。（4分钟之内）

（2）互动环节：潜在顾客与会议主讲人互动。（4分钟之内）

3．每组实训结束，观察员对会议主讲人及小组表现一一点评。

4．评论员对会议推销作总结。

五、效果评价

1．总体评价：角色表演水平、要点表达是否清晰、技巧运用是否熟悉、临场反应是否灵活。

2．分项指标

评价内容	分值	评分
会议组织工作完备	10	
会议主讲人开场白的吸引力	10	
语言清晰、流畅	10	
礼貌用语的运用	10	
结合产品实物介绍	10	
现场气氛活跃	10	
“三段法”介绍得体	20	
异议处理巧妙、得体	20	

六、评选

评选最佳会议主讲人、最佳小组。

七、会议主讲人在演讲时潜在顾客的现场可能的表现归纳

（1）交头接耳。

（2）不时接听电话。

（3）埋头发短信或玩游戏。

（4）看报纸或杂志。

（5）睡觉。

（6）随意在会场走动。

（7）对会议主讲人的讲话发出怪声或其他打断思路的行为。

（8）试图离开会场。

（9）请同学讨论归纳。

八、潜在顾客在互动环节中可能的异议

（1）你们的产品好像没什么名气。

（2）我同事用了，听说很一般。

（3）我过去用过，根本无效。

（4）我前几天已经买了。

（5）你们的产品太贵了。

（6）我已经买了别的牌子产品。

（7）我现在没带钱，下回再说吧。

（8）朋友在外面等我，没时间看，下回再说吧。

（9）要不你拿一些样品，我回家与夫人商量商量。

（10）请……

九、尝试回答潜在顾客在互动环节中可能的异议

十、会议推销实训总结

1．注重会议前期工作

（1）通知形式：会议通知形式的很多，如常见的社区通知，路人传单发行，传媒广告等，一般来说，越自然的通知方式，寻找顾客的效果就越好。传媒报道的形式就比较自然。另外，会议通知应限定人数效果更佳（公交车效应）。

（2）组织程序：明确主持人、道具提交人、会场秩序维护人、产品发放人、互动环节配合人等。

（3）告知主题：开会一定要告之与会者的会议主题。目前来看，很多以会议模式推销产品或服务的企业对此多含糊其词，总是打着赠品的方式试图吸引更多的潜在顾客来会场听讲座。结果是潜在顾客来了，可潜在顾客在听讲座时怨气很大，实际起了反效果。

2．合理调控会议进程

（1）告知时间：要让潜在顾客明白，会议时间不长，请保持耐心。例如：“会议将占用大家宝贵的 30 分钟，请大家保持会场的安静。”

（2）重视开场：建议列举现实事例、用设问的方式开头。

（3）运用道具：潜在顾客在狭小的会议空间对道具的使用一般很感兴趣，演讲要结合产品特点充分运用道具，吸引潜在顾客的注意，增加推销产品的动态魅力。

（4）调动气氛：主讲人可以运用幽默的方式、震撼的方式、对比的方式、数字列举的方式、现场抽奖等方式，这些都可以调动会议气氛，决不要用说教的方式。

（5）把控互动：可以鼓动潜在顾客上台协助参与演示。例如“你可以配合一下吗？”“你可以帮我拿一下吗？”“你可以上来近距离看看”。可以请老顾客现场谈谈使用产品后的感受；可以主动询问潜在顾客对产品还有哪些疑问。互动时，支持人应该下场邀请，建议工作人员积极配合，甚至模拟顾客参与互动。

（6）解决异议：你可以参考本书第 8 章推销异议处理相关知识部分。

（7）维护现场：当会场较大时，为使会场保持一个良好的次序，让会议主讲人员集中精力，会议组织者必须把工作人员划分区域，各管一段，及时制止干扰主讲人演讲的行为。

（8）发放赠品：有序，排队，登记领取，可能的话在演讲期间向每位潜在顾客发放信息登记表，只有填写了详细个人信息，才可以获得赠品。

（9）注意退场：工作人员按区域引导参会者离开会场，防止拥挤发生人身伤害事故。

十一、讨论

假如潜在顾客在互动环节提出的问题很专业而你并不懂，你将如何回答呢？

项目 2　楼盘如何寻找顾客

一、实训目的

在了解背景信息的基础上，针对潜在顾客的特点，练习寻找顾客的技巧，为下一阶段接近顾客做好准备工作。

二、课前准备

（1）通过互联网搜索及现场走访等形式进一步了解背景资料。

（2）自我温习案例中寻找顾客的相关知识。

三、场景设计

（1）背景资料：上网任选一楼盘，查找楼盘的相关简介。

（2）角色扮演：每一位同学。

（3）任务要求：要求懂得利用何种方式寻找顾客。要紧密结合自己所推销产品的优势，提出寻找顾客的合理方式，达到适应推销职业岗位的要求。

四、相关知识

寻找推销对象是迈出推销工作的第一步。寻找潜在顾客的方式一般有：

（1）上门法：推销人员在特定的区域，以上门走访的形式，对预期可以是自己的顾客开展地毯式搜寻。

（2）广告法：企业利用广告宣传的攻势，向广大的消费者告知自己产品的信息，刺激或诱导潜在顾客的购买欲望，接着，企业再安排一系列的推销活动。

（3）口碑法：企业可以利用现有购买了自己产品的潜在顾客，让其向潜在顾客推荐的一种方式。

（4）委托助手法：企业或推销员可以雇佣他人来寻找潜在顾客。

（5）观察法：推销人员依靠个人的见识、经验、观察等判断自己的观察对象是否是潜在顾客。

（6）资料查询法：指推销人员通过查阅各种现有的资料来寻找顾客的一种方法。

（7）贸易展览法：企业利用博览会、交易会、洽谈会、推介会等贸易展览的方式寻找最大多数潜在顾客。

（8）网络搜寻法：企业利用、微信、微博、微客、论坛、电邮、qq 及制作 app 等信息时代的方式寻找潜在顾客。

（9）竞争分析法：分析同行业的成功经验，获取他们是如何高效寻找潜在顾客，再结合自己的产品特色嫁接过来。

五、实训步骤

（1）课前先认真学习相关知识。

（2）参照相关知识的介绍，结合背景资料，撰写如何寻找未来购买城投水岸观邸楼盘的潜在顾客。

（3）每组课后利用业余时间做成 PPT，每组选派一名同学在电脑上演示，演示的你现在就是公司推销人员，你是在向自己的上司汇报自己拟采用的寻找方式或者在告知自己的推销人员应该采用的寻找方式。

（4）每一位选派的同学在汇报结束后，不要离开，其他同学就寻找方案提出一些自己关心的问题。

（5）汇报同学的必须一一回答。

（6）全部汇报结束，教师点评寻找方案。

（7）确定最优的寻找方案，评价见六

六、效果评价

1.总体评价：通过新开楼盘寻找顾客的演练，学会如何结合产品特点，制订详细的寻找方案，提高推销能力，适应岗位要求。

2．具体评价指标

指标要素	分值	评分
是否分析了哪些是自己产品的潜在顾客	20	
潜在顾客有哪些特点	20	
是否突出了产品的优点和劣势	10	
是否结合产品提出了寻找顾客的方案	20	
是否有自己方案的比较，甄选后提出了重点方案	10	
竞争者有哪些高效寻找顾客的方式	20	
合计	100	

七、投票选择实训最佳寻找方案。

八、请提出最佳寻找方案的人员上台分享心得：我是如何锁定潜在顾客，完成寻找任务？

九、教师总结

（1）寻找顾客前，一定要熟悉可供选择的方式。要参与市场竞争，没有合适的利器共选择是无法想象的。

（2）罗列可供选择的方式，越具体越好。

（3）分析自己产品的优点和劣势，做好接近潜在顾客及后续洽谈的准备。

（4）分析哪些是自己产品的潜在顾客。

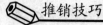

（5）双结合：在 3、4 点分析的基础上，提出寻找顾客的备选方案。

（6）把寻找顾客的备选方案集中对比，最好设计成表格的形式。

（7）甄选后提出重点选择顾客的相关方案。

（8）结合竞争者寻找顾客的方式，调整自己寻找顾客的方式。

（9）建议结合产品、分析潜在顾客、分析竞争者的方式，综合使用多种寻找顾客的方式，在财力允许的情况下，多管齐下，多兵种协调作战效用高。

【任务小结】

本任务主要讲述了寻找顾客总体思路、确定顾客范围和寻找顾客的技巧。通过本任务的学习，读者应该掌握以下知识：

1．寻找顾客总体思路：顾客的需要、支付能力的考虑、功效的考虑以及对客户的全面分析。

2．确定顾客范围：顾客的类型、顾客具备的条件。

3．寻找顾客的技巧归纳为：上门推销法、广告吸引法、介绍寻找法、委托助手法、资料查阅法、贸易展览法、直接观察法、中心开花法、网络搜寻法、会议推动法、娱乐先锋法。

学习任务五　约见顾客

【知识目标】

➢ 熟悉 4W 如何运用于约见顾客;
➢ 熟悉约见顾客的具体方法有哪些;
➢ 能理解每种方法的优点、缺点。

【技能目标】

➢ 能高效电话约见陌生潜在顾客;
➢ 能做信函约见文稿;
➢ 能做简单的广告约见文稿。

【案例导入】我的成功可以复制

像往常一样，早早到了公司，准备好自己的吃饭家伙：笔、白纸、笔记本、预期话术、对方资料、产品简介、客户联络电话等，泡上一杯白开水，喝上一口润润喉咙，准备工作。看看时间快 10 点了，对着镜子微笑，拿起电话拨号。

“你好！ ××公司！”对方传来专业的女声。(从中可以马上判断出对方为前台文员，得先想办法过这一关)

“你好!我是××公司小林!麻烦您帮我转下工程部!”我非常客气地说道。(这句话一定要说得理直气壮，千万不能躲躲闪闪不自信)

“你是哪里?找谁?我们没有工程部!”对方突然抬高声音，不客气地回复我。(目前电话销售非常多，前台有时一天要接至少几十个无聊电话。所以，一定要在短时间内取得对方的信任，得到确切的拜访人信息。)

“哦!那么请问贵公司空调设备方面的采购一般是哪个部门负责?”(超出我预料之外的回答，及时改变对话策略。)

“我们这没有采购部，也没有工程部，只有物业部。”没等我回答，对方挂断了电话。

到这里，这段对话是失败的。或许很多人会选择放弃这个客户。然而，我却从中了解到了机会:（1）前台很难通过，证明竞争少;（2）前台告诉了我一个重要信息，他们公司有物业部。这么多信息还不够么?呵呵!我对自己说:加油，2 分钟后又拿起电话，按了重拨键。

“你好！ ××公司！”还是那位女生。

“帮我转下物业部!谢谢!”我，用上海话简短地说道。(因为 2 分钟前刚打过电话进去，预防被前台发现而挂断电话，所以选择换种方言，另外非常自信的简短的要求，反而容易消除对方的警惕心。)

听到了转机的声音，对着镜子扮个鬼脸，我知道我第一关过了。

“喂!”传来一个轻快的中年男性的声音。(看来今天运气不错)

“你好!我找张经理!”(瞎掰的姓，谁叫我一无所知呢)

“嗯?我们这没有什么张经理!你打错了吧?”对方很奇怪地回答道。

“啊!不会啊，是说××公司的物业部张经理啊?你们这是××公司物业部么?”我开始装糊涂。

“没错!我们这只有个陈主任。”(这位先生真可爱!打心底谢谢他。第二关过了，即使被挂了电话，下次还是有机会。)

“哦!不会是我朋友搞错了名字吧?这个糊涂蛋!先生，要不我就找陈主任。麻烦帮我转一下，谢谢!”(找个小借口免除尴尬，顺带转入正题。)

“哦，等下，我喊下!”就听见对方在房间里大吼“老陈，有人找”。(看来这位陈主任蛮平易近人的啊)

听见脚步声越来越近，调节好呼吸，微笑!(整个通话过程中保持良好的心情和状态)

“喂!哪里?”传来和蔼的男中音，年龄大概在40多50不到的样子。

“陈主任您好!(停顿一下)我是××公司小林。今天冒昧打搅您是有件事想请教您。”(因为有了前期的铺垫，这个开场白是相当简短的)

“嗯?什么事啊?你怎么知道我的?”

“哦，刚才的先生介绍说您人很好，正好我要找您请教下关于空调节能的事情。我想了解下陈主任你们公司的空调是中央空调么?”(很自然地巩固下对方办公室关系，顺带切入正题。)

“哦!老刘人也不错哈!我们是中央空调，怎么了?”(能听出来，对方大哥的心情不错。)

“太好了!我们公司正好刚从日本引进一款针对中央空调的节能方案，想请教下陈主任，贵公司每月空调电费支出是否超出10万以上?”(善用“请教”这个词)

“有超过啊。什么节能方案?怎么说?”那头的陈主任一头雾水。“是这样的。我们公司在寻找一些用电量特别大的信用企业，免费提供节能产品，我们这款产品技术相当成熟，目前在上海已经至少有10几家著名企事业在使用我们的产品，比如说上影厂、联华超市集团等。所以今天想请教下陈主任，看看贵公司是否达到我们赠送的要求。”(婉转的道出公司的实力和电话拜访的目的，提起对方兴趣。)

“哦?免费?什么要求?”

“嗯，用电量方面您已经达到要求了，还有就是每年空调使用时间是否有超过6个月?另外贵公司的信用方面我已经了解到了，还是非常满意的，好多贵公司的客户都很称赞贵公司呢。”(人，总是对难得到的东西更有得到的欲望，激发欲望，适当的赞美。)

“那个是的!我们老板可不是什么一般的人。我们一年开大概6个月吧。你这免费不会真的免费吧?一定是噱头!”陈主任在电话那头笑着说。(客户有猜疑、否定、怀疑等都是很正常的，得做好心理准备)

“哈哈!陈主任，真的是免费的，我们可不是随便哪家公司都送的。不然我也不会这么谨慎的来请教您。这样的陈主任，您公司的基本要求都比较符合，我马上和我们老总请示一下。下午我过来就具体赠送方式和您确认下，您看下午2点还是3点比较方便?”(解决客户问题，及时收尾，促成约见。）

“哦，那2点吧，晚点我可能要出去。”

“嗯好的，那下午2点我到您办公室找您！到时见!”

“好!”

“那先不打搅陈主任了!非常感谢您和我聊了这么久!很愉快，下午见，拜拜”

“嗯，拜拜”

等对方挂上了电话我也挂上了电话。

后记：因为这通电话时间过长，所以电话中并未询问对方公司地址。返一个电话给前台，确认拜访地点。

问题

电话约见顾客的难度很大，案例中的推销员用了哪些技巧达成了约见的目的?

【学习档案】

一、约见顾客总体思路

约见是指推销人员事先征求顾客同意会见的行动过程。它既是接近顾客准备工作的延续，又是接近顾客的开始，它作为现代推销活动的重要环节，对今后的洽谈成功发挥着非常重要的作用。

（一）做好约见准备

机会总是留给有准备的人的，约见顾客也不例外。推销员在与顾客正式会面与交谈之前，应首先做一些必要的准备工作，这就是约见准备。约见准备工作十分重要，主要体现在以下四个方面：

第一，帮助推销员深入了解顾客。虽然在寻找与发现顾客阶段，推销员已经做了一些了解顾客的工作，但约见才是推销员与顾客接触的真正开始。这时，需要推销员对顾客的信息进一步熟悉和补充，做到对顾客的基本情况心中有数。

第二，帮助推销员再次审查顾客资格。在对顾客信息进一步了解和熟悉的过程中，推销员可能会发现某些记录的信息与事实情况不符或需要对一些信息进行修正，这实际上是对顾客资质的再次审查，避免了推销员做无用或重复的推销工作。

第三，帮助推销员制定接近顾客的策略。通过对顾客资料的分析与掌握，推销员能够结合自身条件和顾客的特点有针对性地策划约见过程，从而避免了约见的盲目性，有利于推销员把握全局，掌控主动权。

第四，帮助推销员做好约见心理准备。充分的约见准备工作可以使推销员对即将开始的约见工作具备良好的前瞻性和预见性，有效地增强推销员的信心，进而成功地完成推销任务。

约见前期的准备工作包括收集顾客资料、准备产品资料和自身准备工作三项。

1. 收集顾客资料

由于顾客包括个人顾客和组织顾客两类，因此，顾客的资料也分为个人顾客资料和组织顾客资料两类。

（1）个人顾客资料。个人顾客资料包括个人身份信息、生活状况、经济条件、购买习惯和购买需求等。

姓名。如果在一见面时就能准确地叫出顾客的名字，会极大地缩短推销员和顾客之间的距离，并获得顾客的好感和信任。但是要注意一点，推销员一定不能叫错或写错顾客的姓氏或名字，不然极易引起顾客的反感，导致约见失败。

性别。男性和女性的消费观念和消费习惯是不同的，比如，女性比较在乎外表和价钱，而男性则比较看重使用价值，对价格不敏感，所以弄清楚顾客的性别有助于推销员制定针对性强的约见方案。但是要注意切不可仅从姓名、职业等方面主观妄断顾客的性别。

年龄。不同年龄层的顾客有各自不同的消费需求，同性别一样，弄清楚顾客的年龄也可以帮助推销员制定个性化的约见方案。但是要注意，对于年龄大的顾客，推销员不可当面反复强化对方的年龄，以免引起顾客的不快。

职业。受职业环境的影响，顾客会形成独特的职业性格，其为人处事方式、价值观、消费方式等都会独具特色。因此，推销员对不同职业的顾客，其约见方式、接见方式都要区别对待，万不可“以不变应万变”。

生活状况。一个人的生活状况会影响他的性格。了解顾客的生活经历和现在的生活状况可以帮助推销员采取恰当的方式与之接触，同时也可以以此作为话题拉近彼此的距离。但是，在约见时不可谈论顾客不愿提及的生活经历。

民族和宗教信仰。我国民族种类众多，了解顾客的民族特性，熟悉各民族的的风俗习惯，是接近顾客的一个好方法。同时还可以避免做出有违于风俗习惯、宗教信仰所忌讳的事情。相互尊重是建立融洽关系的前提。

兴趣爱好。了解顾客的兴趣爱好，不仅可以提供相互交流的话题，而且还有助于推销员投其所好，与顾客结为朋友，促成交易。

需求。这是顾客资格审查工作的延续，同时也是约见顾客的重要准备工作之一。通过了解顾客的需求内容，可以帮助推销员有针对性地开展推销工作。

（2）组织顾客资料

组织顾客包括各类的组织机构顾客，如政府型顾客、企业型顾客、中间商型顾客等。与个人顾客相比，组织顾客群体更为庞大，购买行为更为复杂，因此，推销员需要做更为充分的准备工作。

基本情况。包括组织名称、组织类别、组织规模、注册资本、生产经营状况、联系方式，等等。通过了解组织顾客的基本情况，可以对组织顾客有一个整体的认识，能够大概地推测出该组织对产品的需求度、需求量、购买能力等，以便推销员完善对组织顾客的资格审查，制定有效的约见方案。

采购习惯。不同的组织机构有自己的采购习惯，比如购买途径、购买周期、一次性购买数量、支付方式等都会因组织的不同而有所不同。对此，推销员要认真研究和总结，以便能够提出适合组织顾客选择的购买方案。

人事情况。对于组织顾客来说，推销成功的关键在于组织决策者而非组织本身。但是复杂的组织结构和人事关系又会对决策者产生影响。因此，在约见组织顾客之前，了解和掌握组织的结构和人事状况，有利于推销员开展有针对性的推销说服工作。这是对顾客资格审查中购买权利审查的延续。

【延伸阅读 5-1】

寿险推销员需要收集的顾客资料

1. 了解顾客是否具备购买寿险的资格

（1）出生日期？多大年龄？

（2）健康状况如何？是否有遗传病史？

（3）过去五年内是否做过大型手术？

（4）从事什么职业？职业的危险等级？

（5）是否已经投保其他公司？若有，具体的投保额度是多少？是否经过体检？

2. 了解顾客的购买能力

（1）个人资产状况？是否负债？若有负债，大约是多少？

（2）目前月收入大约多少？家庭月开支多少？

（3）是否有贷款买房？若有贷款买房，每月还贷多少？几年还清？

（4）公司或个人是否有购买保险？

（5）是否需要在经济上接济其他人？

3. 了解顾客的工作和生活时间规律

（1）工作时间？工作地点？

（2）家庭地址？家庭成员？

（3）顾客什么时间愿意与推销员见面详谈？

2. 准备产品资料

约见与接近顾客，不是让推销员只身前往，与顾客“一决高下”，也不是推销员单凭嘴皮子就能说服顾客购买产品的过程。因此，准备一些产品资料辅助自己的说服和引导过程是十分必要的。

（1）推销产品。在约见顾客时，推销员应尽可能随身携带自己所推销的产品，并在推销过程中直接展示给顾客，这样可以增加顾客对推销员和产品的信任度，有助于激发顾客的购买欲望。

（2）文字资料。产品介绍、使用说明书、价目表等这类文字辅助资料推销员也应随身携带，它们要比语言介绍更加专业与详细，有更强的说服力。但是，文字资料要与语言一同配合使用，不能把资料丢给顾客自己阅读而推销员在一旁却不加以解释与讲解。

（3）图片资料。如果产品尺寸较大，难以随身携带，或者需要携带的产品数量过多的话，推销员可以利用图片、照片、图表等资料对顾客进行产品介绍。虽然不及产品那样直观，但是仍旧可以带给顾客较强的说服力和感染力，刺激其产生购买行为。

（4）证书资料。产品的各种资质说明、证书资料可以极大地帮助顾客建立对产品的信心，有利于顾客获得心理上的安全感。

（5）其他物品。其他物品包括推销员的名片、证件、合同书、发票、笔记本电脑、计算器、签字笔、记录本和小赠品,等等。

3. 做好自身准备

各种外部资料准备齐全之后，推销员还要做好自身准备，包括仪表准备和心理准备。

（1）做好仪表准备。整洁的仪表打扮，抖擞的精神面貌能够给顾客留下良好的第一印象。尤其是陌生人之间的第一次接触，阳光、大方、健康的仪表形象能够有效地缩短推销员和顾客之间的距离，帮助顾客建立信心。同时，良好的仪表还能使推销员增强自信，给人留下深刻的印象。

（2）做好心理准备。良好的心态是推销员赢得顾客理解、信任和合作的制胜法宝之一。任何一个带有消极、怠慢、畏惧心理的推销员都不能很好地完成约见任务，更不要提说服顾客购买产品了。推销员要对即将面对的约见过程做好心理准备，包括对约见情景的预测，培养执著、坚强、自信的心理素质，等等。但是心理素质不是一朝一夕练就的，需要推销员注意在平时多锻炼和积累。

（二）制定约见计划

在实际的推销活动中，推销员是不能用同一种方式去约见所有顾客的，应该根据不同的约见对象区别对待。这时候，制定一个详细而周密的约见计划就显得十分重要了。通过事先的计划，可以使推销员在约见过程中收放自如，牢牢地把握约见过程的主动性，从而达到良好的推销效果。约见要明确访问何人（Who）、谈何事（Why）、定何时（when）、选何地（where），简称 4W。

1. Who 的确定

确定约见对象，是推销人员首先要明确的问题。

（1）直接约见。直接约见一般包括两类人：一是直接约见购买决策人，例如企业法人代表，公司的董事长、经理、企业厂长等是企业或有关组织的决策者，他们拥有很大的权力，是推销员首先选择的约见对象，推销人员若能成功地约见这些决策者，将为以后在该企业或组织里的推销铺平道路；另一类就是产品潜在的使用者，如公司部门经理、部门负责人、经办人等，这些人对购买活动具有重大影响。

（2）曲线约见。如果推销人员无法直接见到购买决策者，那么可以通过曲线约见的方式，约见决策者的助手，例如助理、顾问、秘书、办公室主任甚至司机。这些人虽无直接的决策权，但他们靠近决策层，对决策者的决策活动有非常大的间接影响力。

2. What 的确定

推销活动的约见目的性很明确，最终目的就是为了推销商品或劳务，但为了到达最终目标，过程却可以多样。常见的约见事由有以下几种：

（1）市场调查。推销人员在约见潜在顾客时，很难一次成功交易，推销人员要顺利地把商品推销出去，就必须了解潜在顾客的需要与购买力。要达到这一目的，除了通过其他方法了解顾客之外，推销人员还必须亲自走访顾客，通过面谈，了解顾客的真实情况，或通过访问某一顾客，了解其他相关顾客以及顾客所在地的市场行情，优秀的推销人员往往会在顾客的不知不觉中把市场调查转为正式推销。

（2）提供咨询。在推销活动中，利用提供服务为由约见顾客，往往很受顾客欢迎。如果这些服务能由推销人员直接提供，自然会给推销人员提供许多直接约见顾客的机会，利于推销人员与顾客的直接沟通，利于建立良好的推销信誉，进而影响周围的顾客，为今后的推销工作创造条件。

（3）售后服务。以走访顾客为由约见顾客，容易使顾客对推销人员所在的企业产生信任感，容易被接受。同时利用这一方式，可以了解顾客的近期信息或推销本企业近期的产品。

（4）寻找借口。推销人员以某种借口约见顾客，比如慕名求见、节日赠送、祝贺、代转口信等，以达到“投石问路”的目的。这种约见增强了人情味，顾客也容易接受。

3. When 的确定

访问时间是否适当，直接关系到整个推销工作的成败。在约见时间的安排上，推销人员一般应客随主便，尊重顾客的意见。具体约见时间的确定，要因约见对象、事由、地点、方式等的不同而不同。

（1）根据约见对象的特点，选择约见时间。即约见时间的安排，要考虑顾客的休息时间、活动规律、心理状况等。做到在顾客工作忙时、顾客情绪不好时、顾客的节假日和休息时间最好不安排约见。

（2）根据约见事由选择时间。以推销商品为由，应选择在有利于达成交易的时间约见，如季节前推销季节性商品、节日前推销节日礼品、顾客刚发工资等；以市场调查为由，应选择市场行情变化较大，企业面临多种选择时约见；以提供服务为由，应选择顾客需要服务时约见；以签订合同为由，应掌握了充分的信息时约见；以收取贷款为由，则应在顾客资金周转良好，帐户上有余额时约见。

（3）尊重顾客意愿。约见时首先应听取对方意见，让顾客确定一个认为方便的时间会面。如果约定的时间与推销人员的时间安排有矛盾时，推销人员应礼貌地与对方协商，以取得一致意见。同时时间约定不应过死，要留有余地。

约见时间不宜过长，尤其是初次约见。约见时间确定后，推销人员由于不得已的原因要该时间，此时应及时通知对方，并请另约时间。

如果以上信息不是很明了，建议约见时间定为上午 10 点，下午四点以后，原因各位可以思考。

4. Where 的确定

约见的事由、对象不一样，约见地点也应有所不同。选择约见地点一般应坚持方便顾客和有利于推销的原则。据此，约见地点可以有下面几种选择：

（1）工作地点。如果推销生产资料，推销对象是社会组织，约见地点选在顾客的单位较好。这种选择能增强顾客的安全感。

（2）居住地周边。如果推销生活资料，而且是个人消费品、家庭消费品，约见地点选择可以安排在顾客家里。

（3）公开场所。如咖啡厅、茶餐厅、招待会、座谈会、订货会、展销会等，甚至可以是高尔夫球场、舞会、饭店等。

一般 Who 从身边人员开始，When 从上午十点以后、下午四点以后的时间段， Where 一定要由对方决定，请读者思考原因！

二、约见顾客的技巧

作为人际间沟通信息的社交活动之一，约见顾客已成为现代推销活动的重要方式。要达到约见目的，不仅要考虑约见对象、事由、时间和地点，还必须讲究约见方法或技巧。在现代商务活动中常见的约见技巧主要有电话约见、信函约见、面谈约见、委托约见、广告约见及网络约见。

（一）电话约见

所谓电话约见，是指推销员利用各种电讯工具约见顾客的方法。它的优点是速度快、灵活方便，且能引起顾客的重视。

1. 电话约见的要求

进行电话约见的要求如下：

（1）预先计划好你要说什么，准备好发言提纲。

（2）礼貌地介绍你自己和你的公司。使用友好的语气和电话礼仪，使你与众不同。

（3）说出你访问的目的和向潜在顾客解释他能从会面中获得什么利益。

（4）告诉潜在顾客约会要花多少时间，以显示出对顾客的尊重。

（5）使用简短的便条或信息来确认约会的日期、时间和地点。

2. 电话约见的步骤

通常，电话约见可以依照以下几个步骤来进行：

（1）问候对方。接通电话后可利用对方的名字或职务正式问候，注意使用一种与众不同的方式以加深印象。

（2）自我介绍。问候之后要自我介绍，并简要介绍推销人员所在公司的业务。注意要用以顾客需求为导向的语言来叙述。假如推销产品是真空吸尘器，你应该说：“本公司致力于为顾客提供美好清洁的环境，以增进顾客的身体健康。”这样的语言会激起顾客的好奇心，继续与你交谈。

（3）感谢对方。对顾客抽出宝贵时间接听电话表示感谢，使顾客感觉到自己受到了充分重视，会很乐意再给你几分钟时间。

（4）导出目的。这一步骤接触到了约见的核心，推销人员要告诉对方约见的事由。较好的方式是由问题导出的，例如“如果我们能使您家里时刻保持一尘不染却并不增加您的劳动负担，您会感兴趣吗？”

（5）请求约见。提出约见的请求，如果对方有意见面，要提前告诉他洽谈大概需要多长时间，并约定见面时间及地点。

电话约见顾客是现行常用的一种方式，它有效率高、成本低、可绕开面见时的各种阻碍等特点，所以推销员常常利用电话与客户联系，尤其对于未曾谋面的客户，更要以电话约定拜访的时间。

当然电话约见顾客时常会遇到很多困扰，如：公司电话接线员的盘问，公司秘书或助理的进一步过滤，稍有不慎，被问出什么破绽，必定遭到挂断电话的恶运。对方的职位越高，这种困扰的程度就愈大。所以如何通过这些与约见对象相关人员的过滤和盘问是一项非常难的事情，但又必须面对和克服，所以推销员必须认真思考这一问题。

【课堂讨论 5-1】同一顾客，不同态度

“陈先生吗？你好！我姓林，是大大公司业务代表。你是成功人士，我想向你介绍……”

陈先生直率地说：“对不起，林先生。你过誉了，我正忙，对此不感兴趣。”说着就挂断了电话。

小林放下电话，接着又打了半个小时，每次和客人刚讲上三两句，客人就挂断了电话。

姜经理问他：“小林，你知道为什么客人不肯和你见面吗？”

小林想，约见客人难，大家都知道，我约不到，有什么奇怪。

姜经理见他不吱声，便解释起来。首先，你应该说明来意，是为会面而打电话的。其次，捧场话讲得太夸张不行。你开口便给对方带了个“成功人士”的大高帽，对方会立刻产生一种排斥感。和陌生人见面，太露骨的奉承令人感到你是刻意推销，也容易给人急功近利的感觉。

最后一点也是最重要的，电话是方便我们约见客人。你要“介绍”产品，见面是最佳途径。隔着“电线”，有些事是说不透的。就算客人肯买，难道能电传支票给你吗？

姜经理说完亲自示范给小林看。

“邹先生？你好！我姓姜。我们没见过面，但可以和你谈一分钟吗？”他有意停一停，等待对方理解了说话内容并做出反应。

对方说：“我正在开会！”

姜经理马上说：“那么我半个小时后再给你打电话好吗？”

对方毫不犹豫地答应了。

姜经理对小林说，主动挂断与被动挂断电话的感受不一样。尽可能主动挂断，可以减少失败感。

半个小时后，姜经理再次接通电话说：“邹先生，你好！我姓姜。你叫我半个小时后来电话……他营造出一种熟悉的回电话的气氛，可以缩短距离感。

“你是做什么生意的？”

“我是大大公司的业务经理，是为客人设计一些财经投资计划……”

邹先生接口说：“教人赌博，专搞欺骗？”两人都笑了。

“当然不是!”姜经理说。“我们见见面，当然不会立刻做成生意。但看过资料印象深些，今后你们有什么需要服务的，一定会想到我啊!”

邹先生笑了笑，没说什么。

“这两天我在你附近工作。不知你明天还是后天有时间？”姜经理问。

“那就明天吧。”

“谢谢。邹先生，上午还是下午？”

“下午吧！4点。”邹先生回答。

“好！明天下午4点钟见!”姜先生说。

姜经理放下电话，小林禁不住拍手欢呼。

问题

同样一个顾客，为什么姜经理可以成功约见而小林却失败?

3. 电话约见的注意事项

（1）电话前，推销员要打好腹稿，以免在通话时前言不搭后语，加重顾客的猜疑心理。

（2）注意说话的语音语调，做到音质清晰，语言柔和，态度恳切。

（3）注重提问技巧，多用选择疑问句，少用特殊疑问句。

（4）通话时不要紧张，保持畅快的心情。

（二）信函约见

信函约见是指推销人员通过信函或电子邮件来约见顾客。信函通常包括个人书信、会议通知、社交柬帖、广告函件等，其中采用个人通信的形式约见顾客的效果为最好。一般而言，推销约见信的写作和设计原则是简洁扼要、重点突出、内容准确。语气应中肯、可信、文笔流畅。约见信的主要目的在于引起顾客的注意和兴趣，必要时可以在信里留下一些悬念，让顾客去体会言外之意，但不可故弄玄虚，以免弄巧成拙，贻误大事。

为了提高信函约见的成功率，销售人员在写约见信函时应注意以下几个问题：

（1）措辞委婉恳切。写信约见顾客，对方能否接受，既要看顾客的需要与购买力，也要看推销人员是否诚恳待人。一封措辞委婉恳切的信函往往能博得顾客的信任与好感，也使对方同意会面。

（2）内容简单明了。书信应尽可能言简意赅，只要把约见的时间、地点、事由写清即可，切不可长篇大论，不着边际。

（3）传递的信息要投其所好。约见书信应该以说服顾客为中心，投其所好，以顾客的利益为主线劝说或建议其接受约见要求。

（4）信函形式要亲切。约见信函要尽可能自己动手书写，而不使用冷冰冰的印刷品，信封上最好不要盖“邮资已付”的标志，要动手贴邮票。

（5）电话追踪。在信函发出一段时间后要打电话联系，询问顾客的想法与意见，把电话约见与信函约见结合起来使用，可大大提高约见效果。

信函约见的优缺点：信函约见既简便、快捷、易于掌握、费用低廉，又可免受当面约见顾客时的层层人为阻碍，可以畅通无阻地传递给目标顾客。但信函约见也有一定的局限，如：信函约见的时间较长，不适于快速约见；许多顾客对推销约见信函不感兴趣，甚至不去拆阅，推销人员花费较多的时间和精力撰写的约见信函往往如泥牛入海。

【课堂讨论 5-2】高效约见信函

亲爱的马丁女士：

最近一期《塔拉哈西时代》赞扬了在德凡洛曼维尔地区房地产销售的快速增长。该县最新记录表明洛特·科特是那个地区最成功，发展最快的房地产公司之一。这样的销售环境和你公司的发展记录是可能从我提供的独特的销售培训课程中获益的两点理由。如果你将雇佣新的销售人员来满足你增长的市场，将是第三点理由。

我将很高兴与你约定一个会面时间来证明我的课程会帮助你的新雇员在学习上少走弯路，使他们更快地创造销售机会。当市场发展很快时，你也需要发展同样快的销售人员。没有人愿意把时间花在训练新的人员上，一般从雇佣到完成第一笔交易的平均时间超过四个星期。我能够告诉你如何使你的人员在不到两周的时间内就达成交易并使你的销售额增加 10%。

我将在 9 月 7 日早晨打电话来安排一个双方方便的时间见面。我将乐意为你和你的职员们服务，盼望着我们早日见面。

真诚的加里 · 米切尔博士

问题

一封高效约见信函要有哪些要素？

（三）当面约见

所谓当面约见，是指推销员与顾客当面约定拜访事宜的一种方式。这种方法简单易行，而且双方的沟通十分直接。比如，双方相互问好时，于某处不期而遇时，甚至是起身告别时推销员都可以借机预约下次见面。

面谈约见方式，推销人员不仅对顾客有所了解，便于充分地做好下次约见前的准备工作，而且便于信息、情感的双向沟通，缩短彼此之间的距离，易达成有关约见的时间、地点等事宜这是优点。但是，因当面约见常常受地理因素所限，且当推销人员与顾客不相识时，容易遭到顾客的拒绝，使推销人员处于被动局面，影响推销工作的进一步展开。所以采取面谈时应做到以下要求：推销人员在具体使用当面约见顾客时，需察言观色，随机应变，灵活运用一些技巧，以保证约见工作的顺利完成。

与其他沟通方式相比，面谈的成功率相对较高，谈判者在进行面谈时更能准确地表达自己的意思，也更能领会对方的意思，对不良影响进行补救，准确地把握时机。但是，人们往往不愿意和陌生人面谈，因此，在约见面谈和面谈时都要注意方法，否则适得其反。

1. 当面约见的优点

（1）有利于推销员清晰完整地表达出自己的约见请求，有效拉近彼此距离。

（2）有利于推销员当面观察顾客的态度，进一步做好拜访准备。

（3）有利于推销员及时得到顾客的反馈，促进交流与沟通。

（）信息传达准确、可靠，有利于保守商业秘密。

2. 当面约见的缺点

（1）受地理条件限制，无法做到每个顾客都当面约见。

（2）受时机限制，无法碰到所有需要当面约见的顾客。

（3）受时间与精力限制，推销员无法在短期内当面约见所有顾客。

（4）若推销员当面遭到顾客拒绝，易陷入被动局面，不利于开展后续的推销活动。

3. 当面约见的注意事项

（1）推销员要抓住时机向顾客表达约见请求。

（2）推销员要具备承受遭遇挫折的心理素质。

（四）委托约见

所谓委托约见，是指推销员委托他人约见顾客的方法，也称他约。一切和顾客、推销员单方面或双方面有关的人物，都可以成为推销员拜托约见顾客的人选。通过托约拜见顾客，总比自约来得容易些，也能节省约见、接近时间，提高推销效率。但托约要认真可靠，否则容易引起误约或没约。因此，有无可靠的受托人就成为委托约见的关键了。因委托约见可以借助第三者与推销对象的特殊关系，克服客户对陌生推销人员的戒备心理，便于排除推销障碍，获得推销对象的真实信息，有利于进一步开展推销工作，但是委托约见容易使顾客产生非正式商谈的感受，导致顾客重视程度不够。通常，高效委托方式有以下几个：

（1）血缘交际圈：亲戚网络。

（2）地缘交际圈：居住区邻居。

（3）群团交际圈：企业、行业、协会，等等。

（4）其他交际圈：同学、老顾客、同乡、老师，等等。

【课堂讨论 5-3】高效约见

法兰克是一位高级推销员，他约见客户的招数简直是千奇百怪，尤其是他经常借助朋友的介绍这一办法来约见自己的准客户，让我们看看他是如何做的。

法兰克：“亚雷先生，您好！我叫法兰克，是理查.富立克的朋友。他已经给你打过电话吧？”

亚雷：“是的。”

法兰克：“亚雷先生，我目前是一家人寿保险公司的推销员，理查很热心地向我介绍您。我知道您非常忙，但仍希望在本周里选一天和您见面，大约只花您 5 分钟。”

亚雷：“你为什么想见我？谈保险吗？我一周前才又投保一笔金额。”

法兰克：“我向您保证，并非这回事。如果我有意卖给您任何商品，那必是应您之请。不晓得明早九点左右，我是否可以去拜访您 5 分钟？”

亚雷：“好吧。请你 9 点 15 分来吧。”

法兰克："谢谢您，亚雷先生，明天见。"

隔天法兰克在他办公室里与他握手后，就拿下手表说："由于九点半有一项会议，我必须控制时间，在5分钟内结束，5分钟而已。"

法兰克精简地提出问题，5分钟过后说："我的5分钟已经到了，您想不想说说您的意见？"接下来的10分钟里获得了他需要的信息。

还有一次，法兰克曾通过朋友介绍，得知一位在费城执业的建设工程师的大名，但打了许多电话却找不着他，后来才知道他仅在早晨7点到7点半在办公室。法兰克等在他的办公室外。由于正是深冬时节，次日早晨7点户外恰如深夜般黑暗。看到他拎起一只公事包向外走去时，法兰克尾随到他的车旁。

"你想跟我谈谈吗？"

于是他问法兰克："什么事？我今早上没空和任何人谈话。"

"您现在打算去哪里？"

"到新泽西州的柯林顿市。"

"何不让我开我的车送您到那儿。"

"不！我今天需用很多器材，都已经放进我的车里了。"

"那么您开车时，介不介意我坐在您旁边。在您开车这段时间，我们就可交谈。这样做也省下您的时间。"

问题

法兰克能成功约见到潜在顾客吗？你认可他的约见方式吗？

（五）广告约见

所谓广告约见，是指推销员通过广告约见顾客的方法。如通过报纸、电视、张贴或广播等广告媒介。它是一种比较现代化的约见方法，有利于请客上门，有利于广种博收，提高推销效率。广告约见还能使推销员处于比较主动的地位，通过广告，推销员可以"稳坐钓鱼台"，同时，广告约见兼收广告宣传的促销效果。它的缺陷就是费用比较大，针对性差，也不利于推销员安排具体事宜，具有被动的一面。大量召见顾客，有时因人手不够，还可能怠慢顾客。

在约见对象不明或太多的情况下，利用各种大众传播工具进行广泛约见或特定对象约见，收效较好。具体形式有：报纸上的约见启事，广播里的约见通知，电视里的约见公告。

1．广告约见的优势

通常，广告约见的优势主要有以下几个：

（1）广告约见有利于推销人员请客上门，使推销人员处于积极主动的有利地位，使推销人员上门推销变成顾客登门求购。

（2）在约见对象十分明确而又一时无法直接约见的情况下，推销人员可以通过广播、电视等广告媒介实施紧急约见。

（3）广告约见可以提高推销效率。在约见对象很多，利用广告约见可以提高效率。

2. 广告约见的局限性

通常，广告约见具有以下几个局限性：

（1）广告约见的针对性较差。

（2）广告约见的费用较高。

（3）广告约见不利于推销人员安排具体约见事宜。一般说来，广告约见之前，推销人员处于主动地位，可以主动安排约见的时间和地点，在广告约见正式开始之后，推销人员就转入被动地位，只好呆在自己指定的约见地点，坐等顾客上门。

（六）网络约见

网络约见是推销人员利用互联网与顾客在网上进行约见和商谈的一种方式。网络业的迅速发展，为网上交谈、约见、购物、联络情感提供了便捷的条件，加快了进行有效的网上推销的进程。

网络约见具有快捷、便利、费用低、范围广的优点；但网络约见受到推销人员对网络技术和客户的网址或电子信箱等信息的掌握程度等方面的局限。因此，推销人员要学习并掌握有关的网络知识，利用现代化的高科技推销工具开发自己有效推销的潜能，提高推销的科技含量。

以上6种约见方法各有优缺点，应就具体问题灵活选用。比如有介绍人的就用介绍约见法，没有什么关系的就用信函和网络约见法等。如果在访问途中或有多余时间，就以直接访问取得预约面谈为宜，这样才能做到不浪费时间与精力，收到更好的效果。

【实训演练】

项目1　约见潜在顾客剧本撰写

一、实训目的

通过剧本撰写掌握电话约见顾客基本套路，灵活运用基本技巧。

二、场景设计

1．吴小姐是一家出版社的组稿编辑，也是高职院校的教材使用代表，她所在的出版社计划出版一些新的高职教材，想邀请某高职院校的教师主编一本经济管理类教材，吴小姐认识经济管理分院的院长，想邀请院长领衔，但院长没有时间，给了本分院一位教师的电话，让吴小姐去找那位教师。吴小姐并不认识院长推荐的教师，为妥善电话约见，现在请你撰写电话约见的对话剧本，争取让吴小姐成功约见推荐的教师。

2．角色扮演：

（1）人物1：吴小姐，各组选派一名学生出演。

（2）人物2：潜在顾客，各组选派一名学生出演。

（3）观察员；全体同学。

（4）评论员：任课老师。

3．任务要求

通过撰写电话约见潜在顾客的对话剧本，熟悉电话约见潜在顾客的基本流程，了解电话推销中可能遇到的阻力，掌握电话推销中应该注意的细节，学会如何在电话约见中高效处理潜在顾客的异议。

三、相关知识

约见剧本要结构完整，至少要有以下内容：

（1）约见场景的时间要提供。

（2）对话人物的性格特征要展示。

（3）推销对象简单背景展示。

（4）人物对话流畅，一气呵成，并且要符合人物特征。

（5）人物对话约见内容要清晰。

四、实训步骤

（1）按分组的安排，各组商议约见潜在顾客的对话剧本大纲。

（2）撰写约见潜在顾客的对话剧本。

（3）各组推销员分组出场，PPT 展示对话剧本。

（4）在展示的过程中，推销员介绍对话剧本撰写思路。

（5）展示结束，各组同学评议对话剧本是否符合人物特征，是否可以高效约见潜在顾客。存在哪些问题，建议做哪些方面的修改。

（6）教师对各组电话约见顾客的对话剧本提出建议。

（7）各组依据自己的对话剧本，选择 2 位同学出演。

五、效果评价

1．总体评价：角色表演是否到位、要点表达是否清晰、技巧运用是否熟悉、临场反应是否灵活。

2．分项指标

评价内容	分值	评分
对话剧本完整、可操作性强	60	
角色出演自然、把握了角色的职业及性格特点	20	
约见语言清晰、流畅	10	
自我介绍时语速适中	10	
合计	100	

六、评选

评选最佳对话剧本大纲，最佳演员。

七、剧本撰写总结

（1）电话约见剧本撰写不同于一般故事情节的剧本撰写，主要强调的是对话细节。

（2）剧本撰写一定要展示对话人物的性格特征，职业是重点考量的指标，即什么职业有什么样的话语标签。

（3）剧本撰写要考虑不同的场景，例如，约见对象在开会、在高速公路上驾车、在与同事交流工作、在向下级安排工作、在向上级汇报工作、在接待外来客人，等等。不同的场景约见对象的话语是不同的。

（4）剧本撰写中建议加入推销员及潜在顾客的心理变化描述。

八、讨论

假如吴小姐在那所高职院校没有人推荐，仅仅有那位教师的电话，剧本如何修改呢？

项目 2　电话约见潜在顾客

一、实训目的

（1）了解电话约见顾客的基本方式。

（2）掌握电话约见顾客的基本技巧。

二、场景设计

1．业务员向潜在顾客推销四种不同的产品，具体推销品由小组自行决定，建议：理财产品、书籍、滴眼液、信用卡、保健品重点考虑。潜在顾客的职业是高校教师。

2．角色扮演

（1）推销员：各组学生代表。

（2）潜在顾客：任课老师。

（3）观察员；教师及全体同学。

（4）评论员：任课老师。

3．任务要求

通过电话推销的方式锻炼推销员的语言能力，了解电话推销中可能遇到的阻力，掌握电话推销中应该注意的细节，学会如何妥善处理顾客的异议。

三、相关知识

电话约见顾客步骤如下：

（1）寒暄致意并介绍自己及推荐人。

（2）询问顾客是否方便。

（3）说明打电话的目的。

（4）用“二选一”约定会面时间。

（5）异议处理。

（6）重申会面时间并结束对话。

四、实训步骤

1．自行分组，共分 7 组，每组 3～6 人，选派 1 人打电话。

2．推销员分组出场

第一步，介绍自己推销的产品：主要介绍产品的特色、优势以及可以带给潜在顾客哪些利益。（2 分钟之内）

第二步，推销员依次出场打电话给潜在顾客。（3 分钟之内）

第三步，如果成功约见到潜在顾客，一次通过，如果不成功，小组商议三分钟后，再次上场拨打电话，每个小组有两次打电话的机会，循环表演。

3．实训结束，潜在顾客对推销员一一点评。

4．评论员对电话约见顾客思路的总结发言。

五、效果评价

1．总体评价：角色表演是否到位、要点表达是否清晰、技巧运用是否熟悉、临场反应是否灵活。

2．分项指标

评价内容	分值	评分
小组组织准备工作	10	
角色扮演自然	10	
语言清晰、流畅	10	
礼貌用语的运用	10	
自我介绍时语速适中	10	
明确说明来意	10	
“二选一”技巧运用	20	
异议处理巧妙、得体	20	

六、评选最佳推销员。

七、课后讨论

假如顾客在电话中询问有关产品的问题，而他询问的问题正好是你忽略了的内容，你将如何回答呢？

八、推销员面临的顾客第一反应归纳

（1）看一眼后让电话一直响，就是不接。

（2）看一眼后直接按掉电话。

（3）接了电话几秒钟后来反问一句：“你怎么有我电话？”

（4）接了电话几秒钟后来来一句“我不需要”。

（5）接了电话又立即打断业务员电话来一句“我在开会”或“我在开车”。

（6）接听后一直不做声或仅仅哦哦应付。

（7）接听后来来一句“哪里”一听到推销就挂电话。

（8）接听后来一句“没有此人，你打错电话了。”

九、潜在顾客在接听过程中可能的异议

（1）我根本没听说过你们的产品。

（2）你们的产品听说并不好。

（3）我已经买了你推荐的产品。

（4）我过去用过，很差。

（5）你们的产品价格太高了。

（6）我已经买了别的牌子产品。

（7）最近太忙，无法确定约见具体时间。

十、约见顾客思路总结

1．鼓励自己：电话约见顾客的成功率很低，尤其是新顾客。

2．注意目的：仅仅通过电话是不可能把商务搞定（老顾客都办不到，因为涉及具体的交易细节），必须面谈才能完成，因此，通电话时间要尽量缩短。打电话的目的至少有以下三个：

（1）约见到潜在顾客。

（2）在潜在顾客的心中留下好的印象。

（3）了解更多的潜在顾客信息。

3．背景分析：尽可能了解潜在顾客的背景，例如：年龄、性别、职业、同事关系、上级领导等。

4．技巧运用

（1）有介绍人介绍：需要简短地告知对方介绍者的姓名、自己所属的公司与本人姓名、打电话的事由，然后请求与他面谈。

（2）无介绍人介绍：需要简短地告知自己的信息，自己所属的公司、打电话的事由。

（3）强调时间：要让对方明白，通话不会占用他太多时间。例如："我想拜访一次，当面说明，可不可以打扰您 10 分钟时间？只要 10 分钟就够了。"

（4）业务转移：通话时感知对方的兴趣，可以转移连带业务。例如："派人没时间啊，没关系，我们制作了相关的视频资料，我邮寄过来，你看了再决定好吗？"

（5）故意出错：让对方更正，探知信息。例如："请问，工程部的刘经理在吗？"事实是，我们根本不了解对方的组织架构，但很多人会更正。

（6）限定时间：不要提"你有时间吗"等问题。而是先限定时间。例如："你是明天上午有时间还是下午有时间呢，我想与你见面聊。"最好限定具体时间，例如上午十点、下午四点后最适宜。

（7）背景配合：可以考虑让自己的电话处在一定背景中，让对方隐约听到自己公司业务繁忙。

【任务小结】

本任务主要讲述了约见顾客总体思路、约见顾客的技巧。通过本任务的学习，读者应该掌握以下知识：

1．约见顾客总体思路：做好约见准备；制定好约见计划，也就是通常说的 4W 的考虑，即 Who 的确定、What 的确定、When 的确定、Where 的确定。

2．约见顾客的技巧：电话、信函、面谈、委托、广告、网络等综合考虑（约见新、老顾客考虑）：

面谈约见：老顾客为主 ，新顾客为辅

电话约见：老顾客为主 ，新顾客为辅

信函约见：新顾客为主 ，老顾客为辅

广告约见：新顾客为主 ，老顾客为辅

网络约见：新顾客为主 ，老顾客为辅

他人约见：新顾客为主 ，老顾客为辅

学习任务六　接近顾客

【知识目标】

➢ 能描述接近顾客总体思路；
➢ 能复述接近顾客的具体方法有哪些。

【技能目标】

➢ 如何高效介绍接近潜在顾客；
➢ 能灵活运用问题接近法；
➢ 能结合产品做馈赠接近；
➢ 能灵活运用请教接近。

【案例导入】答非所问的遗憾

伍德夫妇是一对年青夫妇，住在亚利桑那州凤凰城郊区。他们都受过高等教育。他们有两个孩子，一个九岁，一个五岁。伍德夫妇非常关心对孩子的教育，并决心让他们接受当地最好的教育。随着孩子们长大，伍德夫人意识到该是让他们看一些百科读物的时候了。一天当她在翻阅一本杂志时，一则有关百科读物的广告吸引了她，于是她电话通知当地代理商要求见面谈一谈。以下为二人有关此事的谈话摘录。

伍德夫人：请告诉我你们的这套百科全书有哪些优点？

推销员：请您看看我带的这套样本。正如你所见到的，本书的装帧是一流的，整套五十卷都是这种真皮套封烫金字的装帧，摆在您的书架上，那感觉一定好极了。

伍德夫人：我能想象得出，你能给我讲讲其中内容吗？

推销员：当然可以，本书内容编排按字母顺序，这样便于您很容易地查找资料。每副图片都很漂亮逼真，比如这幅南美洲各国国旗图，颜色多逼真。

伍德夫人：我看得出，不过我更感兴趣的是……

推销员：我知道您想说什么！本书内容包罗万象，有了这套书您就如同有了一套地图集，而且还是附有详尽的地形图的。这对你们这些年青人来说一定很有用处。

伍德夫人：我要为我的孩子着想。

推销员：当然！我完全理解，由于我公司为此书特制有带锁的玻璃门书箱，这样您的小天使们也许就无法玩弄它们，在上面涂花生酱了。而且，您知道，这的确是一笔很有价值的投资。即使以后想出卖也决不会赔钱的。何况时间越长收藏价值还会增大。此外它还是一件很漂亮的室内装饰品。那个精美的小书箱就算我们白送的。现在我可以填写订单了吗？

伍德夫人：哦，我得考虑考虑。你是否能留下其中的某部分比如文学部分，以便让我进一步了解其中的内容呢？

推销员：我没带文学部分来。不过我想告诉您我公司本周内有一次特别的优惠售书活动，我希望您有好运。

伍德夫人：我恐怕不需要了。

推销员：我们明天再谈好吗？这套书可是给你丈夫的一件很好的礼物。

伍德夫人：哦，不必了，我们已经没兴趣了，多谢。

推销员：谢谢，再见。如果你改变主意请给我打电话。

伍德夫人：再见。

问题

推销员接近伍德夫妇为什么失败？

【学习档案】

一、接近顾客总体思路

接近潜在顾客的目的主要在于引起准顾客的注意和兴趣，使潜在顾客认识与注意推销人员，注意推销的产品，从而促成交易的建立。购买对象的注意和兴趣是推销成功的必要条件，高度的注意和浓厚的兴趣有利于形成良好的会谈气氛。即使在转入面谈之后，推销人员仍要设法保持潜在顾客的注意力和兴趣，一旦其注意力分散，兴趣减退或消失，便会导致推销会谈失败。要达到接近的特定目的，首先要根据准顾客的不同类型形成接近的思路。

（一）接近个人

个人顾客是指推销对象为消费者个人或家庭用户。接近个人顾客之前，应该设法弄清楚以下信息：

1. 一般信息

一般信息包括顾客的姓名、性别、年龄、民族、籍贯、出生地、文化程度、职务（职称）、工作单位和居住地及其邮政编码、电话号码、经济收入状况以及宗教信仰等。

2. 家庭成员信息

消费者个人的购买决策在相当程度上受到家庭的影响，为此，推销员在了解潜在顾客一般信息上还应尽可能详尽地了解顾客的家庭状况及其成员个人的相关基本信息。

3. 需求信息

需求信息包括顾客的购买动机，实际购买能力，购买的决策权限范围，购买行为在时间、地点、方式上的特点和规律等。

（二）接近组织

接近组织具体包括以下几个方面。

1. 一般内容

一般内容包括法人顾客的全称或简称、所属的行业，法人顾客的所有制形式、隶属关系，顾客所在地点及其交通状况等一系列情况。

2. 生产经营状况

生产经营状况包括法人顾客的生产经营规模，成立的时间和演变情况，目前的法人代表和某些决策人物的姓名、电话号码、传真号码，甚至包括法人代表和主要决策者的家庭住址等一般情况。

3. 经营的范围、具体的产品及财务情况

经营的范围、具体的产品及财务情况包括所生产经营的具体的产品大类和产品项目的数量，生产经营的能力以及发挥的水平，设备水平、技术水平及技术改造方向，产品结构调整情况及其执行情况，产品的工艺及配方，产品的主要销售地及市场反映情况，产品的销售增长率及市场占有率，企业的管理水平，总体发展状况，竞争状况及产品定价的目标、策略等。

4. 组织状况

企业近期及远期的组织目标、规章制度、工作程序、组织机构的设置、职权划分情况、人事情况和人际关系以及主要领导人的作风等。

5. 购买行为情况

法人顾客的购买行为方面的情况包括：一般情况下由哪些部门发现需求或提出购买申请，由哪个部门与机构对需求进行核准与说明，由哪个部门与机构对需求及购买进行描述以及选择供应商，选择的标准是什么？法人顾客目前有几家供应商？供求双方的关系及发展前景如何？这些情况都需要推销人员进行深入地了解。

6. 关键部门与关键人物情况

对在组织购买行为与决策中起关键作用的部门和具体的人员等有关情况，推销人员应重点了解。总而言之，在推销人员约见顾客前，只要时间和条件允许，应尽可能多地收集法人顾客的有关生产经营、组织、财务、人事、供应等方面的具体资料，并据此进行推销预测，以便设计出各种可行的推销方案，从中选择最恰当的方案付诸实施。

二、接近顾客的技巧

（一）问题接近

问题接近，主要是通过推销人员直接面对顾客提出有关问题，通过提问的形式激发顾客的注意力和兴趣点，进而顺利过渡到正式洽谈的一种方法。推销人员在不了解顾客真实想法的情况下，可以向顾客提出恰当的问题，促使顾客思考，然后根据顾客对问题的反应，循循善诱地交流，从而把顾客的需求与所推销的产品有机地联系起来。

推销人员在通过问题接近顾客应注意以下几点：

（1）问题要有引导性。推销员要事先思考哪些问题可能会引发顾客的关注和思考。

（2）问题应明确具体。问题越明确，越容易达到接近顾客的目的。

（3）问题应切中要害。如果顾客的主要动机在于节省金钱，提问应着眼于经济性；如果顾客的主要动机在于求名，提问则宜着眼于品牌价值。

【课堂讨论 6-1】围巾推销员的胜利

那是一个冬日的上午，我正埋头在办公室写着总结，半天写不出一个字，那些长而无聊的材料早已搞得我头脑发涨了。

就在这时，门被推开了，从门外钻进一股冷风，使我发涨的脑袋有了一些清醒。但站在门口的那个人我却不认识，他三十来岁的年纪，背着一个背包，正笑眯眯地看着我，我这儿平时很少有外人来，我也搞不清楚他到底找我干什么。

他把背包往桌子上一放，说着“打扰你几分钟”，便在背包里掏了起来。我想这一定又是一个什么商品的推销员，平时我对他们总是很反感的，他们总会占你很多宝贵的时间，然后天花乱坠地推销他们所谓的优质产品。当然这产品的质量一定是好不到哪里去。

正如我所料，他从背包里摸出一条白色的围巾，原来是个推销围巾的。我粗暴地挥着手说：“我没空，我不需要你的东西。”说完，便又埋头装作继续写材料。对这些推销员我早有应对之策，我往往是先下手为强，不让他们有开口的机会，让他们感觉到我的不耐烦。这招也往往会收到意想不到的效果，那些推销员就会带着一种失望的神色知难而退。

可这次这个推销员仿佛非常有韧性，依然把那条围巾递到了我的面前。

“告诉你我不会买的！”我加大了音量，极力表现出我对他的不屑。

谁知他却依然是笑容满面：“对不起，我只是想让你为我们的产品出点主意，好让我的产品更加让人喜爱，我想你们文化人的眼光一定比我好得多。”

他执著地把那条围巾捧到我面前：“你妻子喜欢什么样的花色和颜色？”他的声音很轻，带着一种渴望。他的话也让我感到颇为舒服，我也感觉到这人与别的推销员不同，我就认真地看起他手中的围巾来。其实，他的围巾质量不错，是用上等的毛线织成的，而且做得也比较精致。只可惜这条围巾是纯白色的，并没有什么图案和文字，显得比较单调。

我极力在脑海中想着妻子的爱好和皮肤的色泽，我不想让他认为我是一个极其肤浅的人。考虑了一会儿，我才告诉他，要是我妻子她一定会喜欢鹅黄色，因为她的皮肤比较白皙，最好上面绣有一朵月季花，因为那是她的最爱。

那个推销员只是认真地在笔记本上记着我的话，然后收起围巾，一个劲地感谢我对他们公司的帮助，便又背起背包走了出去。

过了几天，正当我忘了这件事的时候，那个推销员又来到我的办公室。这次他又从背包里取出一条围巾，鹅黄色，上而绣着一朵红红的月季花。他笑着说："我们按照你的建议做了一条，你看效果如何？"的确，在我的眼中，这条围巾比上次的纯白色的好看多了，接着他又说："谢谢你对我们公司的帮助，这条按照你的建议改的毛巾，你看你买下送给你妻子如何？"我毫不犹豫地掏钱了。

后来去别的办公室串门时，却发现单位里的好多同事都买了那个小伙的围巾，只是花色不同而已。我这才知道，那推销员与我们玩了一个花招，好像是按照我们的意愿做好再来卖给我们，其实围巾的颜色肯定是多样的，而且那绣花的工序也是比较简单的，但他却轻易地达到了目的。

问题

围巾推销员是如何通过问题接近顾客？

（二）好奇接近

好奇心是人的一种原始驱动力，有了好奇心理，人就会关注一些自己没见过、没听过的事物。

好奇接近法正是利用顾客的好奇心理，引起顾客对推销人员及推销品的注意并过度到产生兴趣，这也正是爱达模式的前两步。

出奇制胜就是好奇接近法的集中诠释，好奇接近法需要推销员结合产品的特点提供好奇的问题与事情，引发顾客关注与兴趣。

【课堂讨论 6-2】好奇心驱使

资料 1　来了就有机会

日本有家商场，本来生意很清淡。后来老板娘根据小孩子好奇心强的特点，在商场顶层设了一个小动物园，兼营金鱼、热带鱼、乌龟等小动物，并且设置了引人注目的广告。受好奇心的驱使，孩子们纷纷要求家长带他们去这家商店看小动物。家长便常常带着孩子光顾这家商场，同时顺便买一些物品，结果这家商店顾客盈门，生意十分兴隆。

资料 2　金币的诱惑

在法国一个城市的偏僻小巷里，人们拥挤得水泄不通。只见一位五十多岁的男人，拿出一瓶强力胶水，然后拿出一枚金币，他在金币的背后轻轻地涂上一层薄薄的胶水，再贴到墙上。不久，一个接一个的人都来碰运气，看谁能摘下墙上那枚价值 5000 法郎的金币。

问题

生活中你是否遇到过使用好奇接近你的推销案例？

（三）馈赠接近

馈赠接近也是推销员喜欢采用的方式，一些小而有特色的礼品确实可以迎合顾客求小利的心理，容易形成融洽的气氛，因此，在实际推销中经常被推销员用作接近顾客的润滑剂。但不是所有的物品都适合做礼品，选用接近顾客的礼品建议从以下几个方面考虑。

1. 产品关联

赠品不能只凭推销员个人的喜好，想到什么就送什么。比如冬天顾客买一台彩电，你偏要送人家一把雨伞，这就比较搞笑了。其实顾客最关心赠品的关联，比如你买彩电，送高清输出线；你买手机，送手机套；你买冰箱，送除异味剂；你买洗发水，送头罩。产品关联就是附件价值，顾客自然会欢喜。

2. 新潮产品

赠品同样要尽量选择新潮产品，不要选一些便宜的无关紧要的积压货，更不要选择假冒伪劣的产品，否则，顾客也会因为你的赠品产生对你产品负关联效应。

3. 长久使用

赠品不要选一次就消费的产品，尽量选潜在顾客可以长久使用的物品。另外，赠品的选用如果能让潜在顾客回忆起购物时的开心就更棒了！

【课堂讨论 6-3】 挖掘兴趣巧推销

我从去年开始推销小学生防近视学习器。该产品由写字台板、自成 120 度角的书架、多功能文件盒及防近视装置组成，学生用起来方便，对视力能起到很好的保护和预防作用。

3 月 16 日，我带着样品来到了宁波育才小学二年级教研室，向老师们详细地介绍了学习器的种种功效，并做示范给她们看，老师们见了都说不错。其中有位姓张的老师还提起了自己女儿的事。她说女儿读书写字总是掌握不好正确的姿势，给她纠正了多少次也没鼓掌，真怕有一天小小的年纪就成了近视眼。我想何不趁机送她一个产品，一来让她试试效果，二来也好让这位老师帮帮我推销，便说："张老师，使用这种产品后，您肯定不用为女儿操心了，用不了多久您女儿的坐姿就会改过来了。"张老师听了我的话，信任地点着头，我马上又说："张老师，今天就送您一个，也希望您将这个好产品向班里的同学推荐一下。"临走，张老师热情地把我送到了校门口。

一周后，我去学校直接找张老师。她告诉我，她女儿用了以后，确实有些效果，只是想来想去，不太好向班上的学生们推荐，因为现在学校不允许老师这样做，弄不好就会被家长们戴上摊派的帽子，对学校有影响。但张老师却给我出了一个好主意。她说，学校边上有个小卖铺，学生们下课买啥东西都去那儿，她建议我和老板商量一下，在那里搞个推销点。

我没费啥工夫就与店老板谈妥了。接下来就是琢磨一下推销的好办法。我想，学生们往往是三三两两来小店买东西，在这样的情形之下，我的产品自然产生不了什么"轰动"效应，要是一大帮一起来就好了。学生们爱攀比，有一个买了，其他的人就也想买。我反复考虑，终于想出一个可行的方案：每个同学只要试用一下，我就免费为他们照一张相，我的产品正好是纠正坐姿的，同学们用起来坐姿肯定优美，相片出来后一定会很好看，同学们一见照片，肯定对我的产品产生亲和力。于是，我在小店门口打出一条横幅，写上“试用产品，免费照相”，同时还允诺，只要同学们拿出学生证签名登记，可试用产品两天，两天后或付钱或退回产品。

接下来的一天中午，学生们踊跃前来，大多都是冲着免费照相来的，我为了激发他们的兴趣，让孩子们对我产生好感，就特意让他们自己动手拍照，我只在一旁指导。孩子们从来没有遇到这样的新鲜事儿，一个个高兴得不得了。到上课前已有 66 人签名试用。我告诉他们放学就可领照片。同时我又把事先准备好的告家长书及产品说明书都一并送上。第二天，我又接到了 80 个签名，第三天，签名的同学加起来已有 232 人，到了第四天，我不得不增加了帮手和相机。经过 16 天的努力，共卖了 500 多台产品，净利 2000 多元。

为进一步引起学生的兴趣，我在拍照的同时，又增加了新的促销赠品——印成 40 张单篇的最新卡通连环画，但只在每个防近视学习器内装一张，一个大包装刚好 40 张，成为一个完整的卡通故事，只要谁先购买第一个产品，就会得到第一页卡通画，由于卡通画的悬念，第一个产品的同学一定会劝说另一个同学去购买，并得到第二页卡通画，直到第 *n* 位。

4 月中旬，我就用上述办法在朝阳小学推销，产品内装进卡通画。第一天还比较正常，人不太多，可从第二天起，小卖铺前就排起了长队，孩子们都急着得到连环画，想知道下面的卡通故事，这样下去，没几天，我手头上的 20 箱产品全部卖完了。

问题

你经历过推销员用小礼品接近你的故事吗？请你分享。

（四）利益接近

1. 最有效的利器

利益接近从现代推销原理来讲，是一种最有效的接近顾客的方法。利益接近符合了大多数顾客的求利心态，毕竟顾客使用产品最重要的一环就是要从产品的使用中获得利益上的满足，如果能牢牢把握使用产品能带给顾客的利益，这将有助于迅速接近顾客。

2. 利益要从顾客角度出发

最有效的推销，不是让顾客觉得你的出现就是为了让他掏钱，而是要让他感觉到将从你这里得到帮助。

【课堂讨论 6-4】利益的展示

20 世纪 80 年代初，随着建筑业的不断发展，美国的各类建筑用品也达到了前所未有的需求高度。一位年轻小伙子也在父母的帮助下，在纽约市郊成立了一家振动棒作坊。因为质量非常不错，他的振动棒在半年中就获得了全美行业展览会金奖。

这让年轻人兴奋不已，然而，当他拿着各种荣誉证书不遗余力地向一些建筑商们推销产品时，那些建筑商却毫不感兴趣，甚至连看都没有看一眼他的那些证书就直接拒绝。一整天，年轻人一连跑了20多家建筑公司，寻找了大大小小40多位建筑商，但却一张订单也没有接到。到了傍晚时，他无奈地来到纽约中央广场，坐在石椅上发呆。他喝完了手上的最后几口矿泉水后，把瓶子抛进了一边的垃圾箱。他搞不明白，为什么如此优秀的产品却没有人愿意买?

正在这时，一位推着饮料车的老妇人走过来说："年轻人你一定走了很多路，累了吧?"

年轻人友善地回答说："是的，非常累!"

"我想你现在非常需要这种饮料。"老妇人边说边拿起一瓶饮料，"它不仅能解渴，而且能补充营养，增强体质，走再多的路也不会觉得累。"

年轻人正觉得腿脚酸痛呢，一听老妇人的话后立刻来了兴趣，问过价格后就直接买了下来。在打开瓶盖的一刹那，他忽然意识到刚才已经喝过矿泉水了，那为什么还要买饮料?"假如她仅仅告诉我她的饮料非常好喝，我还会买吗?"年轻人问自己，他想假如是那样的话，自己一定不会买下那瓶饮料，而现在之所以买下，是因为那瓶饮料"不仅能解渴，而且能补充营养，增强体质，走再多的路也不会觉得累"，他从中感受到了那瓶饮料将能带给自己许多帮助。

年轻人脑中突然灵光一闪：对啊!虽然我不断地告诉顾客说我的产品获得了很好的奖，但是他们却丝毫没有感觉到我的产品能带给他们什么帮助，因而被拒绝也就成了情理中的事了!在接下来的几天里，年轻人几乎跑遍了所有的建筑工地，拜访了无数建筑工人，终于他了解到许多因为振动棒引起的问题和麻烦：有时候，因为振动棒的振动频率不够，工程进度赶不上，有时候，因为振动频频发生故障，工程被严重搁浅……他把这些情况都一一记录了下来。

之后，年轻人根据自己登记的情况再次走进了那些建筑商的办公室，这次，他再也不提什么获奖情况了，而是开口就问："听说上个月您因为振动棒而损失了不少钱?""别提了，那简直太让人恼火了!"那些建筑商们听到年轻人这样的问话，纷纷倒起了苦水，说起那些劣质振动棒所带来的麻烦。等那些建筑商说完，年轻人立即不失时机地告诉对方："我的振动棒能帮助您避免那一切麻烦!"最后，他才将自己的产品功能完整地介绍给对方，让对方真切地感觉到他正迫切需要这样的振动棒，最后，年轻人才用获奖证书来证明自己的产品是真正值得依赖的。

"真的吗?那太好了!"几乎所有的建筑商都向他投来了惊喜的目光，订单也就一张接一张地签了下来。

就在这种推销中，年轻人的振动棒市场一点点地打开，30多年后的今天，他的振动棒作坊已经成为了美国最大的振动棒生产公司，而他本人也因为长期致力于推销生涯，而成为一位著名的销售战略专家。

问题

案例中年轻人的成功对专利产品的推销有哪些启示?

（五）赞美接近

顾客购买时的愉悦体验可以通过多种方式获得，其中最重要的一点就是推销员可以让顾客在购买产品时获得虚荣心。任何人都不同程度地具有虚荣心，他的虚荣心得到了满足，须知虚荣心得到满足，人们特别容易答应对方的请求。要使顾客获得虚荣心，一个很好的办法就是使用赞美接近的方法。赞美接近法是指销售人员利用一般顾客的虚荣心，以称赞的语言博得顾客的好感，接近顾客的方法。

1. 选准适当的赞美目标

顾客有很多地方值得赞美，以下是重点赞美目标：

（1）顾客对产品的专业：顾客购买时都经过一定的思考，比如思考过产品的用途，产品的款式，产品的使用年限，产品的特色，等等。在与推销员的交流中或多或少是可以谈出产品一些相关知识的，如果推销员给他们暗示，表达出对他们具有产品专业知识的欣赏，他们与推销员的距离一定可以拉近。

（2）顾客为人和善、人品高尚：人人都希望别人评价自己有高尚的人品和为人和善的态度，因为为人和善是个人优良品德的体现，人品高尚更是社会崇尚的人性优点。

（3）顾客家庭幸福：对于有家庭的顾客，很希望别人肯定他的家庭幸福，有孩子的顾客，尤其关注孩子的未来发展。推销员如果把产品与孩子的未来联系在一起，满足他们对孩子殷切的期待，推销活动一定可以在愉悦的气氛中进行。

2. 赞美要切合实际

赞美不是胡吹乱捧，否则容易被人误会讽刺了，这就适得其反了。推销人员应细心观察与了解顾客，要结合顾客关注的事物加以赞美。

【课堂讨论 6-5】恭维两重天

资料 1

那是一个平静的傍晚，我和男友约好在某百货大厦门口见面，如你所知，百货大厦的一楼大多都是化妆品专柜。我一直不明白为什么化妆品专柜要设置在底层，可经历了下面我讲的这件事后，我深深地领会了百货大厦的苦心。

我的男友如果按照我指定的时间准时出现的话，这将是一个平凡的傍晚。但是我先到了，在大门站着等了大约 10 秒之后，我就开始走近那些化妆品专柜，当然，我只是看看，以打发等候的时光。走了好几个专柜，小姐都很有耐心地问我：有什么需要帮忙的吗？我可以给你介绍一些新季产品哦。来看看新出的眼影怎样？今季最流行的……

以我横行街头这些年的经验，对这些友好，甚至是甜蜜的问候是很有免疫力的，我不打算买任何胭脂眼影或者护肤品，只是友好地报以一笑，或者闲极无聊地拿各种颜色的眼影在手背上试试。

这时我心情平静地从一个熟悉的专柜走向一个新的化妆品专柜，从没听说过的品牌。我还没走到该柜台，那位专柜的小姐就远远地用一种仰慕的眼神迎着我，这种眼神不是我自以为是的猜测，因为它已溢于言表：“小姐，你的打扮很独特。围巾，还有手镯很有味道呢，这件上衣一定很贵吧？你的腿真细耶……我看你在那边走了很久。”她没有说她有新季眼影？

然后她继续说：“你不是本地人吧？你是学服装设计的吗？”

“哦，呵呵，不是。”我腼腆地笑笑，“哦，你真会打扮，恰到好处，很适合你。本地人很少有这样打扮的。”她好像忘了她正在推销化妆品的工作，全心全意地赞美我。我只是一个平凡人，面对这些像松了闸一样的溢美之词，乐得有些手足无措，但是又不想显得自己那么在意，就随便拿起她柜台上的眼影盒——结果，出事了！

“啊！你果然很有品位呀。这是我们刚推出的颜色，今天才第一天上市哦。试试看吧。”我说好，正想往手背上涂，她阻止我说：“一定要试妆，才看得出效果的。”我还想推脱，她马上善解人意地冲我笑笑：“没关系，反正你也是在等人嘛。”于是我坐下来。

为了让这个眼影有效果，她要我试试她们新出的无痕粉底，为了让粉底上妆，再顺便试试她们专为夏天设计的控油润肤霜，上好眼影之后，她甚至说：“哦，天哪，我想除了你之外，没有人更适合这个颜色的眼影了。只是脸色不太好。试试这个胭脂吧。”于是上完胭脂之后，她又给我试了她们最新的晶莹唇彩——还有睫毛膏。

“好棒呀，你果然很适合我们的新季产品。漂亮极了，不买太可惜了。”不难想象，对她这样的殷勤甩手而去也实在是铁石心肠才做得出来。如果这一刻我男友来了，厚一厚脸皮我就走了，可他没来。于是我只好挑了眼影和唇彩请她计价，她一边计价一边说：“睫毛膏不是很好吗？润肤霜也很适合你的肤质哦。还有胭脂，一起买的话可以给你打八折。”

即使打八折，我兜里的钱还是不允许，我狠狠心摇头。突然，她两眼泛起泪光一样的看着我：“马上到八点了，我今天是试用期的最后一天，如果销售额不够的话……就算是帮帮忙吧，我按内部员工价给你打七点五折，还可以送你赠品，好不好？”

这时候，我男友不知死活地从门那边冲进来，大喊大叫：“找了你半天了。”我还没开口，那位专柜小姐立马迎着他来一句：“这是你男朋友啊？咦？很像周渝民嘛。你们可真般配。”

不用说，最后，我男友拿起账单，屁颠屁颠奔往收银台，临走不等那位专柜小姐说话，他还扬起手：“下次再来下次再来。”那天我买了：三盒眼影、两盒胭脂、一支睫毛膏、一支日霜、一支晚霜、一支眼霜、三支唇彩，还有一管去死皮膏。总价人民币二千六百三十三，被列为最严重浪费的一次购物活动。

资料 2

一天，从农村来省城儿子家串门的王大爷正独自在客厅看电视时，有一大学生模样的女孩上门推销木瓜和芦荟洗面奶。女孩说她是某大型日用品公司的职员，她公司的各种系列化妆品在该市将进行全面的市场启动。入市后她所拿的同规格的洗面奶在商场和专卖店的售价为每瓶 19.8 元，现在是广告宣传和礼品派送阶段，每瓶只象征性地收取 5 元钱的广告费。憨厚朴实的王大爷见这等便宜事送上门来，便心中暗喜，他接过几瓶洗面奶仔细端详，心里头在掂量着该给儿子和儿媳买几瓶。

女孩看到王大爷有买意，便趁热打铁，“大爷，您多大年纪了？”“六十八了”，“哎哟，大爷长得可真面嫩，像五十多岁的人”，“哪里，老得不成样子了”。女孩又进一步夸张地说：“大爷，您的气质多么高贵呀！举手投足温文尔雅，一看就知道您是一位退休的高干，或者是满腹经伦的大学教授，我跟您说，我最崇拜您这样有文化有修养的人，如果我能有您这样的爷爷，该多幸福呀！”

听着听着，王大爷的笑容一下凝固在脸上了，然后语气很生硬地说：“姑娘，我这一辈子都在农村修理地球，斗大的字不识一箩，满脸都是高粱花子模样，也从没见过大干部和教授，你这样奉承简直是寒碜我！得，姑娘，你还是去别处转转吧，我家不用这个。”王大爷把洗面奶退回女孩手中，把女孩撵出门外。

时过不久，又一女孩上门推销袜子，她也说她公司的产品将在该市启动市场，宣传阶段价格优惠，每双4元钱。因上次推销女孩不得当的赞美语言，给王大爷造成的反感情绪还没消除，所以这回没等女孩说上几句话他就不耐烦了。

面对王大爷生硬的态度该女孩没气馁，她依然面带笑容不温不火地说："您老先别急着撵我出门，我今天并非是向您推销袜子，我公司产品现在处于启动前的宣传阶段，卖袜子不是我的主要任务，我主要是向广大群众介绍我公司产品的特点，做到家喻户晓，以便在今后去商场买袜子时能有针对性地选择。当然，在此时您能买几双，那是绝对优惠的。不买也无所谓，只是请允许我打扰您几分钟。"

女孩这么一说，王大爷再也不好意思了，只好听着女孩详细而流利地介绍产品情况。女孩注意到王大爷渐渐没有了敌意和排斥心理，便趁王大爷接过袜子观看时不失时机地说："大爷，您老家不在本市吧？""我在宁城县的乡下，这是我儿子家。"正巧，女孩对宁城县有些了解。"宁城县，我去过，那地方的小米可好吃了，我一同学在你县工作，我去过两回，给我的感觉您家乡的人特实在，心肠特好。"

王大爷听了这番话，心里头有说不出的高兴，便神采飞扬地向她述说老家的风土人情，女孩听得专注并不时地称赞几句。王大爷唠叨完后，女孩又说："大爷，瞧您多有福气呀，培养出一个有出息的儿子。"王大爷这一生最引以自豪的就是有一个在市里工作的大学生儿子，听女孩一夸赞，他的脸上充满笑容，说话的兴趣更浓了，他以骄傲和幸福的语气告诉女孩：他儿子是村中第一位大学生……在该女孩恰当得体的赞美语言作用下，王大爷冷若冰霜变为对女孩好感倍增，本来不准备买袜子的王大爷最后毫不犹豫地买了10双。

问题

你乐意接受推销人员怎样的赞美？

（六）请教接近

请教接近法是指利用向准顾客请教问题的机会来接近对方的方法。例如"李工程师，你是机电产品方面的专家，你看看与同类老产品相比，我厂研制并生产的产品有哪些优势？""王总，在计算机方面您可是专家。这是我公司研制的新型电脑，请您指教一下，在设计方面还存在那些问题。"

法国作家罗曼·罗兰曾经说："自尊心是人类心灵的伟大杠杆"，任何一个推销员只要能满足顾客对自尊心的渴求，也就掌握了推销工作的主动。请教就是推销员满足顾客对自尊心的渴求，尊对方为老师，向对方求教，顾客一定会心情舒畅，愿意与你交流，潜移默化中接受了推销。注意采用这种方法时，一定要问对方擅长回答的问题，并在求教后即使将话题引入有利于促进交易的谈话中。

【课堂讨论6-6】另类恭维

电脑推销员陈乙，一次向一家规模不小的公司推销电脑。竞争相当激烈，但是由于跑得勤，工夫下得深，深得承办单位的支持，成交希望非常大，到最后，只剩下两家厂牌，等着做最后的选择。承办人将报告呈递总经理决定，总经理却批送该公司的技术顾问电脑专家陈教授咨询意见。于是，承办人员陪同陈教授再次参观了两家厂牌的机器，详细地听取了两家的示范解说，陈教授私下表示，两种厂牌，各有优缺点，但在语气上，似乎对竞争的那一家颇为欣赏，陈乙一看急了，煮熟的鸭子居然又飞了?于是，又找个机会去向陈顾问推销。使出浑身解数，口沫横飞地辩解他所代理的产品如何地优秀，设计上如何地特殊，希望借此纠正陈顾问的观念。最后，陈顾问不耐烦地冒出了一句话：究竟是你比我行，还是我比你懂?此话一出，这笔生意看样子是要泡汤了。

陈乙垂头丧气，一位推销专家建议：为什么不干脆用以退为进的策略推销呢?并向他说明了向师傅推销的技巧。

向师傅推销，切记的是要绝对肯定他是你的师傅，抱着谦虚、尊敬、求教的心情去见他，一切的推销必须无形，伺机而动，不可勉强，不可露出痕迹，方有效果。

于是，陈乙重整旗鼓，到陈教授执教的学校去拜访，见了面，如此这般地说：陈教授，今天，我来拜访您，绝不是来向您推销。过去我读过您的大作。上次跟老师谈过后，回家想想，觉得老师分析很有道理。老师指出在设计上我们所代理的电脑，确实有些特征比不上别人。陈教授，您在公司担任顾问，这笔生意，我们遵照老师的指示，不做了！不过，陈教授，我希望从这笔生意上学点经验。老师是电脑方面的专家，希望老师能教导我，今后我们代理的这种产品，将来应如何与同行竞争才能生存?希望能听听老师您的高见。陈乙说话时一脸的诚恳。

陈教授听了后，心里又是同情又是舒畅，于是带着慈祥的口吻说道：年轻人，振作点。其实，你们的电脑也不错，有些设计就很有特点。唉，我看连你们自己都搞不清楚，于是陈教授讲了一大通。此外，服务也非常重要，尤其是软件方面的服务，今后，你们应该在这方面特别加强。陈教授谆谆教导，陈乙洗耳倾听。

这次谈话没过多久，生意成交了。对这次推销，帮忙最大的，还是陈教授，他对总经理说，这两家公司的产品大同小异，但他相信陈乙公司能提供更好的服务，最后，总经理采纳了陈顾问的意见，一笔快泡汤的生意又做成了。

问题

在采用请教接近法的时候，如何选定请教的问题?

（七）产品接近

产品接近其实就是让产品自己“开言”，让顾客通过视觉、听觉、触觉、味觉和嗅觉建立对产品感官上的体验。

这种方法的最大特点就是让产品作自我推销，让顾客接触产品，通过产品的自身吸引力，引起顾客的注意和兴趣。“嗯，这东西真好，什么价？”只要顾客如此一问，推销便成功了一半。但这种方法适用于一些轻巧的、便于携带的产品（包括无形的技术产品），而且产品应具有某些吸引力和突出的特点，否则难以吸引顾客。对于一些体积庞大而又笨重的商品，一般不适宜采用该方法。

1. 推销产品的使用价值

产品的使用价值是指产品能为购买它、拥有它和使用它的顾客所带来的好处、利益与满足。产品使用价值是顾客购买的主要动机和目的，人们购买产品是为了拥有与享受其使用价值，而不是想拥有作为实体出现的产品本身。推销人员向一个不需要其推销品的人推销，不论他如何使用推销技术，结果只能是失败。因此，推销产品的使用价值，必须同顾客的需要相联系。

2. 让顾客对产品产生正面联想

顾客在观察产品的过程中，一般会对产品产生联想，会演绎如果自己使用了此产品究竟会获得哪些满足。推销员在通过产品接近顾客时就要提前考虑，自己向顾客推荐产品时，顾客对产品产生的联想是正面联想吗？是否切合了顾客真实的需求？只有切合的产品接近才会产生积极的效果。

【课堂讨论 6-7】让产品说话

为同事过生日，我们一起到某大型超市购物。同事拉着我直奔海鲜半成品区，而我过去几乎是不吃海鲜，怕腥！因为他想吃火锅，海鲜少不了。海鲜货架前一排热气腾腾的电火锅里各种海鲜丸在里面热闹地打滚。在促销员推荐下，我尝了一小块，鲜美，而且不腥。于是，我们哗啦哗啦买了一大堆。促销员几乎没有做任何推荐，只是现场煮了些要卖的海鲜半成品，让我尝了一小块就成交了几十元的买卖。

这让我想起在酒吧里推销酒水的小姐，费尽口舌向顾客推销某一品牌的酒，但往往说得口干舌燥，顾客还是不相信。因为顾客有一种普遍心态，即推销员都是“王婆卖瓜自卖自夸”。如果你也能让你的顾客购买前先品尝一下你推销的酒，亲自体验一下酒的味道，看是否如你说的那样好，效果会不会更佳呢？

一个好的牛排推销员，往往不会直接推销牛排本身，他会去推销煎牛排时发出的诱人的“嘶嘶”声。想到牛排在油锅里“嘶嘶”地声响，你一定会联想到牛排的外黄里嫩，又有多少人会拒绝他的牛排呢？

海鲜和牛排的推销看上去并不一样，但有一个共同的地方：推销者推销的是体验。

问题

对于推销者推销的是体验，你认同吗？

（八）情感接近

顾客也是人，一样有着情感，情感打通，事情搞定。情感接近是曲线接近的一种方式。一般来看，曲线接近顾客，可以考虑从以下方面着手。

1. 身边人着手

不是每一个推销员都能够立即见到顾客，有时候在无法接近顾客的情况下，可以从顾客身边人着手，例如顾客的家人、亲戚、朋友、秘书、司机等。只要是顾客身边生活圈里的人都可以考虑。

2. 小处着手

顾客购物，很多情况下并无动机购买既定的品牌商品，很大程度上，他是来享受挑选商品的过程，或者是来享受服务的。买哪个品牌可能顾客并不介意，他们看中是推销人员对他在购物中的服务能不能更体贴，能否得到更多的愉悦体验。有时候一个细心的关注会立即带给顾客不一样的购物感受，从而做出新的购买决定。

【课堂讨论 6-8】情感融化坚冰

资料 1　付出感情　收获业绩

张君作为山东某石化公司的销售人员，被派往苏北地区，主要负责销售聚乙烯等化工原材料。他来到 H 市，发现共有五家塑料制品公司。

然而，三天的“调查”之后，令他大失所望，五家公司中有两家所需的原材料不对路，另外三家的采购部门态度极其冷淡，正面根本无法了解什么情况。他凭感觉比较了这三家公司，认为丙公司最具有吸引力，丙公司规模不大，但比较规范，不知为什么，张君产生了一点隐约的好感，决定重点“攻破”丙公司。

国庆节前三天，张君来到丙公司供应科，供应科长以已有固定合作伙伴，不缺少原料为由拒绝。

国庆节这天，张君无力地走在大街上。不知不觉又来到丙公司，因为放假，一切都显得很冷清。公司传达室值班的是一位看上去和蔼可亲的大叔。他从大叔的谈话中了解到公司供应科长姓王，为人正直，办事负责，公司领导很赏识他，员工也很敬佩他。王科长家就在前面一条街不远处，他家有位老母亲，帮他看家做家务，还有个儿子，叫点点，挺可爱，在附近幼儿园上学，喜欢画画。这令张君找到了突破口。

10 月 8 日，张君早早地来到幼儿园，看着点点的奶奶来接点点，他主动与老人搭话，并自报姓名，说与王科长有业务关系，今天没事，出来走走，顺便过来看看小点点。张君当着老人的面一个劲地夸点点聪明、漂亮、听话，老人在一旁喜滋滋的，张君点到为止，便离开了。

第二天，张君瞅准机会，在半道上迎着这一老一少，由于有昨天的基础，老人让孙子叫叔叔，张君满口答应，很是高兴，并蹲下来拿出几根彩色粉笔，随手在地上画起了卡通小猫，点点一下子被吸引了，张君见好就收，说：“点点，叔叔有事要回去，明天我们再见面，我教你画画。”

接下来的时间，张君便天天与老人一道接点点，张君手把手地教点点在地上画画，并教他如何掌握绘画技巧，如何运用色彩搭配，张君讲得非常耐心，点点学得也很认真，尽管似懂非懂，却也长进不小，重要的是与这位“叔叔”交上了朋友。

时间推移到 10 月 13 日，张君已有好几天没有来接点点，今天的出现让点点好不快乐，张君照例在水泥地面上教点点画画，同时还与老人聊天。在闲谈中了解到，老人的儿媳妇这几天出差不在家，王科长今晚在家吃饭，张君眼前一亮，这可是难得的机会。张君向老人提出今晚能否到科长家里坐坐，老人表示欢迎，并告诉他住址，甚至还特别提出可以在她家吃饭，点点也一个劲地要“叔叔”到家里用彩笔教他画画，张君乐意地接受了。

晚上，张君一手拿着一盒漂亮的水彩笔，一手拎着一箱水果敲开了王科长家的门，开门的正是王科长。

“王科长你好！”张君抢先道。

科长一愣，竟没应答，这让张君尴尬万分，幸亏点点跑过来，拉着张君的手就往里拽，嘴里还嚷着要让“叔叔”教他画画，奶奶也走上前，满脸笑容地请张君进屋，科长看到这一切，知道不好拒绝，便让张君进屋坐下。

点点一会儿跨在张君的腿上当马骑，一会儿跑到里屋拿出纸来，要用“叔叔”刚买的画笔画画，看起来点点非常兴奋。张君只好教点点画画，和往常一样，他讲解得清楚细致，点点在一旁“照猫画虎”，学得也很好，甚是乖巧。科长独自坐在对面抽着烟，看着点点画画，像是在得意地欣赏着什么似的，不时还露出微笑。

大约过了半小时，奶奶从厨房出来收拾餐桌，并强调要张君留下来吃饭。张君不好意思推辞，便留了下来。饭桌上科长倒是主动打开话题，与张君拉开家常。张君显得无拘无束，谈得很自如。不知不觉一顿饭竟吃了一个多小时。天色已晚，张君起身告辞，科长亲自送他出门，这让张君欣喜万分，因为他已感觉到了转机。

第二天一早，张君再一次来到王科长办公室，这一次王科长很客气地看了张君带来的所有资料，就有关产品问题作了简单询问，接着就与张君签定了一笔22万元的供货合同。

资料 2　高效推销密码

乔·吉拉德被誉为世界上最伟大的推销员，他在 15 年中卖出 13001 辆汽车，并创下一年卖出 1425 辆（平均每天 4 辆）的记录，这个成绩被收入《吉尼斯世界大全》。那么你想知道他推销的秘密吗?他讲过这样一个故事:

记得曾经有一次一位中年妇女走进我的展销室，说她想在这儿看看车打发一会儿时间。闲谈中，她告诉我她想买一辆白色的福特车，就像她表姐开的那辆，但对面福特车行的推销员让她过一小时后再去，所以她就先来这儿看看。她还说这是她送给自己的生日礼物：“今天是我 55 岁生日。”“生日快乐！夫人。”我一边说，一边请她进来随便看看，接着出去交代了一下，然后回来对她说：“夫人，您喜欢白色车，既然您现在有时间，我给您介绍一下我们的双门式轿车，也是白色的。”

我们正谈着，女秘书走了进来，递给我一打玫瑰花。我把花送给那位妇女：“祝您长寿，尊敬的夫人。”

显然她很受感动，眼眶都湿了，“已经很久没有人给我送礼物了”，她说，“刚才那位福特推销员一定是看我开了部旧车，以为我买不起新车，我刚要看车他却说要去收一笔款，于是我就上这儿来等他。其实我只是想要一辆白色车而已，只不过表姐的车是福特，所以我也想买福特。现在想想，不买福特也可以。”最后她在我这儿买走了一辆雪佛莱，并写了一张全额支票，其实从头到尾我的言语中都没有劝她放弃福特而买雪佛莱的词句。只是因为她在这里感到受了重视，于是放弃了原来的打算，转而选择了我的产品。

问题

你对于情感融化坚冰还有哪些妙招?

（九）震惊接近

所谓震惊接近法，是指推销员利用某种令人吃惊或震撼人心的事物来引起顾客的注意和兴趣进而转入面谈的接近方法。在实际推销工作中，推销员的一句话，一个动作，都可能令人震惊，引起顾客的注意和兴趣。如果推销员利用顾客震惊后的恐慌心理，适时提出解决的方案，往往会收到良好的效果。我们来看一个案例：

【课堂讨论 6-9】急中生智

戴尔公司欲向北京一家报社推销电脑、笔记本和服务器，这家报社已采购了多台台式电脑，可笔记本和服务器报社却不满意。因为报社认可全内置的笔记本，而戴尔公司的笔记本有一个缺陷，就是产品线中没有全内置的笔记本产品。报社的记者经常出差，他们希望采访过程中可以很快地将笔记本收入包内，跟随客户移动，所以客户希望采购全内置的笔记本电脑。为了克服这个难题，销售代表一直在推荐自己的新型笔记本，它虽然不是全内置，但是可以将光驱和软驱互换。记者很少同时使用光驱和软驱，因此这种设计很适合报社的记者，并且这款笔记本更漂亮，更轻。而且，这款产品有独特的优势，就是它有良好的坚固性设计。这款笔记本连续在 ZD 实验室的测试中，经历了一米高的平摔、侧摔，高温测试和进水测试。这种笔记本是唯一的生存者，即经历这样地狱般环境的考验，笔记本仍然可以正常工作。这一点非常适合报社的客户，根据这家报社的技术部门的维修报告，很多笔记本在记者采访过程中损坏。这不仅仅带来经济的损失，更重要的是笔记本中存储了重要的稿件，笔记本的损坏往往造成新闻传输、排版和出版的延迟。可靠性是这款笔记本的优势。

某年年底，销售代表听说客户要采购一批笔记本电脑。客户的需求书上还是要求全内置的笔记本，销售代表必须改变客户的想法，证明其实坚固性是更重要的。销售代表知道当天下午客户要讨论这个采购，便和经理一起来见客户。这个项目是由报社的两个处具体负责的，但由技术局的局长来做最终的采购决定。销售代表和经理到客户办公室的时候，客户们正在开会。他们肯定在讨论这个项目，销售代表和经理就在门口等待他们出来。

过了大约半个小时。局长出来了，直奔厕所而去。两个人急忙迎上去向他介绍自己公司的笔记本。销售代表以前见过局长，局长一眼就看出两人的来意，知道两人是来推销的，打了一个招呼，继续向厕所走去。局长从办公室出来只有十几步的距离就是厕所。销售代表只讲了几句话，局长距离厕所的门口只有几步的距离了。如果局长进了厕所，销售代表要不要跟着进去呢？如果进去继续介绍是否不礼貌？可是如果不进去，局长回到办公室就要做出决定了，肯定会失去这个机会了。

销售代表正在犹豫的时候，突然看见销售经理一扬手，手中的笔记本划出了一条抛物线，超过局长，摔到了局长面前。局长吃了一惊，转过身，看着两个人，看得出有些生气。销售经理抢前两步，拾起笔记本，展开屏幕，向局长解释："您的记者在外面采访，采访很紧张，免不了经常将电脑摔到地上。如果笔记本摔坏了，需要您花钱来维修，更重要的是会造成软件的丢失，影响新闻的刊登。因此笔记本电脑一定要很坚固。您看，我们的笔记本从这么高的地方摔下去，一点都没有损坏。您看，笔记本还在运行。"说着将笔记本交给局长，让他看还在工作的笔记本。局长脸上的怒气没有了，很好奇地将笔记本翻过来，看有没有损坏的地方。销售经理接着又演示了在 ZD 实验室的测试报告，局长非常仔细地看了这个报告，向两个人了解了一些产品的其他情况，就走向厕所，这次销售经理没有拦他，他出来以后，和两个人打了一个招呼，就回到自己的办公室。

销售代表和经理继续等待了一会儿，会议结束了。两个处长走了出来，他们虽然是销售代表的老朋友，但一直都很坚持原则，一定要全内置的笔记本电脑。两位处长见到销售代表和他的经理，用很奇怪的目光看着两人，让销售代表第二天再来。

第二天，销售代表来的时候，他们已经将合同准备好了，询问什么时候能够供货，他们很着急要电脑。

过了一段时间，销售代表才了解到客户会议室里的事情。一个处长后来告诉销售代表："那天的会议并非重点谈笔记本的采购问题，因为采购几十台笔记本不是一件大事，我们汇报了已经选定康柏的笔记本，原因是康柏是长期的合作伙伴，而且可以满足全内置的要求。局长已经同意了，我们继续谈其他的事情。这时局长起身去上厕所，我们就在局长的办公室等局长回来。几分钟后，局长回来了。没想到局长回来的第一句话又回到了笔记本采购，他问记者中有没有笔记本摔到地上而损坏的。我们知道有不少这样的情况，就如实地告诉了局长。局长说笔记本的坚固性很重要，如果因为笔记本的损坏造成稿件的丢失会造成严重的后果，让我们重新考虑笔记本的采购。"

两个处长很奇怪，不知道局长在厕所里发生了什么，一回来就推翻了以前的采购指标，强调起坚固性来了。他们回来以后仔细地比较了坚固性，戴尔的笔记本电脑是最优秀的，除了不是全内置，而是光软互换，其他的指标都很好。他们当天就做出了决定，采购戴尔的电脑。后来，实践证明他们的选择是对的，记者们很喜欢戴尔的电脑。只是，他们很奇怪，局长为什么就上了一趟厕所，想法就改变了。

问题

在采用震惊接近时如何做到适度？

（十）综合适用

接近顾客综合应用各种方式效果更佳，毕竟组合拳的威力更大！

【课堂讨论 6-10】最难对付的农户

华尔菲亚电器公司是生产自动化养鸡设备的，经理威伯先生发现宾夕法尼亚州的销售情况不妙。当他到达该地时，推销员代表皱着眉头向他诉苦，咒骂当地富裕的农民：

"他们一毛不拔，你无法卖给他们任何东西。"

"是吗？"威伯先生微笑着，盯住推销员的眼睛。

"真的，"推销员的眼睛没有躲闪，"他们对公司意见很大，我试过多次，一点希望也没有！"

"也许是真的，"威伯先生说，"让我们一起去看看吧。"

推销员笑了。他心里想：你们这些当官的，高高在上，平常满口理论，这下可得让你尝尝厉害，他特地选了一家最难对付的农户。

"笃笃笃"，威伯先生轻轻地敲那家农舍的门。

门打开一条小缝，屈根保老太太探出头来。当她看见站在威伯先生后面的推销员时，"砰"的一声，关上了大门。

威伯先生继续敲门，屈根保太太又打开门，满脸怒色，恶狠狠地说："我不买你的电器，什么电器公司，一班骗子!”

“对小起，屈根保太太，打扰您了，”威伯先生笑着说，“我不是来推销电器的，我是想买一篓鸡蛋。”

屈根保太太把门开大了一点，用怀疑的眼光上下打量着威伯先生。

“我知道您养了许多‘美尼克’鸡，我想买一篓新鲜鸡蛋。”

门又打开了一点，屈根保太太好奇地问：“你怎么知道我的鸡是良种鸡?”'

“是这样的，”威伯先生说，“我也养了一些鸡，不过我的鸡没有您的鸡好。”

适当的称赞，抹掉了屈根保太太脸上的怒色，但她还有些怀疑：“那你为什么不吃自己的鸡蛋呢?”

“我养的鸡下的是白蛋，您的美尼克鸡下的是棕蛋，您知道，棕蛋比白蛋更有营养价值。”

到这时，屈根保太太疑虑全消，放胆走出来。大门洞开时，威伯先生眼睛一扫，发现一个精致的牛栏。

“我想，”威伯先生继续说，“您养鸡赚的钱，一定比您先生养牛赚的钱要多。”

“是嘛!”屈根保太太眉开眼笑地说，“明明我赚的钱比他多，我家那老顽固，就是不承认。”

深谙“人际关系技巧”的威伯先生一语中的。顽固的屈根保太太竟骂他丈夫是“老顽固”。

这时，威伯先生成了屈根保太太受欢迎的客人，她邀请威伯先生参观她的鸡舍，推销员跟着威伯先生走进了屈根保老太太的家。

在参观的时候，威伯先生注意到，屈根保太太在鸡舍里安装了一些各式各样的小型机械，这些小型机械能省力省时。

一边参观，一边谈，威伯先生“漫小经心”地介绍了几种新饲料，某个关于养鸡的新方法，又“郑重”地向屈根保太太“请教”了几个问题。“内行话”缩短了他们之间的距离，顷刻间，屈根保太太就开心地与威伯先生交流起养鸡的经验来。没过多久，屈根保太太主动提起她的一些邻居在鸡舍里安装了自动化电器，“据说效果很好”，她诚恳地征求威伯先生“诚实的”意见，问威伯先生这样做，是否“值得”……

两个星期之后，屈根保太太的那些美尼克良种鸡就在电灯的照耀下，满意地咕咕叫唤起来。威伯先生推销了电器，屈根保老太太得到了更多的鸡蛋，双方皆大喜欢。

问题

案例中的推销人员综合运用了哪些接近顾客的方式?

【实训演练】

一、实训项目

开场白（陌生顾客）。

二、实训目的

（1）了解在现实推销活动中，推销员与初次接触的顾客开场白的重要。

（2）推销员与顾客初次接触时，哪些是高效的开场白语言或动作。

（3）知道应该采取哪些措施和方法来训练推销员的开场白。

三、场景设计

1．场景

某家具连锁店是经营高档产品的门店，为扩大经营，主动寻找顾客，家具店想与当地的银行客户部合作，想借助银行的优质客户源，提升自己的销售业绩。本周末，家具店获悉银行客户部要针对拥有贵宾卡的客户开一次理财讲座。这是一个好机会，家具店老板通过个人关系已经联系上了银行的客服郭经理，已经约好了下午去郭经理办公室面谈，但老板临时有紧急事无法前行，于是委托自己的店长前去。店长按照老板的安排去拜会了郭经理。

2．角色扮演

（1）推销员：各小组自行决定。（根据不同场景 1 人，多人均可）

（2）潜在顾客：各小组自行决定。（根据不同场景 1 人，多人均可）

（3）观察员；教师及全体同学。

（4）评论员：任课老师。

3．任务要求

通过模拟场景，熟悉商务活动中一般开场白，达到迅速拉近与顾客的关系，为进一步推销工作的开展做准备。

四、相关知识

初次印象极其重要，成功推销法则告诉我们，“接近顾客的 30 秒，可以基本决定了推销的成败。”由此可见，一个高效的开场白对推销员的意义。具体来看，开场白一般要包括以下步骤：

（1）确定是否是拜访对象。

（2）称呼对方。

（3）自我介绍。

（4）陈述访问的理由。

注：以上四步骤是去公司办公区域拜访

五、实训步骤

1．自行分组，共分 5 组，每组 2～6 人，具体演出人数小组自行决定（讨论场景、角色扮演、准备 5 分钟）。

2．实训人员出场

（1）介绍环节：小组组长介绍成员角色扮演情况（谁演顾客、谁演推销员）（2 分钟之内）。

（2）演出环节：突出开场白的技能表达（3 分钟之内）

3．互动环节：

（1）模拟顾客的同学一一评价与自己演对手戏的推销员同学（2 分钟之内）。

（2）推销员谈谈自己参与实训的感想（2 分钟之内）。

4．评选最佳演出人员、最佳组织小组。

5．评论员对开场白实训作总结。

六、效果评价

1．总体评价：角色表演是否到位、要点表达是否清晰、技巧运用是否熟悉、临场反应是否灵活。

2．分项指标

评价内容	分值	评分
小组组织工作是否完备	20	
能否设计出充分表现推销员与顾客接触的开场白场景	20	
语言清晰、流畅	10	
是否完成了开场白一般常见步骤	10	
开场白场景具体交流细节合理	10	
现场场景表现真实、身临其境	20	
是否有新意的开场白	10	
开场白总体评价		

七、全体同学参与评选最佳演出人员、最佳组织小组。

八、开场白实训总结

1．注重前期见潜在顾客的准备工作

（1）潜在顾客的资料分析：年龄、性别、个人背景、兴趣爱好，家庭结构、同事、朋友等等。

（2）心态调整：潜在顾客的性格各异、见你时的心情各不相同。

2．开场白时迅速注入以下技巧会快速拉近与顾客的距离

（1）适度称赞：诚恳的语气称赞会让顾客心里舒服，容易营造融洽的气氛，必须提醒，称赞要适度，夸大其词令人反感。

场景：推销员去潜在顾客处推销现场制作咖啡的咖啡豆。

开场白话语示范：

推销员：你店面装修很有品味啊。

顾客：

一对一模拟练习：

（2）提问：推销员可以通过提问来探询、分析顾客的需求，圈定顾客的思路。

场景：汽车推销员向潜在顾客推销某款汽车

开场白话语示范：

汽车 4S 店推销员：买汽车要考虑的因素有很多，安全性、速度、空间舒适度、操作方便、外形、售后服务及价格等，我想请问万先生，你考虑哪一点更多呢？

顾客：

一对一模拟练习：

注：汽车 4S 店指整车销售（Sales）、配件供应（Sparepart）、维修服务（Service）以及信息反馈（Survey）四部分组成的汽车专营店的全套销售流程。

（3）引发好奇：推销员借助产品有关的话题激发顾客的好奇，有利于更快接近顾客。从爱达模式来分析，引发好奇心就是“爱达模式”的第一个阶段。

场景：电脑设备推销员向潜在顾客推销电脑主机

开场白话语示范：

推销员：你看，这是一个电脑的核心——CPU 的结构模型，很精巧的。如果 CPU 运行出现故障，那么贵公司的数控设备就无法运转，那损失就大了！

顾客：

一对一练习：

（4）提供咨询：如果潜在顾客没有意识到或没有考虑到，而你发觉了并从潜在顾客使用的利益出发，提出针对性的购买咨询，此时就很容易与顾客拉近距离。

场景：音响专卖店柜台的推销员向潜在顾客推销某款音响设备

开场白话语示范：

推销员：其实，你不需要购买这款音箱，这款音箱耗电量大，功率也大，家庭使用不合适，现在在家都不时兴唱歌了，最多看看影碟，你来看看这款是否适合你。

顾客：

一对一练习：

（5）先给服务：很多商品的推销是可以通过服务带动的，只要顾客看到了服务的效果，就会对产品产生兴趣。开场接近的效果立即显现。

场景：推销员向潜在顾客推销家用设备保养剂

开场白话语示范：

推销员：我先把你家的油烟机保养一下，你看看火头是不是更蓝了！

顾客：

一对一练习：

（6）产品推进：产品本身就是最优的推销员，推销员可以挑动顾客的视觉、听觉、味觉、嗅觉、触觉等五官的感受，让顾客对产品有一个感官上的直接认识，从而刺激购买欲望。

场景：香水柜台推销员向潜在顾客推销香水

开场白话语示范：

推销员：你闻一下，是否香味纯正。

顾客：

一对一练习：

（7）消费跟随：将已有消费者购买自己的商品款式、数量、价格等信息有意识地透露给下一个潜在顾客，比如，本店销售某一款的产品的统计数据（最好是顾客手写）、产品使用效果鉴定书、权威机构提供的实验报告等。

场景：办公设备推销员向潜在顾客推销投影仪

开场白话语示范：

推销员：目前，南昌很多高校的多媒体教室都选用了我们公司的投影仪。你看这是他们的选用记录。

顾客：

一对一练习：

（8）震惊叙述：已发生的震惊故事引发顾客的注意，如新闻报道等，当然，内容不能杜撰，更不要带恐吓的意味。

场景：汽车设备推销员向潜在顾客推销气囊

开场白话语示范：

推销员：昨天某某晚报报道，一个人驾车从三层立交顶端摔下，车子报废了，人却仅仅受了一些擦伤，太神奇了。

顾客：

一对一练习：

九、讨论

全体同学针对自己小组或者其他小组的现场表现，交流彼此的看法。例如，我是否可以做得更好，如何做到？

【任务小结】

本任务主要讲述了接近顾客总体思路和接近顾客的技巧。通过本任务的学习，读者应该掌握以下知识：

1．接近顾客总体思路：主要在于引起准顾客的注意和兴趣，使潜在顾客认识与注意推销人员，注意推销的产品，从而促成交易的建立。根据准顾客的不同类型可以分为接近个人以及接近组织。

2．接近顾客的技巧一般有：问题接近、好奇接近、馈赠接近、利益接近、赞美接近、请教接近、产品接近、情感接近、震惊接近。

接近顾客需要综合应用各种技巧效果更佳。

学习任务七　推销洽谈

【知识目标】

- 了解推销洽谈的概念、特点和类型；
- 掌握推销洽谈的目标和原则；
- 理解推销洽谈的意义。

【技能目标】

- 能灵活运用FAB介绍产品
- 能现场通过产品演示开展推销洽谈

【案例导入】洽谈的魅力

小李是一家大型体育用品商店帐篷部的推销员，这家商店在报纸上做了大量的广告并在公司内设了一个产品展览会。

一个顾客进了展厅，开始仔细查看展出的帐篷，小李认为他是一名潜在的顾客，便主动走上前去，与顾客攀谈起来。

小李：您是需要一顶帐篷吗？

顾客：是的，这里的品种还真不少。

小李：这几乎是一个万国展了，请问您喜欢哪种产品？

顾客：我家有五口人，三个孩子都十岁以下，我们想去南方度假，因此打算买个帐篷。而且我们会换几个地方，我希望它能用四五次。

小李：您想要一种容易安装拆卸的产品。

顾客：是这样的，但它必须能容下五口人，而且不能太贵，度假花销已经够多了。

小李：这儿的许多产品都能满足您的需求。例如这种，里面很大，可容纳五六人，质地很轻，而且防水的，右边的窗子可以很容易地打开，接受阳光，地面用强力帆布特制的，耐拉，地面也防水，安装拆卸都很方便，您在使用中不会有任何问题。

顾：看上去不错，多少钱？

小李：985元。

顾客：旁边那个多少钱？

小李：这个圆顶帐篷是名牌，比前一个小一点，但足够用，而且特性与前面一个相差无几，特别容易安装，价钱是915元。

顾客：好的，星期六我带妻子来，到那时再决定。

小李：这是我的名片，如果有问题可以随时找我，我从早上开门到下午6点都在这儿，我很高兴星期六能与您和您妻子谈谈。

问题

高效推销洽谈有一定规律可循，高效推销洽谈必备哪些元素？

【学习档案】

一、推销洽谈总体思路

推销洽谈是推销人员最重要的工作之一，能否说服顾客，实现交易，成败往往在此一举。在推销洽谈中，或者在推销人员介绍情况之后以及要求顾客订购时，顾客往往会提出种种反对意见（即顾客异议），只有正确对待并妥善处理顾客异议，才能最终达成交易。因此，处理顾客异议成为推销洽谈的重要组成部分。

（一）介绍情况

顾客只有在认识到推销品能满足顾客的需要之后，才可能做出购买决定。因此，推销洽谈的首要任务是向顾客介绍有关推销品的情况，传递推销信息，帮助顾客迅速认识推销品及其特性和利益。在推销洽谈中，推销员必须利用语言、文字图片资料、录音录像制品、电影、大众传播媒介等手段，准确、全面、有效地传递有关推销品的信息，使顾客接受推销品。推销员应尽量营造一种消费气氛，把推销品的实物、资料摆出来，让顾客亲身看一看、听一听、读一读、摸一摸、试一试、想一想，帮助顾客认识推销品，为顾客提供购买决策依据。

推销人员作为自己所推销的产品或服务的信息源，必须设法在转入洽谈之初，迅速把自己所掌握的有关推销品的信息传递给顾客，帮助顾客尽快了解和认识推销品的特性和利益，为顾客制定购买决策提供信息依据。当然，并非所有推销信息都得在洽谈中才由推销人员来发布，推销前应注意搞好广告宣传，以利于推销洽谈，提高推销效率。

（二）诱发购买

从顾客购买动机看，顾客不是购买流行时装而是购买美丽大方，顾客不是购买自动化机床，而是购买效率和加工手段，诱发顾客的购买动机，必须诉诸顾客的需要，让顾客知道推销品所能带来的好处或效用。在实际推销中，一方面，推销人员可以利用社会的健康合理的消费观念和消费风气，诱发顾客的购买动机；另一方面，也可以利用顾客的需要和面临的问题，说服顾客接受新观念，改变原有的消费习惯和态度，购买新产品。

有效地诱发了顾客购买动机以后，顾客会产生相应的情绪反应和意志行为，甚至会产生复杂的心理冲突。最终，顾客会做出购买或不购买的决策。在洽谈过程中，推销人员必须准确把握顾客购买决策前的心理冲突，利用理性和情感的手段促使其尽快做出购买决策。

在实际推销活动中，推销人员应采用各种方式增强说服的感染力。为此，推销人员必须学会运用现代化的推销工具，包括因特网、幻灯、多媒体电脑、电视、广播，等等。从推销心理学角度分析，顾客的购买行为既受购买动机的支配，也受情感的驱使。因此，推销员还必须合理地利用顾客的情感，使推销语言、态度和情景产生一种无形的感化力量，从而促使顾客采取购买行为。

（三）解决问题

推销洽谈不仅仅是推销人员介绍情况、传递信息的过程，而且是有关信息在推销人员与顾客之间反复双向沟通的过程。在推销人员发出信息之后，经顾客接受并分析处理，必然会有所反馈，即提出各种各样的问题或异议。推销人员只有对问题和异议进行解答和处理，才能保证信息的进一步沟通。当顾客心存疑虑或异议时，是不可能产生购买动机和欲望的。洽谈中，推销人员应该以自己对顾客所提出问题的圆满解答和对顾客异议的妥善处理，去帮助顾客加深对推销品的认识，促使顾客作出购买决定。

二、推销洽谈基本程序

（一）洽谈导入

推销洽谈是一项艺术性、技巧性较强的工作，没有固定不变的模式，随着推销对象、推销环境的变化，每一次推销洽谈都会有不同的特点和要求，推销人员应根据具体情况作出具体分析。善于应变，灵活机动地去搞好洽谈。建立和谐的洽谈气氛，能为正式洽谈铺平道路，为建立和谐的洽谈气氛，导入中的细节把握。

1. 注重仪表

整洁美观的仪表易使顾客产生好感，留下良好的第一印象，推销人员要想成功推销商品，首先就应推销自己的仪表，力求给人以整洁清爽、风度优雅之感。

2. 讲究礼节

对于推销人员来说，礼节与仪表同样重要，在与顾客接触时，应给对方留下有礼貌、有教养的印象。

3. 讲好开场白

开场白最好是松弛的、非业务性的。如向对方表示关心的问候以对方感兴趣的事为话题，以自己的经历为话题，对有过交往的顾客可以致谢或以共同经历为话题等。促使双方找到共同的语言，引起顾客的谈话兴趣，为心理沟通作好联合。但开场白不宜过长，以免导致顾客反感。

（二）正式洽谈

当推销人员与顾客之间初步建立起和谐的洽谈气氛后，双方就应进入正式洽谈。在开谈阶段，推销人员应巧妙地把话题转入正题，顺利地提出洽谈的内容。开谈的入题应做到：

1. 自然

推销人员在与顾客讲开场白时应顺理成章，自然地将闲谈扯近正题。例如，空调器的推销员可先说一下天气变化，然后说："今天的天气真热，如果您这办公室里安上空调器，将会过一个清凉的夏天……"这种自然得体的入题，易引起顾客的购买兴趣。

2. 轻松

入题的话应使顾客感到轻松愉快，无拘无束，不会无形中使顾客产生一种成交压迫感。

3. 适时

入题的时机要把握好，一般在对方对你产生好感，乐意或愿意与你交谈时入题最好。根据以上要求，开谈时可考虑从以下方面入题：

（1）以关心的方式入题。关心顾客，容易引起顾客的好感，从而使顾客关心你所推销的产品。如一位服装推销员说："老张，天气转冷了，据预报今年冬天气温低于以往4℃，您身体欠佳，我看应该买件羽绒服，这种冬装既暖和又美观，而且耐穿，……"

（2）以赞誉的方式入题。称赞顾客或顾客的东西往往也易于获得顾客的好感。如一位地毯推销员的入题是："啊，您的房间布置得真好，光线柔和，色调明快使人赏心悦目，如果再铺上地毯，那将是锦上添花……"

（3）以请教的方式入题。虚心向顾客请教，既尊重了顾客，又很自然地提出产品，这样的入题也很巧妙。如一化妆品推销员是这样开谈的："刘小姐，看您的外表就知道您很善于保养，可见您是化妆品知识方面的专家。有关这几种化妆品的使用方法，请您当面指教……"

【课堂讨论7-1】 面对难缠的客户怎么办？

20××年9月15日，负责F市的HR滚筒洗衣机的业务小王突然接到公司来电，让他速速准备一下，和负责S市业务小何进行区域轮调。

小王心里清楚，HR滚筒洗衣机在S市接二连三换了好几个业务，都是一个原因，搞不定当地华商工贸有限公司的李总。S市内共有5家大型家电零售卖场，华商工贸就拥有了三家，占据了市内零售份额70%，几乎处于垄断地位。可想而知，商大了自然欺"厂"，大部分厂家代表根本没有同华商平等谈判的砝码，唯有逆来顺受，否则面临被撤场的难题。

17日，初到S市的小王花了整整一天的时间，初步了解自己品牌面临的困惑和李总的为人性格和经营风格、经营需求，心里有了一定的应对办法。

18日，小王在没有任何预约的情况下，单枪匹马来到李总办公室，进行了他与李总的第一次工作拜访。"你好，李总，我是HR滚筒的业务小王，冒昧打扰，请多包涵。"李总面无表情地看了看："你们滚筒我们已经决定不做了，你赶快把那些机器想法给我处理掉，我马上要上新的品牌了"。小王心想，我们是现款现货的操作模式，你处理机器管我什么事，也许他话里有话。小王装作一脸虔诚的说："李总，非常感谢一直以来你对我们的鼎力支持，同时也非常抱歉，我们没能给你创造更多的利润和价值。"小王停顿了一下，从公文包里拿出一份计划书，"李总，这是我拟定的一份销售计划书，你看下，请再给我们一次机会？"李总根本没理会小王递来的计划书，"你们这些书生，笔头功夫都很厉害，计划写得天花乱坠，实事干得一塌糊涂"。小王默默听着李总的奚落，不停地点头称是，"我们都太年轻，缺少实干精神。""你们公司小何当初也是信誓旦旦地保证销量有多好，利润有多高，可是每周报表显示的都是销量一般，利润仅仅 2～3 个点，你说我有再经销你们产品的必要吗？""是啊，两个点的利润的确太低了，可能竞品价格太低了，为了保住销量才出此下策。""销量？如果你们销量好，能为我保住 5 个点的空间，能过得去也就算了，你看，现在？"

小王心里明白，眼前说什么也没用，就接口道："李总，您真是个爽快的人，认识你真是我的幸运，我刚到这里，你就给我指点出我们产品销售不足之处，真的非常感谢!""你叫小王是吧，我给你十天时间，赶快想办法把你的产品处理掉，别耽误我的生意。""今天就这样啦。"

小王边走边想，李总为什么会让我赶快把机器处理掉呢？为了争取最后的机会，小王还是决定搏一搏。

当天晚上，小王紧急召开导购培训会议，对导购从产品知识、促销技巧、异议处理、成交技巧等方面做了一次系统的培训。下达从今天开始要做到每台售出机器最低要保住商场 6 个点的利润。同时嘱咐导购要想方设法把卖场各层级人物打点一番，包括仓管员、送货员。

很快十天就过去了，在十天里小王再没有拜访李总，只是在商场售机，甚至连中午和晚上也不放过。这时，不仅仓库里的货不多了，甚至连展台也空出三个样位来。小王决定再次找李总谈。

"李总，你好，我又来打扰你了"小王说着，把自己的销售台账递过去，"这是我们十天总共销售的账目，包括销量、单台利润、平均利润"。

"喔，这个我知道了，你还有别的事情吗？""现在机器都销得差不多了，我做了个订货计划，你看下？"小王试探地问。

"这个，你找下采购小胡吧，我已经安排好了，承兑也给你办好了，先是十万"。小王真的难以想到，别人口中"难缠"客户，居然就这样被自己轻松搞定。

问题

难缠的客户被三言两语就被轻松搞定原因何在？

三、推销洽谈的技巧

推销洽谈主要有提示、演示、倾听和语言表述等技巧。

（一）提示

提示主要有直接提示法、间接提示法、积极提示法、消极提示法和逻辑提示法几种。

1. 直接提示法

所谓直接提示法是指推销人员直接劝说顾客购买所推销产品的方法。这是一种较广泛运用的洽谈提示法。这种方法是推销人员接近顾客后立即向顾客介绍产品，陈述产品的优点与特性，然后建议顾客购买。由于这种方法能节省时间，加快洽谈速度，符合现代人的生活节奏，因而很具优越性。在应用直接提示法时应注意以下几点：

（1）提示要抓住重点。推销洽谈一开始，推销人员就可以直接提示产品的主要优点与特征；直接提示顾客的主要需求与困难；直接提出解决的途径与方法，直接诉诸顾客的主要购买动机与想更获得的主要利益。总之，推销人员可以抓住重点，直接提示顾客购买产品。

（2）提示内容要易于被顾客了解。采用直接提示法时，所提示的内容，尤其是所提示的产品的优点与特征应是较为明显突出的，可以直接了解到的。因为如果经推销人员直接提示后，顾客仍看不出产品的利益与优势，就会使顾客产生异议，增加成交困难。

（3）提示内容应尊重顾客的个性。不同顾客有不同的需求，有不同的购买动机与购买行为。而且，顾客的需求、动机与行为之间还可能有相互矛盾、不合常理、不合规范的时候。因此，推销人员应充分考虑对顾客个性的新尊重。只要顾客需要并愿意购买，有时则不应指出与挑明顾客的矛盾之处。

2. 间接提示法

间接提示法是指推销人员运用间接的方法劝说顾客购买产品。例如，可以虚构一个顾客，可以一般化的泛指，而不是直接向顾客进行提示等。由于间接提示可以避免一些不太好直接提出的动机与原因等，因而使顾客感到轻松、合理，容易接受推销人员的购买建议。应用间接提示法时需注意以下几个问题：

（1）要虚构或泛指一个购买者，不要直接针对面前的顾客进行提示。从而减轻顾客的心理压力，开展间接推销。

（2）使用委婉温和的语气与语言，间接地诉诸购买动机与需求。尤其是对于一些比较成熟的、自认为聪明的、自视清高的顾客，效果会更好。

（3）推销人员应时刻注意控制洽淡过程与内容。虽然是间接提示，但亦不能脱离推销主题，更不能很不着边地举例。必要时，主要是在洽谈后期应采取直接提示法，以免痛失机会。

3. 积极提示法

积极提示法是指推销人员用积极的语言或其他积极方式劝说顾客购买所推销产品的方法。所谓积极的语言与积极的方式可以理解为正面提示、肯定提示、热情的语言、赞美的语言，会产生正向效应的语言等。当运用积极提示法时应注意以下几个方面：

（1）坚持正面提示。绝对不用反面的、消极的语言。只用肯定的判断语言。

（2）所用的语言与词句应是实事求是的，是可以证实的。

（3）可以用提问的方式引起顾客的注意，与顾客一齐讨论，再给予正面的、肯定的答复，克服正面语言过于平坦的缺欠。

4. 消极提示法

消极提示法包括遗憾提示法、反面提示法，是指推销人员不是用正面的积极的提示说服顾客，而是运用消极的、不愉快的，甚至是反面的语言及方法劝说顾客购买产品的方法。运用了心理学的褒将不如贬将，请将不如激将的道理。因为顾客往往对“不是”“不对”“没必要”“太傻了”等词句的反应更为敏感。因此，运用从消极到不愉快，乃至反面语言的提示方法，可以更有效地刺激顾客。从而更好地催促顾客立即采取购买行为。但消极提示方法较难运用，实施时应注意：

（1）选好提示对象。反面提示法只适用于自尊心强、自高自大、爱唱反调、有缺陷但不愿让人提短、反应敏感的顾客。对于反应迟钝的顾客不起作用。面对于特别敏感的顾客又会引起争执与反感。因此，分析顾客类型选准提示对象成为运用这个方法的关键。

（2）语言的运用要特别小心。做到揭短而不冒犯顾客，刺激而不得罪顾客，打破顾客心理平衡但又不会令顾客恼怒。

（3）推销人员应在提示后立即为顾客提供一个解决的方案。并应令顾客满意，使顾客感到推销人员的善意与服务精神。

（4）提示要针对顾客的主要购买动机。

5. 逻辑提示法

逻辑提示法是指推销人员利用逻辑推理劝说顾客购买的方法。逻辑提示法符合购买者的理智购买动机。它通过逻辑的力量，促使顾客进行理智思考，从而明确购买的利益与好处。在运用逻辑提示法时应注意：

（1）针对具有理智购买动机的顾客进行推销。市场营销学研究证明；顾客的购买动机大致可分为三大类：即理智型、情感型、惠顾型。只有那些文化层次较高、收入一般或财力较薄弱、倾向于条理化思维、意志力强的顾客才可能具有理智性动机。因而可以运用逻辑推理提示法。而面对倾向情感型购买动机与惠顾型购买动机的顾容，则不适宜运用这种提示法。

（2）要针对顾客的生活与购买原则进行推理提示。在同属于理智型购买动机的顾客群内，不同的人有不同的动机内容，有不同的思维方式；不同的购买逻辑推理与行为准则。因此，推销人员应了解顾客的个性倾向性；了解顾客的人生哲学与生活工作原则；了解顾客思考问题的方法、模式与标准，了解顾客具体的购买动机与购买逻辑；从而说服顾客、向顾客证明推销的产品符合顾客的要求。

（3）掌握适当的推销方式，发挥逻辑的巨大作用。推销人员应从学习与实践中总结出几种有效的说理方式，例如：如果……那么法；请君比较法，请君选择法；概括总结法；……这些方法的运用可以使推销洽谈变得更富哲理，促使潜在顾客的购买。

（4）应做到以理服人。逻辑推理之所以有力量，是因为它是科学的、符合与强调科学道理的。不符合科学道理的强词夺理是不能服人的。推销人员必须了解产品所依据的科学原理，掌握科学的思维与说理方法，使自己的推销介绍与推销洽谈建立在科学的基础上，做到以理服人。

【课堂讨论 7-2】培训师的心动

20××年9月6日，我应邀到合肥为某著名洗衣机企业做终端培训。按照惯例，我特意早到了1天，并花了7个小时走访了合肥鼓楼繁华商业区的4个家电卖场。此次，我扮演的是一个中等收入消费者，刚装修过房子，准备花5万元采购彩电、空调、冰箱、洗衣机等家电产品。

我首先来到LG冰箱的展台，为了在走访市场中将买主角色扮演得更真实，我仔细看了那款LG双开门冰箱。并认真地向导购员咨询此款冰箱的各种性能参数，最后还充分体现出大多数顾客爱贪小便宜的心理，选中了一款原价24000多元，现在打折价为16900元的样机。然后，我又装作回家跟老婆商量的样子离开了LG的展台。但我并没有马上离开卖场，而是像大多数普通顾客一样顺便去看看其他产品。大约2分钟后，我来到了西门子双开门冰箱的展台前。然而，让我万万没有想到的是，当听了西门子双开门冰箱导购员的产品介绍后，我竟有一种强烈的购买欲望。幸亏当时是在合肥而不是在北京，否则我肯定已经把这台冰箱买回了家。这是迄今为止，我用长期终端研究的专业眼光，遇到的最牛的导购员和最为经典的卖点提炼。

西门子双开门冰箱的导购员是一个23多岁左右的年轻女孩，说话语速适中，却掷地有声。她看见我在LG展台挑选了很久，也知道我看中了一款最高档的机型。待我走到西门子的展台时，她便马上说，“先生您好，请看看我们的西门子双开门冰箱。”我知道这是每个厂家培训导购员的最基本套话，所以没搭理她，但还是驻足扫视了一圈他们的产品款式和价格。她介绍了几款产品，我简单看了一些，因为样式不够新颖，想离开，便冷冷地甩了一句：“你们的冰箱价格好贵，比LG贵多了。”她辩解说：“LG的高档冰箱也卖24000多元呢。”我马上反驳：“人家样机打折后只卖16900元啊。”她回应了我一句经典的话：“他们原价24000多元，样机打折售价16900元，你感觉正常吗?”

我本来想走，但听了她这句话后又停了下来，心里暗想：是啊，家电业如此微利，为什么会折价这么多呢，这不正常啊。于是便扭头问她：“那你们样机折价多少?”她说：“我们这款原价21000多元，现在样机折价18800元。双开门冰箱属于高档产品，我们的样机通常过一段时间就会打折出售，然后再摆上新的样机，但又没人真正使用过，所以您买回去一定很划算。

按照绝大多数顾客购物心理而言，商品打折越多越觉得实惠，更何况LG冰箱样机折后的实际价格的确比西门子低。西门子本来是没有价格优势的，但经这个导购员一反驳，竟然成了价格坚挺、品质过硬的表现，而竞争品牌折扣多，反而显得不正常了。用逆向思维来激发顾客注意，高招。

我已经感觉到眼前这个小姑娘不一般，但我当然不能乖乖就范，于是便一针见血地点到了他们最薄弱的环节：“西门子冰箱的样式实在不好看，跟LG和三星比起来差远了。”我这话其实够狠的，直接点到要害，看她怎么反驳。没想到她马上回敬了我一句：“你要是觉得这款冰箱样式好看，那就不是西门子的风格了。”这句话实在让我太吃惊了，这么多年来在终端市场考察，我还真没遇到过如此“出牌”的导购员。于是我满怀好奇，中间又夹杂着几丝善意的挑衅，歪着头问她为什么。她语速不紧不慢，娓娓道来："你知道 LG 和三星都是韩国品牌，而西门子是德国品牌。韩国连 40 岁的男人都会去整容，德国却没有。德国产品追求的是工艺和品质，冰箱是买回去用的，不是买回去当镜子照的。用得好，这款冰箱才算最好。"

先逆向思维、语出惊人，再变缺点为优点、变被动为主动。寥寥数语，这个导购员避实击虚，颠覆了顾客的传统思维逻辑。因为西门子再追求品质也不可能去主动炫耀其外观难看，但在这个导购员口里却被偷梁换柱地成了品质第一、外观第二的诡辩话术。

我越来越感觉这个小姑娘不简单，长期走访终端市场的潜意识告诉我一定要继续跟她周旋。于是我说："你对你们产品的外观解释我感觉有一定道理，但你们这拉手……"还没等我说完，她马上一接话道："你是想说这拉手像大衣柜手柄吧。但我可以告诉你，西门子的核心技术恰恰就在这里有所体现。"

对她这个回答，我有一点不太认同。因为这个手柄的确难看，而且也看不出什么技术含量。她接着说："有的冰箱拉手中间手感很好，但两头包边，顾客根本不知道他们是怎么安上去的，也不知道到底结实不结实。但我们的冰箱拉手是直接镶到门体上的，非常结实。不信你可以用力拉一下试试。"她一边说一边自己用力狠拉。她又示意我拉，但我以怕拉坏为由婉言拒绝了。

我的坚持开始有点动摇了。我拉开冰箱的吧台，惊奇地看到这个吧台小门居然没有斜拉臂，而据我所知其他品牌的双开门冰箱吧台都有斜拉臂。于是我又问她这是怎么回事，她不紧不慢地回答道："其他牌子的冰箱吧台都用斜拉臂，让顾客很容易怀疑冰箱如果没有斜拉臂的话，吧台用久了会不会折断，而西门子的生产技术人员自然知道各项技术的指标。既然我们最后还是选择不用斜拉臂，恰恰说明产品质量过硬……"

问题

推销员是如何成功转换了顾客关注的卖点？

（二）演示

1. 产品演示法

产品演示法是指推销人员通过向顾客直接展示产品本身来劝说顾客购买的面谈方法。从现代推销学原则上讲，推销产品本身就是一个沉默的推销员，是一个最准确最可靠的购买信息源，再生动的描述与说明方法，都不能比产品本身留给顾客的印象深刻。可谓百闻不如一见。产品演示通过产品本身更生动形象地刺激顾客的感觉器官，可以制造一个真实可信的推销情景，因而具有较好的推销效果。运用产品演示法时应注意以下几个问题：

（1）应根据产品的特点选择演示的方式、内容及地点。

（2）应根据顾客的特点选择演示的重点内容与方法、时间、地点。演示内容应针对顾客的主要购买动机与利益要求。

（3）应根据推销洽谈进展的要求，选择适当时机演示产品。

（4）应注意演示的步骤与艺术，最好边演示边讲解。注意演示的气氛和情景效应。鼓励顾客参与演示，使顾客亲身体验产品的优点，产生认同感和占有欲望。

【课堂讨论 7-3】对比演示好效果

资料 1 你能辨别吗

20 世纪 90 年代末，李竹君在自己的家乡办起了一个小型领带厂。为了让自己的产品得到青睐，李竹君参照市场上各种畅销的名牌领带，进行设计、选料和制作。

在李竹君的带领下，厂里很快赶制出一批样式精美、质优价廉的领带，李竹君带着自己设计、制作的领带上路了。没想到，每次她都是兴冲冲地进门，却总是愁眉苦脸地出门。因为没有商家听说过她的领带，都不愿意批发她的产品。

想到家里堆积如山的领带，李竹君焦急起来，可又想不出什么好办法。临走前，李竹君逛了一下商场，因为她答应为 10 岁的儿子买一盒水彩颜料。

在商场的学生用具区逛了一圈，李竹君发现：有两种水彩颜料的外包装差别不大，可价格却差了一倍。于是她问服务员，服务员说："它们一个是名牌，一个不是，所以不一样。"

说着，服务员从两个盒子里挑出相同颜色的两支颜料，分别在白纸上涂了一下，然后递给李竹君。李竹君看到，纸张上名牌颜料的颜色均匀且鲜艳，另一种则相反。"很多人同你一样，对这两种颜料的价格感到疑惑，可一看到对比出来的效果，就都明白了。"服务员笑呵呵地说。

李竹君在赞赏这名服务员的做法的同时，心里也琢磨起来：质量好与差的产品可以对比，那自己的领带能不能也与名牌领带放在一起，来个"对比推销"呢？

于是，李竹君先去商场买了两条名牌领带，然后把其中一条领带的商标扯掉，同自己生产的领带放在一起拿去推销。每到一处，李竹君都会先拿出这两条没有商标的领带，先让顾客辨别和比较，然后再让他们猜猜哪条是名牌领带。因为两条领带的质量相差不多，所以很多顾客都猜不出来。

待李竹君拿出一模一样的挂有名牌商标和自己商标的领带时，顾客们都竖起了了拇指：一个乡村小厂竟能把领带做到名牌的质量，确实不易。看见李竹君的领带价格低得多，很多服装店与她签下了订单。

资料 2 对比的魔力

燃气节能燃烧器是目前最新研制开发的高科技节能产品，比普通燃气炉灶具节约燃气 30％～50％以上，且长时间燃烧喷头不结碳、不生锈，适用于所有新旧普通或高档燃气炉灶具。

我分析过，在一个拥有 40 多万人口，即拥有 13.3 万多个家庭的中小城市，那将是一个巨大的市场。我向朋友借来 5800 元钱在市有线电视台的信息频道投放了为期一个月的图文广告。每天五六次图文广告的播放果然很奏效，家里的电话机被打得火爆。

但是三周后我发现，打电话询问的人多，来买的人少，上门看货的人也多但买产品的人更少。顾客看到烟斗大的燃气节能燃烧器，怎么看都不值钱，大多好奇地玩弄一下便走人。忙碌了将近一个月，我总共才卖出不足 800 多元钱的产品。仍未死心的我，又花了 1000 多元钱在市晚报登了一个星期的广告，结果仍不如人愿。

难道县城里的生意真的就这么难做吗？

我花几百元钱买来一只燃气检测仪表，带上一台双头燃气炉灶具和燃气来到县城农贸市场的出入口，人流较多的位置，我决定把产品的优点显示出来，让节能产品节能的事实去说服顾客。我在炉灶具的一边改装上燃气节能燃烧器，一边原装不改。我以同样加热 1 公斤 100℃水为例，通过燃气检测仪表可知，普通原装的炉灶需时间是 3 分 35 秒，而在改装上燃气节能器的这一边，则需时间是 2 分 53 秒，节约燃气率可达 35％左右。这样经过一番对比实验的演示，把“节能”变成了一串串实实在在的数字摆在面前，围观的顾客啧啧称奇。并且我又趁机跟顾客算了一笔经济账：一瓶气用 30 天计算，如装上这种燃气节能燃烧器则必定能多用 10 天左右，差不多一瓶气当两瓶用，如果一个月能省出 20 元左右的燃气钱，那么一年便省下几百元钱，何况这产品还能用上十几年呢。在公众面前，我又掏出名片公开承诺：不满意可到上面地址前来退货！围观的顾客们觉得既经济又实惠，便毫不思索地纷纷掏钱购买产品。就这样，我的对比演示让观众明白了产品的优点，产品推销就事半功倍了。

一个中小城市，一般都有 10 多个大大小小的农贸市场，每天进进出出的多为家庭主妇，如何节省开支是最令她们头痛的事。根据这些，我请了几名口才好的业务员，经技术培训后分配到县城的各个农贸市场，做燃气节能燃烧器的现场对比演示推销，迅速占领了县城里的主要推销市场。如此推销，有时候一天就能卖出好几百个。有的顾客用了见效果好，还帮我做免费宣传。特别是有些家庭主妇和回头客，我干脆给她们一定的费用，让她们也加入到我的产品推销队伍中来。

问题

对比推销自己的产品时，哪些方面可以是对比的重点？

【延伸阅读 7-1】

FABE 是英文单词 Feature（特征）、Advantage（优势）、Benefit（利益）、Evidence（证据）第一个字母的缩写。FABE 法就是将一个商品分别从四个层次加以分析、记录，并整理成商品销售的诉求点。

在过程上而言，首先应该将商品的特征（F）详细的列出来，尤其要针对其属性，写出其具有优势的特点。将这些特点列表比较。

接着是商品的利益（A）。所列的商品特征究竟发挥了什么功能？对使用者能提供什么好处？在什么动机或背景下产生了新产品的观念？这些也要依据上述的商品的八个特征，详细的列出来。

第三个阶段是客户的利益（B）。如果客户是零售店或批发商时，当然其利益可能有各种不同的形态。基本上，必须考虑商品的利益（A）是否能真正带给客户利益（B），要结合商品的利益与客户所需要的利益。最后是保证满足消费者需要的证据（E）。亦即证明书、样品、商品展示说明、录音录像带等。

2. 文字与图片演示法

文字与图片演示法是推销人员展示用以赞美与介绍产品的有关图片、文字等劝说顾客进行购买的方式。在不能与不便直接展示产品的情况下，推销人员通过文字与图纸照片等，能更生动、形象真实可靠地向顾客介绍产品。如能做到图文并茂，那么，推销的效果会更加好。在运用文字与图片演示时应注意：

（1）注意收集有关产品与推销的有关文字资料。如产品的生产许可证文件、产品质量鉴定文件、产量技术说明资料、报纸杂志等关于产品与推销人员的文章与图片、顾客的表扬信、对产品消费前后的对比资料和追踪调查统计资料，等等。收集资料时注意资料的相关性、系统性、准确性、权威性与推销性。

（2）做好资料的整理与展示准备工作。对收集到的素材应遵循两个原则进行信息的处理工作。一是充分地展示产品与推销人员的优点；二是针对顾客的主要购买动机与购买障碍。使经过整理的资料达到图文并茂，更突出产品的形象，使人看后有强烈的感觉、知觉、认识上的刺激与震动，留下深刻的印象。如对重点文字进行划杠、放大、特写处理，用图片进行色调、结构、比例等方面的反差衬托等。

（3）使用时应注意目标顾客的特点。如图片彩照的模特、情景文字说明等要符合顾客的需求特点与偏好。为此，既要针对不同顾客准备好不同的资料，也要针对不同的顾客与推销洽谈环境气氛演示不同的资料。

3. 证明演示法

证明演示法是指推销人员通过演示有关证明资料劝说顾客购买推销产品的方法。现代推销成功的关键是取信于顾客。而证明资料则通过对推销及产品的证明而令顾客信服。因此，证明演示法几乎是所有推销洽谈都要使用的方法。应用证明演示法时应注意：

（1）推销洽谈前准备好针对性的证明资料。一方面是注意收集有关证明资料。另一方面是每次推销洽谈前应准备好具有专业水平的、权威性的、足够的证明材料。洽谈中，根据顾客的心理活动反应及推销说服的重点，出示推销证明材料。从而加强洽谈的说服力。

（2）所有证明资料必须是真实有效的。包括一切书而证明材料、口头证明材料与实物证明材料等。所有证明资料都必须是科学的、合理的。

（3）推销证明必须具有权威性。顾客有从众心理，还有求荣、求名与向上攀比的心理，顾客更有对于权威的崇拜心理。为了使推销证明更具说服力，应尽量获取最高级的、最具权威名望的推销证明资料。

（4）讲究演示艺术。顾客的心理活动及动机态度倾向性有时是很微妙的。推销人员在洽谈中，应讲究推销洽谈艺术，使顾客在不知不觉中了解证明资料，并令顾客心悦诚服。推销人员任何一点的官气、阔气、傲气和俗气等，都会使顾客心生反感与妒嫉。因此，即使拿捏了很具威力的推销证明，也绝不能在顾客面前炫耀，反而应十分注意出示证明的时机与方法。

（三）倾听

美国谈判和推销专家麦科马克认为，如果你想给对方一个丝毫无损的让步，你只要倾听他说话就成了，倾听就是你能做的最省钱的让步。倾听是推销活动过程中的一项重要内容。据专家调查，人在醒着的时候，时间至少有三分之一的花在听上。而在特定条件下，倾听占据的时间会更多。推销洽谈就是需要更多倾听的交际活动之一。

在推销洽谈中的倾听可以分为积极和消极两种。在重要的洽谈中，倾听者会聚精会神，调动知识、经验储备及感情等，使大脑处于紧张状态，接受信号后，立即加以识别、归类、解码，做出相应的反应表示出理解或疑惑，支持或反对，愉快或难受等。这种与谈话者密切呼应的听，就是积极倾听。积极倾听既有对语言信息的反馈，也有对非语言信息即表情、姿势等的反馈，听一段思想活跃、观点新颖、信息量大的谈话，倾听者甚至比谈话者还要疲劳。因为倾听的人总要不断调动自己的分析系统，修正自己的见解，以便与说话人同步思维。

一般而言，积极倾听有助于我们更多地了解信息，启发思维。但在多数情况下，消极倾听也是一种必要的自我保护方法。消极倾听会有助于推销员放松神经，更好地恢复体力、精力。此外，推销员在积极倾听的时候，要受到各种因素的干扰，也会在一定程度上影响倾听的效果，使传递信息受到阻碍。这点也应引起注意。

在推销洽谈中倾听对方讲话并非像人们想象的那么简单，推销人员必须掌握以下几条倾听技巧。

（1）推销人员一定要心胸开阔，要抛弃那些先入为主的观念。

（2）要全神贯注，努力集中注意力。倾听顾客讲话，必须集中注意力，同时还要开动脑筋，进行分析思考。

（3）倾听顾客讲话，还要学会约束自己、控制自己的言行。如不要轻易插话，或打断顾客的讲话，也不要自作聪明地妄加评论。

通常人们喜欢听赞扬的语言，不喜欢听批评、对立的语言。当听到反对意见时，总是忍不住要马上反驳，以为只有这样才说明自己有理。还有的人过于喜欢表露自己。这都会导致与顾客交流时，过多地讲话或打断别人讲话。这不仅会影响自己倾听，也会影响对方对你的印象。推销员在洽谈时，要学会倾听，善于倾听，也包括创造倾听的机会。就是说推销员要采取一些策略技巧，

【延伸阅读 7-2】

促使讲话者保持积极的讲话姿态。其主要有三种形式：

1. 鼓励

面对顾客，尤其是没有经验、不善演讲的顾客，需要用微笑。

目光、点头等赞赏的形式表示呼应，显示出对谈话的兴趣，促使顾客继续讲下去。

2. 理解

这种方式较为常见，也比较自然。在顾客讲话时，可以用“是”“对”表示肯定，在停顿处，也可以指出顾客的某些观点与自己一致，或者运用自己的经历、经验表明对顾客的理解，有时还可以适当复述，这些方式都是对顾客的积极呼应。

3. 激励

适当地运用反驳和沉默，也可以激励对方。这里的反驳不是指轻易打断对方讲话或插话，有时顾客在讲话时，会征求推销员的意见或停顿，在这时，反驳是适宜的。沉默不等于承认或忽视，它可以表示推销员在思索，是重视对方的意见，也可能在暗示对方转变话题。

【课堂讨论 7-4】各类演示

资料 1　演示加说辞推销业绩棒

有一天，我在一家削面馆吃削面，发现这家面馆与众不同，就是可以让顾客自己动手削面，但是必须用他们店里特有的一种削面刀。我十分好奇地把他们的削面刀看了又看，只见这把刀有两个刀片，刀片下有滚轮，后边有一个塑料，握在手里挺舒服的。拿起面团，学粉面馆师傅的样子，用刀轻轻一推，一道优美的弧线，两条面齐刷刷地飞到锅里。眨眼的工夫，我的一碗面削好了，等服务员给我端上桌，我傻了，这就是我做的刀削面?只见碗里的面条，宽窄一致，薄厚均匀，一点都不次于寻常面馆师傅削的面。这可是我第一次做削面。我把老板叫来，问他这种削面刀卖不卖，老板乐了，说："我们之所以让顾客自己动手削面，就是为了让顾客亲自体验一下这种刀具的好处，让顾客自然产生购买的欲望。告诉你吧，3 元钱一把，要多少有多少。"我一听，心里有了打算，这么好的东西，我估计别人也会喜欢。然后我就和老板商量，请他便宜点，给我批发一些，让我试一试能不能卖出去。卖不出去的话，再给你退回来。老板挺豪爽地说："可以。"就这样我从削面馆批发了 200 把削面刀带回家了。

为了把这些削面刀很快卖出去。我在家准备了一块面，又整理了一套说辞，下班后的业余时间上街了。找个地方摆起了摊，现场削面并配合我那套顺口溜式的说辞，很快就把众人吸引过来了。"先生小姐往前站，看咱咋做刀削面"，"咱这削面刀，它一不用学，二不用练，拿到手里就会干，回去还能开饭店，一年能赚好几万"，"它不用磨，不用蹭，放到啥时都好用"，"您要是真不相信我，也要相信自己的眼"，"我不是明星，也不是演员，更不是焦点访谈，咱这是现场直播，实话实说。"有的顾客听着好奇，就拿起削面刀亲自试削，发现削面真的非常容易。许多顾客也都跃跃欲试。这时，我再加把劲点把火："看一看，瞅一瞅，看你家中有没有"，"机会不是天天有，该出手时就出手"，"3 块钱不算多，到不了美国新加坡"，3 块钱用几年，一天才合几厘钱，随时随地吃削面，你说划算不划算。"

伴随我的一声声吆喝，一刀刀的削面，我所带的削面刀被一抢而光。我净赚了 200 多元，总共不到两个小时。

从那以后，我每天下班都去卖削面刀。有时在车站，有时在夜市，有时在农贸大厅，有时在超市门口。无论我摆在哪里，我的削面刀就火到哪里。

资料 2　针对潜在顾客安排演示时间

我曾推销过南方一家光电玩具厂生产的魔光烟花手电筒。我将主要消费群体选定为在校小学生和外来打工的女孩子两个层面。在向小学生推销时，我考虑到小学生普遍贪玩且好奇心强，于是将演示时间适当延长。我在实施推销时，一样样当面安装，并随安装过程细心讲解，让小学生的好奇心逐渐加大，最后，我告诉他们，这种小玩具才两元多钱，远低于一支纸卷的魔术弹的价钱，但魔术弹放一下就完了，而且放时拿在手里还有点危险。这种手电筒不但没有危险，而且还能将魔术弹那五彩缤纷的色彩永远留在面前。就这样，我在几个小学校的推销都取得了成功。

在向外来打工的女孩子们推销时，我则有意缩短了演示时间。我事先将魔头和发光纤维统统组装好。因为，这些女孩子平日工作都很累，想的就是下班玩个轻松。当然，选她们做推销对象是基于女孩子都爱玩的前提。

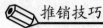

在这以前，我还了解到这些女孩子因节日期间不能回家，常常结伙成群地去照相馆，拿把塑料花照相往家里寄。我就利用这点，告诉她们这种魔光烟花手电筒色彩绚丽，最能代表节日的气氛，拿这个照相，比拿一把塑料花强多了。再说，它还能当手电筒用。由于我事先已组装好，女孩子拿过去就能看见使用效果，很快纷纷购买。

资料 3　针对使用效应安排演示时间

去年天刚冷的时候，一位朋友向我介绍了一种名叫快速磨刀器的产品，这种产品重量不到 100 克，且造型美观，使用时既不用水，也不用电，再钝的刀有两分钟便可磨得锋利如新。

我得到厂家地址后，马上汇款买来几百只试销。在适量的开场白后，我直接从推销对象手中拿过一些已不锋利的刀具，放在磨刀器的刃口上很迅速地演示起来。一分多钟，刀磨好了，我拿出事先备好的木筷，一削即断，很多家庭主妇就在这极好的演示效果下痛快地购买了。

但当时和我一起在他乡推销这种产品的推销员有一些就销得不理想。他们除了着力夸大产品的好处外，同时不厌其烦地讲解，又是提醒他们手要使劲，以免刀锋伤手，又是介绍说要掌握好角度，以免磨偏刀刃，这样使得一些家庭主妇觉得还不如就用传统的磨石。

资料 4　针对产品价位安排演示时间

前一段时间，我时常在报上看到一些摩托车、机动三轮被盗的消息。在经过分析思考后，我觉得推销机动车防盗报警用具正是时机。在对所掌握的国内十几家厂家生产的同类产品的功能、价格等做了全面了解后，我选定了南方一家公司的产品。

这种报警锁价格适中，其优点具备双重使用功能，既能当锁用，又可防盗，明显区别于那种只起报警作用而价格偏高的报警器。另外，该锁使用极为方便，只要像使用任何一种普通锁一样锁上车子，车子即自动处于警戒状态。一旦有人对车子砸、锯或移动，立时发出刺耳的报警声。

但我在刚开始推销时并不顺利。由于急于求成，加上自觉产品新颖，在推销时不但介绍迅速，而且演示也几乎在瞬间完成。可这样过于突出使用方便的推销行为却让一些顾客产生了不以为然的心理，他们认为这跟普通锁毫无区别，价格又贵，不合算。

为了让消费者尽快接受这种产品，我改变了推销策略。首先，我告诉他们在行车时不需报警，离车时又以什么方式锁住。接着，我当众拿出铁锤、钢锯等工具砸、锯，让他们切实在心里有一个该锁确实坚固的概念，最后，我告诉他们，该锁可更换电池连续使用，我边说边用梅花型小板手旋开锁盖，让他们看到更换电池也极为方便。用这种方法，无形中使该产品对他们的吸引力越来越大，最后在他们中间达成这是一个物有所值的好产品的共识。终于，我让本地市场接受了这个产品。

问题

推销时的演示时间如何把握？

（四）语言

在推销洽谈中，语言表述能力十分重要，因为叙事清晰、论点明确、语气充分的语言表达，才能够有力地说服顾客，取得相互之间的谅解，协调双方的目标和利益，保证推销洽谈的成功。说话总是要表达某种内容、某个观点，在这个前提下，推销人员的语言技巧就是关键因素，小则可能影响推销员与顾客的关系，大则关系到推销洽谈的成功与否。因此，就推销洽谈而言，推销人员必须具有如下的语言技巧。

（1）转折用语。推销洽谈中推销员如遇到问题难以解决，或者有话不得不说，或者接过顾客的话题转向有利于自己的方面去，都可使用转折语。例如，“可是”，“虽然如此”“然而”。这种用语具有缓冲作用，可以防止气氛僵化， 既不致使对方感到太难堪，又可使问题向有利于己的方向转化。

（2）解围用语。当洽谈出现困难时，为突破困境，给自己解围，推销人员可运用此语。例如，“这样做肯定对双方不利”，“再这样拖延下去，只怕最后结果也不妙”。这种解围用语，有时能产生较好的结果。只要双方都有谈判诚意，顾客可能会接受你的意见，促成谈判的成功。

（3）弹性用语。对不同的顾客，应“看菜吃饭”。如果顾客很有修养，语言文雅，那么推销员也要采取相似语言，谈吐不凡。如果顾客语言豪爽、耿直，那么己方就无须迂回曲折，可以打开天窗说亮话，干脆利索地摊牌。

总之，在洽谈中要根据对方的学识、气度修养，随时调整己方的说话语气、用词。

【课堂讨论 7-5】3 句话 3 分钟推销 12 份报纸

今天在长途车站等车出发的时候，看见一个卖报郎利用 3 句话在 3 分钟内成功地卖掉 12 份报纸，觉得其销售技巧对从事销售工作的朋友们或许有所启发，值得在此与大家分享一下。

当是时 11 点 52 分，乘客们大多行李已经放置好，都坐在车上等候车站的巡检员上车做最后的检查后，即可以出发，离开车还有 3 分钟时间。这时上来一个中年男子，仪容还算整洁，手持 30 份左右的报纸……我仔细看了一下，他手上只有一张《江南时报》，他上车开始第一句话是：“看江南时报，江 南、苏州新闻全知道，1 元钱、12 张 24 版”。

小贩上车的第二句话：“受害人报警遭报复被灭门；干将路发生一起车祸……”

小贩上车的第三句话：“新闻多、花钱少，请把零钱准备好。”在经过 2 次的吆喝之后，车内的乘客纷纷掏出自己的零钱购买，我暗数了一下，至少有 12 个人掏钱购买了报纸，在如此短短的三分钟里，用三句话至少销售了 12 份报纸。

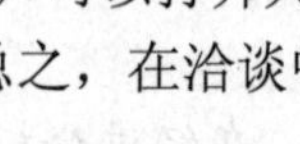

三句话至少销售了 12 份报纸，其推销话语高明在何处？

1. 推销洽谈中的提问技巧

推销洽谈过程中应当适当地进行提问，这是发现顾客需要的一种重要手段，提问也是推销洽谈的重要内容。边听边问可以引起顾客的注意，为他的思考提供即定的方向；可以获得自己不知道的信息，尽量让顾客提供自己不了解的资料；可以传达自己的感受，引起顾客的思考；可以控制洽谈的方向，使话题趋向最终结论。但是在推销洽谈中提出什么问题，怎样表述问题，何时提出问题要讲究技巧。 推销洽谈中推销员提问问得巧，才能知道顾客在想什么，真正的需要是什么。获得了多方面的信息，推销员也才能使洽谈趋于成功。推销员怎样才能问得巧，首先要选择恰当的提问方式。推销洽谈中的提问方式有如下几种：

（1）限制型提问。这是一种目的性很强的提问技巧。它能帮助推销员获得较为理想的回答，减少顾客说出拒绝的或推销员不愿接受的回答。这种提问方式的特点是限制对方的回答范围，有意识、有目的地让对方在所限范围内作出回答。

（2）婉转型提问。这种提问是用婉转的方法和语气，在适宜的场所向对方发问。这种提问是没有摸清对方虚实，先虚设一问，投一颗“问路的石子”，避免对方拒绝而出现难堪局面，又能探出对方的虚实，达到提问的目的。例如，推销员在洽谈时不知顾客是否会接受自己的产品，又不好直接问他要不要，于是推销员试探地问：“这种产品的功能还不错吧？你能评价一下吗？”如果顾客有意，他会接受；如果顾客不满意，他的拒绝也不会使双方难堪。

（3）启示型提问。这是一种声东击西、欲正故误、先虚后实、借古喻今的提问方法，以启发顾客对某个问题的思考并说出推销员想得到的回答。

（4）协商型提问。如果推销员要顾客同意你的观点，应尽量用商量的口吻向顾客提问，如“你看这样写合同是否妥当？”这种提问方式顾客比较容易接受，而且即使顾客不接受你的条件，但洽谈的气氛仍能保持融洽，双方仍有合作的可能。

此外，推销员在洽谈中除注意提问的方式外，何时提问也有讲究。适时提问也是推销员掌握洽谈进程争取主动的机会。

【课堂讨论 7-6】　推销员要练好口才

某公司原打算向一家汽车制造厂购买一辆4吨车，后为了节省开支，又打消了这个主意，准备购买另一家的2吨小卡车。汽车制造厂得知这一情况后，立刻派出一名有经验的推销员走访该公司经理，对话是这样的——

推销员：您需要运输的货物平均重是多少？

经理：2吨左右吧！

推梢员：有时候多，有时候少，对吗？

经理：对。

推梢员：究竟需要哪种型号的卡车，一方面要根据货物的数量，另一方面也要看在什么公路上行驶，您说对吗？

经理：对。不过……

推梢员：假如您在丘陵地区行驶，而且在冬天，这时汽车的机器和本身所承受的压力是不是比平时要大些？

经理：是的。

推稍员：据我所知，您单位在冬天出车比在夏天多，是吗？

经理：是的，我们夏天的生意一般，冬天则好得多。

推梢员：那么，您单位的卡车夏天时运载货物为2吨，偶尔会超过2吨，　可冬天呢？大多在丘陵地区行驶不说，而且由于货运量大，汽车必然多数时候超载、超负荷对吗？

经理：对。

推稍员：冬天既然正是您生意好的时候，有办法让车不超负荷运转吗？

经理：就一辆车，没办法。

推稍员：那么您在购买一台汽车时，需要多大马力的，是不是应留有余地呢？

经理：您的意思是……

推稍员：从长远看，是什么因素决定一辆车值得买还是不买呢？

经理：那当然要看它能正常使用多长时间了。

推稍员：您说得对，现在我们来比较一下。有两辆车，一辆马力相当大，从不超载，另一辆总是满负荷甚至超负荷，您认为哪辆车的寿命长呢？

经理：当然是马力大的那辆了。

推稍员：您在购买卡车时，主要看卡车的使用寿命，对吗？

经理：对，但价格也要考虑。

推稍员：我这里有些关于这两种卡车的数据资料，通过这些数字，您可以看出使用寿命和价格的比例关系。

经理：我看看。(理头于资料中，并动手计算)

推稍员：通过计算，您得出什么结论？

经理：如果我多花5千元，我可以买到一辆多使用三年的汽车。

推稍员：一部车每年可赢利多少？

经理：五六万吧。

推稍员：多花5千，三年赢利15万，怎么样?其中还有别的，我就不给你算了，比如长期超负荷运行的车，必然容易出故障，或大修，或小修，半道抛锚也会时常发生。花钱是小损失，耽误送货、违背合同条款，可不是闹着玩的。

经理已到了哑口无言的地步，怎会不掏钱呢？

问题

推销员提问技巧体现在哪些方面？

2. 推销洽谈中的答复技巧

在推销洽谈中回答问题，不是一件容易的事。因为推销人员不但要根据顾客的提问回答，并且还要把问题尽可能讲清楚，使顾客得到答复。推销人员对自己回答的每一句话都负有责任，因为顾客可以把他的回答理所当然地认为是一种承诺。这就给推销人员带来一定的精神负担与压力。因此，推销人员水平的高低很大程度上取决于他答复问题的水平。

掌握推销洽谈中的答复技巧，应注意以下的要领：

（1）不要彻底回答所提的问题。推销人员要将顾客的问话范围缩小，或者对回答的前提加以修饰和说明。比如顾客对某种商品的价格表示关心，顾客直接询问这种产品的价格，如果彻底回答顾客，把价钱一说了之，那么在进一步洽谈过程中，推销员一方可能就比较被动了。倘若这样回答：“我相信我们产品的价格会令你们满意的，请先让我把这种产品的性能说一下好吗？我相信你们会对这种产品感兴趣的……”这样回答，就明显地避免了把顾客的吸引力一下子吸引到价格问题上来。

（2）不要确切回答对方的提问。推销人员回答顾客的问题，要给自己留有一定的余

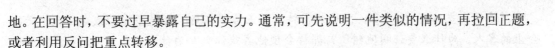

地。在回答时，不要过早暴露自己的实力。通常，可先说明一件类似的情况，再拉回正题，或者利用反问把重点转移。

（3）减少顾客追问的兴致和机会。顾客如发现推销员的漏洞，往往会刨根问底地追问下去。所以，回答问题时要特别注意不让对方抓住某一点继续发问。为了这样做，借口问题无法回答也是一种回避问题的方法。

（4）让自己获得充分的思考时间。推销员回答问题必须谨慎从事，对问题要进行认真的思考，要做到这点，就需要有充分的思考时间。一般情况下，推销人员对问题答复得好坏与思考时间成正比。正因为如此，有些顾客会不断地催问，迫使推销员在对问题未进行充分思考的情况下仓促作答。碰上这种情况，推销人员更要沉着，不必顾忌顾客的催问，而是转告对方你必须进行认真思考，因而需要时间。

（5）不轻易作答。推销人员回答问题，应该具有针对性，有的放矢，因此必须认真思考问题的真正含义。同时，有的顾客会提出一些模棱两可或旁敲侧击的问题，意在以此摸推销员的底。对这类问题更要清楚地了解顾客的用意。否则，轻易、随意作答，会造成己方的被动。

（6）有时可将错就错。当对你的答复作了错误的理解，而这种理解又有利于你时，你不必更正顾客的理解，而应该将错就错，因势利导。推销洽谈中，由于双方在表述与理解上的不一致，错误理解对方讲话的情况经常发生。一般情况下，这会增加推销人员与顾客信息沟通的难度，因而有必要予以更正、解释。但是，在特定情况下，这种错误的理解能够为谈判中的某一方带来好处，因此推销人员可以采取将错就错的技巧。

总之，推销洽谈中应答技巧不在于回答对方“对”或“错”，而在于应该说什么、不该说什么和如何说，这样才能产生最佳效果。

3. 推销洽谈中避免争论的技巧

永远避免跟人正面冲突，因为不论对方聪明才智如何，你也不可能靠辩论改变任何人的想法。正如睿智的本杰明•富兰克林所说的：“如果你老是抬杠、反驳，也许偶尔能获胜，但那是空洞的胜利，因为你永远得不到对方的好感。争强激辩绝不可能消除误会，只能靠技巧、协调、宽容，以及用同情的眼光去看别人的观点。

【课堂讨论 7-7】糊涂的哲学

资料 1　争论的误区

第二次世界大战刚结束的某一天晚上，我参加一次宴会。宴席中，坐在我右边的一位先生讲了一段幽默的故事，并引用一句话，意思是：谋事在人，成事在天。

那健谈的先生提到，他所征引的那句话出自《圣经》。他错了，我知道。我很肯定地知道出处，一点疑问也没有。为了表现优越感，我很多事、很讨嫌地纠正他。他立刻反唇相讥：“什么，出自莎士比亚？不可能！那句话出自《圣经》。”

那位先生坐在右边，我的老朋友法兰克在我左边。他研究莎士比亚的著作已多年，于是我俩都同意向他请教。法兰克听了，在桌下踢了我一下，然后说：“戴尔，你错了，这位先生是对的。这句话出自《圣经》。”

那晚回家的路上，我对法兰克说：“法兰克，你明明知道那句话出自莎士比亚。”

"是的。当然，"他回答，"《哈姆雷特》第五幕第二场。可是亲爱的戴尔，我们是宴会上的客人。为什么要证明他错了？那样会使他喜欢你吗？为什么不保留他的颜面？他并没问你的意见啊，他不需要你的意见，为什么要跟他抬杠？永远避免跟人正面冲突。"

那是我最需要记住的教训。

资料 2　醒悟

几年前，有位爱尔兰人名叫欧哈瑞，听过我的课，他受的教育不多，但却很爱抬扛。他做过人家的汽车司机，后来因为推销卡车并不成功而来求助于我。我问了几个简单的问题，就发现他老是跟顾客争辩。如果对方挑剔他的车子，他立刻会涨红脸大声强辩。欧哈瑞承认，那时候，他中口头上倒赢了不少辩论。他后来对我说："我总算整了那笨蛋一次。我的确整了他一次，可是我什么都没有卖给他。"

我的第一个难题不在于欧哈瑞怎么说话，我立即要做的是，训练他自制，避免口角。

欧哈瑞现在是纽约怀德汽车公司的明星推销员。他怎么成功的？这是他的说法："如果我现在走进顾客的办公室，而对方说：'什么？怀德卡车？不好！你送我我都不要，我要的是何赛的卡车。'我会说：'老兄，何赛的货车的确不错，买他们的卡车绝对错不了。何赛的车是优良公司的产品，业务员也呱呱叫。'这样他就无话可说了，没有抬杠的余地。如果他说何赛的车子最好，我说没错，他只有住口了。他总不能在我同意看法后，还说一下午的何赛的车子最好。接着我们不再谈何赛，我就开始介绍怀德的优点。当年若是听到他那种话，我早就气得脸一阵红一阵白了。我会开始挑何赛的毛病，我愈批评其他车子不好，对方愈说它好；愈辩论，对方就愈喜欢我的竞争对手的货品。现在回忆起来，真不知道过去是怎么干推销工作的。我一生里花了不少时间在抬杠。我现在守口如瓶，果然有效。"

问题

洽谈过程中，一旦与顾客就某一问题有重大分歧时，该如何处理？

4. 推销洽谈中的同步技巧

同步体现在推销员模范顾客，与顾客的频道同步，具体表现在：

（1）模仿的魅力。推销强调沟通，沟通的最高境界就是目标一致，达成双赢。话题、语调和身体语言是人际沟通三大要素。那么如何发挥各个要素的作用，提高沟通的效果，达成推销效力呢？要领就是模仿，即顾客习惯用什么方式交流，你就用什么方式配合他的交流。案例中的小陈就是通过模仿，实现了成交。

（2）模仿的内容。模仿主要包括话题模仿，语调、风格模仿，身体语言、姿势模仿等。

话题模仿：交流顾客感兴趣的话题，尊重顾客的想法与看法，形象地说，就是对准频道，否则接收不到信息，只有你提出的话题对准了他特定的频道，他才能接收，才能引起共鸣。没有话题交集点，顾客就会对推销员缺乏兴趣，更难接受推销员推销的产品了。

语调、风格模仿：语调包括说话的语气、声调、声音大小和语速快慢。语调模仿在于有意识地创造一种感情融洽的气氛，以便对方更好地接受你。风格模仿要求我们说话时，遣词用句、说话的气度、做派等方面要与对方的情况相配合。如果顾客说话慢，声音低，推销员说话快，声音大，两人风格不同，洽谈很难进行。

身体语言、姿势模仿：两个人融洽交谈的时候，他们的姿态和举止大致是相似的。要么采取差不多的坐姿或站姿，要么步调和谐地散步。所以要想“对准频道”，站姿、走姿、头的位置和动作、手势等都可以去模仿，可以营造一种和谐融洽的交谈气氛。

【课堂讨论 7-8】同步的魅力

陈安之老师在培训中，谈到模仿时举了一个例子。有一次他去逛某商场，顺便检查一下培训后的效果。走到服装专柜，被卖“Pierre cardin”的推销员小陈发现了。

“陈老师，您怎么在这里呀？”小陈激动地问。

“我来逛逛，顺便看一下上次培训的效果。”

“陈老师，很有效果！”

“为什么？”

“陈老师，我运用您的模仿法，昨天刚卖了一件 3000 多元的衣服。”小陈兴奋地说。

“说来听听。”

昨天，来了一位男顾客，看了一会这件上衣，我走过去。

“这件衣服，怎么他妈的这么贵？”顾客问。

“就他妈的这样贵！”我没有思索就说。

“就买这件！”顾客说。

“好的。”

小陈说：“当时模仿完后，我感觉说错了，脸一下子红了。可听见顾客说就买这件。尴尬没有了，心里想这方法还真有用！”

问题

模仿是洽谈的一种高效方式，但如果模仿过头容易引发顾客的反感，如何做到合适的力度？

四、推销洽谈的原则

推销洽谈与日常聊天不同，其目的性很强，它是针对产品买卖开展的沟通活动，并不是熟人之间的“闲扯家常”。因此，为了取得良好的洽谈效果，达到推销产品的目的，推销员要遵循以下六大洽谈原则。

（一）针对性原则

针对性原则是指推销员以推销产品为目的开展洽谈活动的原则。

首先，推销员想要说服顾客心甘情愿地掏钱购买产品，前提是顾客得有需求。洽谈不能脱离产品和需求而存在。因此，推销员应注重挖掘产品与顾客需求的结合点，在此基础之上再有针对性地开展推销洽谈活动，才能吸引顾客目光，促使顾客购买。

其次，每位顾客购买产品的动机是不同的，购买心理也各有差异。比如，有的顾客购买钻戒是因为结婚，有的顾客是要显示身份，有的顾客是为了炫耀，还有的顾客是因为工作需要。这个时候，推销员应该针对顾客不同的购买动机和个性心理去选择合适的切入点开展洽谈，不然，势必难以说服顾客下定决心购买产品。

【延伸阅读 7-3】

心中的木棉树

艾迪是一位出色的地产推销员，有一次他带一对中年夫妇参观一处住宅。

刚进院门，太太就惊喜地对他丈夫说："亲爱的你快看，院子里有一棵木棉树，好漂亮啊！和我们家乡的那棵一样美丽。"丈夫也立刻随声附和道："是呵，咱们小的时候常常在那棵树下玩耍。"两个人相视而笑，仿佛沉浸在儿时的快乐回忆里。

可是进到房子里后，这对夫妻却开始对这套住宅不满意了。

丈夫："客厅里的地板太陈旧了。"

艾迪："恩，是有点。不过在这间客厅里，能够看到那棵木棉树呀。"

太太："厨房里的厨具使用不方便。"

艾迪："可是，当您做晚餐的时候正好可以从窗子里看到那棵木棉树的。"

随后，不论这对夫妇对这套房子指出什么缺点，艾迪都一再强调："确实，这套房子有诸多缺点。但是您二位知道吗，这套房子的独特之处就是无论从任何房间都能够看到那棵非常漂亮的木棉树。上一位住户也非常喜爱这棵木棉树，曾考虑过挖走这棵树呢！"

最后，这对夫妇买下了这套房子。

（选摘自 http://news.china-flower.com/paper/papernewsinfo.asp?n_id=213518）

（二）诚实性原则

诚实不仅是推销员必备的基本品德素质之一，也是整个推销活动有序、持久发展的基础。诚实性原则是指推销员在洽谈过程中要秉着对顾客负责的态度，诚实地与顾客洽谈与沟通。世上没有完美的事物，任何产品都有优点和缺点，明智的顾客自然明白这个道理。如果推销员只是大夸特夸产品的优点，避而不提产品的缺点，或是用欺骗的手段去推销产品，只会有两种后果：一是受到相关法律、法规的处罚与制裁；二是失去了顾客的信任，名誉扫地，以后很难再开展工作。

因此，无论是产品介绍还是劝说顾客购买，推销员都不可欺骗顾客。在洽谈中要做到"三个真"：讲真话，真实地传递产品信息；卖真货，绝不以假充真，以次充好；出真凭，向顾客出示真实可靠的证明材料，包括身份证明、产品证书等。

【延伸阅读 7-4】

不要隐瞒产品的缺陷

汤姆·霍普金斯曾有过这样的推销经历。

JBR 地产公司在洛杉矶西北部临近铁路的地方新开发了一片住宅区，其中有 18 幢房屋一直都无法售出。卖不出去的原因就在于距离这批房屋 2 英里远处的围墙之外便是铁路，一天之内火车经过 3 次，噪音很大。

汤姆·霍普金斯在担任了此批房屋的经纪人之后，对开发商提出了如下要求：

第一，抬高售价 250 美元。

第二，限定每天 10:00—15:00 开放房屋让顾客参观。

第三，为每户买一台彩色电视机。（在那个时候，拥有一台彩色电视机是一件十分了不得的事情，绝大多数人看的还是黑白电视。）

简直令人无法相信，开发商居然同意了汤姆·霍普金斯的要求。

第二天，汤姆·霍普金斯邀请了一些顾客前来参观。

"欢迎，请进!"汤姆·霍普金斯在门口招呼顾客，"大家知道吗？我们罗斯利路上的每一栋房子都有着独一无二的特点。首先，我要你们听听看，然后告诉我你们听到了什么。"

"冷气机的声音。"有人这么回答。

"没错。"汤姆·霍普金斯回答，"但是如果我不提出来，各位可能根本就不会注意到这个声音，因为大家早已经习惯冷气机的声音了。这说明，一旦习惯了某种噪声之后，它们就不会对我们造成困扰了。"

接着，汤姆·霍普金带领顾客们走进客厅，指着那台彩色电视机说："这台彩电是开发商随同房子赠送的。他这么做是有道理的，因为他知道你们将不得不适应一段 90 秒的噪声，并且一天 3 次，但是你们很快会习惯的。"

汤姆·霍普金斯转身将电视打开，说："想象一下你和你的家人坐在这里一起观看电视。"接着便停下来，等待由远而近的火车隆隆驶过。90 秒的时间里，每个人都很清楚地听到了火车的声音。

"实话告诉各位，火车一天经过这里 3 次，每次 90 秒，也就是说在一天 24 小时中你们有 4 分半的时间要忍受噪声。现在，请问问你们自己：我愿意忍受这点小噪声——我当然会习惯的噪声，来换得住在这栋美丽的房子中，并且拥有一台全新的彩色电视机吗？"

就这样，3 周后 18 幢房子全部售罄。

（选编自 http://book.umiwi.com/44/17/46.html）

（三）鼓动性原则

洽谈是语言的艺术，也是鼓励的艺术。能否调动顾客的购买情绪直接关系着交易的成败。鼓动性原则是指推销员利用自己的知识去感染顾客，利用自己的热情去营造购买气氛，进而调动顾客情绪，说服和鼓动顾客购买产品的原则。坚持鼓动性原则，要求推销员在推销洽谈中运用各种语言技巧让顾客明白，产品是顾客目前急需的，购买该产品将会给顾客带来利益，同时使用热情洋溢和煽动性的语言去鼓舞和感染顾客，促使其产生购买行为。

（四）参与性原则

参与性原则是指推销员运用一定的方法积极地引导顾客参与到推销洽谈活动中来，以促进信息的双向沟通。“一人讲一人听”的单向沟通方式远不及“两人同时相互交流”的双向沟通方式有效。如果在洽谈中推销员能鼓励和引导顾客多提问、多发言，充分调动顾客的积极性和主动性的话，将有助于顾客进一步了解产品，加深对产品的印象，从而诱发顾客的购买动机。

贯彻参与性原则，要求推销员在洽谈中做到：首先要引导顾客发言，消除顾客戒备心理；其次要鼓励顾客提问，提高洽谈的质量；最后要认真聆听顾客，使顾客产生心理上的被尊重感，促使顾客做出购买决策。

【延伸阅读 7-5】

邀请顾客触摸产品

汤尼·亚当斯是一位具有 30 年工作经验的资深推销员。有一次向一家电视公司推销一种新型录制仪器。这个仪器有 12 公斤重，由于电梯发生故障，亚当斯只好背着仪器从一楼爬到五楼去见顾客。

一阵寒暄之后，亚当斯对顾客说：“您摸摸这台机器。”借着顾客伸手触摸机器的机会，亚当斯把仪器交到顾客手中。顾客很惊讶地说：“哦，好重啊!”亚当斯接口说：“恩，是的。这台机器确实很重。可是您知道的，录制电视节目免不了抬、放、搬、递录制仪器，如果不结实怎么能经得起剧烈晃动呢？我们的机器要比其他品牌耐用得多。”

最后，亚当斯击败了其他竞争品牌，虽然其他竞争品牌的报价比他便宜 20%～30%。

（选摘自 http://8.toocle.com/thread-6803916.0.html）

（五）灵活性原则

灵活性原则是指推销员根据具体情况做出具体分析，采取不同的洽谈策略和沟通技巧说服顾客购买产品的原则。事实上，洽谈本身并没有什么固定不变的模式，灵活性既是洽谈的特点，也是推销员本身要具备的职业能力之一。

坚持灵活性原则，要求推销员在洽谈活动中做到：能根据不同的顾客采取不同方式与之开展推销洽谈；能敏锐地观察到洽谈环境的变化，及时地调整思路，随机应变，灵活机动地处理洽谈中出现的各种意外情况。

（六）自愿互利原则

推销洽谈要建立在双方自愿的基础之上，推销员不能因为“急功近利”而强迫顾客与之洽谈。而且，洽谈的结果要设法实现推销员与顾客各自目标的双赢，同时满足二者的利益，这就是自愿互利原则。

推销员从事推销工作是想获得推销利润，而顾客却想以最实惠的价格买到产品，这样的矛盾就避免不了二者在利益上的交锋。该如何解决呢？首先，推销员应从全局出发，让顾客认识和了解到产品给其带来的好处，然后再采取合适的洽谈技巧，把握适度的弹性，逐步引导和说服顾客心甘情愿地接受产品和购买产品。

以上洽谈原则只是推销洽谈活动的总体方针和活动指南，并不是具体的洽谈方法，推销员应掌握这些原则，用以指导随后的具体推销洽谈工作。

【实训演练】

项目 1　一句话的力量

一、场景介绍

（1）时间：20××年 1 月 9 日。

（2）地点：伦敦著名奢侈品商店立布缇。

（3）人物：推销主管、女性顾客

（4）事件：女性顾客看中了一款水晶杯，但对于 120 英镑的价格犹豫不决，推销主管观察到了女性顾客的眼神，为极力劝说她买下，推销主管接下来采取了推销洽谈的技巧。

二、角色扮演

（1）女性顾客：每组选一女同学。

（2）推销主管：每组选一男同学。

三、步骤

随机配对同时出场模拟。

四、评价

现实逼真程度、推销主管的推销技巧。

五、现场评价

女同学对男同学表现的评价、观摩同学的评价。

六、现实再现

见《××时报》20××年 1 月 9 日原文。

七、讨论

（1）为什么推销主管能在极短的时间就完成了推销洽谈活动并顺利推销成功呢？

（2）女性顾客最可能是哪国人？你为何如此判断？

八、作业

奢侈品在欧美市场推销大幅下降，如何通过推销手段脱困呢？

项目 2　你猜　你猜　你猜猜看

一、场景

准备一盒纸，纸上写有产品的名称，四位同学背对黑板，另一位在一盒纸中任意抽出

（必须一张接一张），根据纸上的名称，先在黑板上写下自己看到的产品名字，然后向后面的同学悄悄描述产品的性能，连续传递三名同学，背对黑板的同学根据最后一位同学的描述，猜猜看是何产品。

二、规则

（1）描述不能说出同音及相似的词，也不可以通过其他方式隐晦地告诉传递同学，只能描述产品的性能、功能。

（2）如果应答的同学无法回答可以要求跳过，再猜下一个产品。

（3）答对一题加 1 分，答错不扣分，描述同学违反规则每次扣 2 分。

（4）时间限定：3 分钟。

（5）评价：规定时间内分值最高者胜出。

三、实训步骤

（1）5 人一组参与实训，自由组合。

（2）现场演示。

（3）现场监督员，监督传递的同学是否违规。

（4）评定最佳组合。

四、人员安排

（1）观察员：教师及同学。

（2）计时员：现场指定。

（3）计分员：现场指定。

（4）监督员：现场指定。

五、产品归类

请学生自拟并制作道具，参考归类如下：

（1）影视产品：音箱、台式电脑、dvd、电脑包、鼠标垫、杀毒软件、等离子电视、遥控器、电脑主板、手提电脑、手机、刻录机、碟片、光盘、充电器。

（2）生活用品：眼药水、十字锈、窗帘、抹布、马桶、凉鞋、橡皮擦、报纸、洗衣机、浴帽、筷子、香烟、纸杯、毛毯、节能灯泡、凉席、 跑步机、 餐巾纸、垃圾桶、卫生纸、拼图、手电筒、电子磅秤、按摩器、空气净化器、皮带、地板、纪念章、钥匙、红枣、粽子、蜂蜜、水晶杯、旅游包、洗发水、牙膏、电池、洗手液、石榴、韭菜、咖啡、海苔、南瓜、酱油、书包、拖鞋、话筒、茶叶、水彩笔、文件柜、空调、洗衣机、电池、电锤、显示屏、围棋、象棋、跳棋、网球拍、乒乓球、足球、篮球、花瓶、保湿霜、发夹、领带、洗发水、托盘、打火机。

（3）教学用品：投影仪、课桌、植物标本、动物标本。

（4）工业用品：钢筋、水泥、玻璃、橡胶、电线、文件袋、文件夹、首饰、钢管、喷雾器。

（5）化工用品：除草剂、抽烟机、洗碗机、微波炉、打印机、电磁炉。

（6）医疗用品：血压仪、血糖仪、温度计、湿度仪、显像液、传感器、测试仪、

（7）食品：鸭蛋、泡泡糖、月饼、粉丝、面条、海带、墨鱼、火龙果、榴莲、皮蛋、火腿、饼干、可乐、纯净水、面包、西瓜、苹果、蘑菇、果酱、羊奶、蛋糕。

六、评析

（1）产品知识的丰富是你与顾客洽谈的基础。

（2）知识的丰富来源于平时的积累，尤其要强化对专业产品的熟悉。

（3）多涉猎各种书籍。

（4）培养自己多方面兴趣。

（5）课后多做互动练习，提高敏捷及开拓创新的能力。

项目3　产品多用途介绍

一、场景

随机给出任意产品，在规定的时间内（1分钟）提出产品的多种用途。

二、规则

（1）结合产品特征举出多用途，不得相似功能重复。

（2）其他人不可提示。

（3）每举出一个用途，给10分，直到加满。

三、实训步骤

（1）每组派一个同学上场。

（2）同学在产品库中抽取产品名录。

（3）上场的同学在规定的时间内（1分钟）提出产品的多种用途。

（4）教师或同学可以随机报出产品名录要求在规定时间完成了实训并获满分的同学介绍。

四、人员安排

（1）计时员：是否在规定的时间内完成。

（2）核实员：几种用途。

（3）监督员：是否符合规则。

五、评定结果：排序。

六、评析：见你猜，你猜，你猜猜看。

项目4　如何高效介绍产品

一、实训目的

（1）FABE法、构图讲解法和道具演示法在现实推销活动中的运用。

（2）掌握产品介绍基本技巧。

二、场景设计

20××年5月1日，A市酷漫居连锁店营业了，作为某动漫科技有限公司的旗下连锁门店，其拥有该公司产品在动漫家居领域的产品授权。

1．A市酷漫居连锁店简介

专卖店地址：A市市××大道×××号。

专卖店产品：活力米奇、梦想世界、青春米奇、时尚米奇、顽皮米奇、睡美人、美式米奇、米奇高低、迷彩米奇、经典米奇、美人鱼、小熊维尼等空间系列。

2．竞争者状况：多喜爱、七彩人生、家有儿女等。

3．角色扮演

（1）推销员：每组选派 1 名同学。

（2）潜在顾客：各组同学。

（3）观察员；教师及全体同学。

（4）评论员：彭老师及各组同学。

4．任务要求

通过模拟现场推销的方式锻炼推销员的语言能力，了解现场推销中可能遇到的阻力，掌握 FABE 法、构图讲解法和道具演示法在现实推销活动中的运用，学会产品介绍的基本技巧。

三、相关知识

1．FABE 法

FABE 法是进行产品展示与说明的最有效的方法之一，其应用的步骤是：

（1）介绍产品的特性。

（2）介绍产品的优点。

（3）具体阐述产品能够满足顾客的利益需求。

（4）拿出证据证明上述说词的可靠性。

FABE 法展示产品说明

步骤	应用说明	举例
F—feature（产品特性）	在推销过程中，推销人员可以针对产品性能，构造，功能，设计特点，使用材料，价格等提炼出产品的特性	当我们推销一件衣服时，我们可以告诉顾客，这是竹炭产品。
A—advantage（产品优点）	优点是对特性如何能被利用的进一步解释，经过对产品的阐述，产品的特性，特征或具有的功能意义就很容易，很清楚地让顾客了解了	竹炭具有多孔结构，其分子细密多孔，质量坚硬。有很强的吸附能力，透气、舒适、易清洁。
B—benefit（给顾客带来的利益）	利益的陈述是将优点转换成一个或更多的购买动机，即告诉顾客产品将如何满足他们的需求	衣服能去湿吸汗，可以一直保持干爽的状态，，促进人体血液循环和新陈代谢，缓解疲劳。
E—evidence（相关证据）	证据可以是证书、荣誉奖章、消费者反馈意见，此外，照片、图片、专家鉴定、录音、录像等都可作为对产品说明的证据	国家原料检测，质量您绝对可以放心。

运用 FABE 法进行产品展示说明，看起来非常简单，实际上能把产品介绍得很成功的推销员，都是经过长期的练习，才养成有效的 FABE 式的说明习惯的。

FABE 法应用的关键点有两个：一是多列举产品特性，二是阐述顾客利益。

（二）构图讲解法

在洽谈过程中，顾客往往会在脑海里为产品的未来使用勾勒出一幅图画，然后根据这幅图画作出是否购买的决定，推销人员可以利用顾客的自我构图的效果，主动构图达到刺激顾客购买欲望的目的。

1．构图讲解法应用的三个时机

（1）功能叙述的时候。

（2）产品具体使用的时候。

（3）产品特点的时候。

2．构图讲解法应用的重点

（1）结合推销的产品提炼出推销主题。

（2）依托推销主题构造应用场景。

（三）道具演示法

为了让解说更加逼真、生动，有时候推销人员可以利用一些道具来达到锦上添花的效果，在运用过程中要注意以下方面：

（1）借助道具的演示，引起顾客对产品使用的想象，达到洽谈的共鸣。

（2）多头配合，尽量语言、手势、表情都要与道具配合协调。

（3）结合产品的特点、推销对象的特点选用合适的道具。

四、实训步骤

1．自行分组，共分 5 组，每组 6 人，1～4 人扮演顾客、1 人扮演推销员、1 人记录及作为评论员，在模拟推销结束后进行总结性评价。角色扮演时，推销员、顾客可以变换身份尝试表演。

2．角色扮演情况：

人物 1：　　　　　　　　　　身份设计：

人物 2：　　　　　　　　　　身份设计：

人物 3：　　　　　　　　　　身份设计：

人物 4：　　　　　　　　　　身份设计：

人物 5：　　　　　　　　　　身份设计：

3．分组出场

4．实训结束

（1）潜在顾客对推销员的表现一一点评。

（2）评论员推销员的表现一一点评。

（3）教师的总结发言。

5．效果评价：

（1）总体评价：角色表演水平、要点表达是否清晰，技巧运用是否熟悉，临场反应是否灵活。

（2）分项指标

评价内容	分值	评分
小组组织准备工作	10	
角色扮演自然	10	
语言清晰、流畅	10	
礼貌用语的运用	10	

FABE 法运用熟练	20	
产品知识丰富	20	
是否有创新的介绍方法	20	

五、评选最佳推销员、最佳模仿顾客。

六、潜在顾客在走进卖场时的行为归纳

（1）围着卖场的走廊走一遍，并不在某一空间停留。

（2）一走进来就指着某款家居问你价格。

（3）两人或多人对着某款家居交流。

（4）小朋友对长辈说，他喜欢这件。

（5）站在某款家居前不走动，也不做声。

（6）走进来，拿起宣传册就走。

（7）其他可能的行为归纳。

七、潜在顾客在你介绍过程中的反应归纳

（1）赞同你对产品的介绍。

（2）默默无语。

（3）在空间里不停走动。

（4）告诉推销员不要介绍，他想自己看。

（5）指出产品的不足：价格、颜色、尺寸、款式等。

（6）夸赞其他同类产品：价格、颜色、尺寸、款式等。

（7）其他可能的反应归纳。

八、讨论

（1）针对潜在顾客在走进卖场时的行为，我们如何应对？

（2）针对潜在顾客在你介绍过程中的反应，我们如何应对？

九、课后作业

结合 FABE 策略，撰写迪士尼动漫家居的产品介绍词。

【任务小结】

本任务主要讲述了推销洽谈的总体思路、推销洽谈基本程序、推销洽谈的技巧和推销洽谈的原则。通过本任务的学习，读者应该掌握以下知识：

1．推销洽谈总体思路：介绍情况、诱发购买、解决问题。

2．推销洽谈基本程序：洽谈导入、正式洽谈。

3．推销洽谈的技巧：提示、演示、倾听、语言。

4．推销洽谈的原则有：正对性原则、诚实性原则、鼓动性原则、参与性原则、灵活性原则和自愿互利原则。

学习任务八　异议处理

【知识目标】

- 明确异议的类型；
- 熟悉处理异议的程序；
- 明确处理异议的态度。

【技能目标】

- 能结合现实给出处理异议的步骤；
- 能针对异议的类型展开不同的处理方案。

【案例导入】如此推销

上午九点，办公室的人都在忙碌着。一个背着大包的中年男子站在门外，礼貌地问："您好，可以打扰您一下吗?"

离门最近的小李问："你有什么事吗?"

中年男子说："我是来推销长途电话卡的，打长途可便宜了，一分钟才一毛五。你们要吗?"

原来是个烦人的推销员。没人吭声，大家继续忙碌着。推销员并不退却，滔滔不绝地缠着小李，讲电话卡如何方便，如何省钱。小李不耐烦地摆摆手："不要，不要，你走吧!"

推销员不走，依旧固执地说："买一张吧，您试试就知道好不好了。"

小李被缠得生气了，就想找个理由让他知道这里没有商机。他大声说："别白费口舌了，这里没人买的，大家都在办公室打长途，一分钱也不掏!"

推销员果然闭了嘴，很失落地离开了。小李为自己刚才的理由很是得意。

领导进来了，手里拿着一部新的电话机，生气地对大家说："今天上午我才从一个小伙子那里得知，原来你们都在用办公室的电话打长途!公私不分，成何体统!他向我推销了一部可以锁长途的电话，以后你们想打长途，回家打去吧!"

第二天上午，又有人敲门。小李开门一看，又是昨天那个中年男子。只见他放下包，掏出一叠卡，兴致勃勃地说："同志们好!这下你们需要长途电话卡了吧?"

问题

1. 你认为办公室的成员最终会购买长途电话卡吗？为什么？
2. 如果你来推销长途电话卡，你如何开展工作？

【学习档案】

一、处理异议总体思路

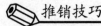

多数新加入推销行列的推销人员们，对异议都抱着负面的看法，对太多的异议感到挫折与恐惧，但是对一位有经验的推销人员而言，他却能从另外一个角度来体会异议，揭露出另一层含意，毕竟你至少可以获得更多的讯息。

请牢记——成功推销的取得恰恰是从潜在顾客的拒绝开始。

【延伸阅读 8-1】

异议的信号

1. 不愿收取名片。
2. 不愿拿取印刷物，商品目录。
3. 推销员请对方看某一处或说明书上某一商品要点时，对方将视线投于他处。
4. 推销员想请对方来实地操作机器，但对方将手缩回。
5. 推销员将身体往前一步时，对方便立即往后退一步。
6. 故意将文件堆满整个办公桌，不让推销员有放置任何印刷物及商品目录的地方。
7. 推销员请对方试吃时，对方故意抽烟而拒绝试吃。
8. 交谈时，将视线置于他处。
9. 突然间开始整理公司内部，或并无任何要事而不断地使唤属下。
10. 双臂互相交叉置于胸前，且双手手指不停地乱动。
11. 一会儿握紧拳头，一会儿又将手放松。
12. 将握紧拳头的手压于打开手指的手掌上，并且双手轮流握拳做此动作。
13. 不断地将手放入口袋，或用手指轻拍桌面，有时焦急起来，手指拍打桌面的速度也随之加快。
14. 用置于桌下的脚轻拍地面。
15. 抽动面颊的肌肉，紧皱眉头，或抽动眉毛。
16. 交谈的声音忽大忽小。

（一）明确异议的类型

顾客异议是指顾客对推销的产品，推销人员及推销方式和交易条件产生的怀疑、抱怨，并进而提出否定或反面的意见，由于推销环境，推销时间，推销地点的不同，推销人员所遇到的顾客异议不尽相同，在推销活动中，推销人员必须弄清其经常遇到的顾客的异议及其形成的原因。

1. 需求异议

需求异议是指顾客自以为不需要推销物品而形成的一种反对意见，如顾客说：“我的存货已经够多了”，“这东西对我没用”，需求异议是对推销活动的彻底否定，因为连商品都不需要，价格、质量等其他一切就都谈不上了。

产生需求异议的原因有三种：一是虚假的需求异议，即顾客拒绝推销人员及其推销物品的一种借口，二是顾客确实不存在对推销商品的需求，三是顾客存在着对推销商品的需求，但他本身没有意识到，因此，在处理需求异议时首先要分清产生异议的原因，如果是由第二种原因产生的异议，推销人员应停止推销活动，推销人员不能为推销而推销，其主要任务是通过自己的推销活动，帮助顾客解决困难，满足顾客需要，改善顾客的生活和工作条件，若明知顾客没有需求却强行要求他们购买，甚至采用欺骗手段，那是不可取的，这样做既损害了消费者的利益，又损害了自己的信誉，如果属于第一种原因，推销人员则应该通过观察和分析，找出异议产生的真实原因，再说服顾客接受推销，若为第三种原因，推销人员对成交应充满必胜的信心，耐心细致地介绍产品，热情地告诉顾客推销产品能给他带来的益处。

【课堂讨论 8-1】你了解顾客的需求吗？

不久之前，张斌夫妇觉得厨房越来越不好用了，不仅日渐破旧，而且对于厨房风格也不太满意了，所以他们决定重新装修厨房。他们首先自己设想好了自己的厨房该如何重新装修，张斌夫妇两个人在价格和装修风格上都经过了深入讨论，毕竟厨房是家庭的重要组成部分，一点也马虎不得。他们俩商量出了自己认为满意的装修风格和能为之支付的价格。最后他们和三个不同的销售人员约定见面。

当第一个人人员来后，他在厨房仔细地丈量，然后根据张斌夫妇家的总体风格而制定出他认为匹配的装修风格，而且就如何具体重新装修厨房、装修成什么样子，都具体地和张斌夫妇解释了。张斌夫妇认真地听取该销售人员的意见，并不时在关键部分提出自己的意见，直至满意。当该名认为推销过程已经可以接近尾声了时，他向张斌夫妇报了一个价格，并希望交易马上成功，张斌夫妇表示他们必须再和另外两个销售人员见面，并看他们的报价是否合理，是否符合自己的装修要求。然后决定选择哪个为自己重新装修厨房。这时这名销售人员马上将自己的报价降低了 8%，并坚称这是最低价格，不能再降了，希望和张斌夫妇马上成交。

问题是，这个人是他们约见的第一个人，他们觉得应该看看另外两个重新装修的报价。这不仅是价格的问题，他们还想知道他们对风格和色彩的看法。当他们说出他们的感受后，这个人立刻变得很不礼貌，说：“好吧，我告诉你，为了赢得公司的内部的竞赛，现在又是月底，我可以给你 25%的折扣。”所以，张斌现在想，他到底能够持续多久？张斌回答他：“不好意思，我还是坚持见见其他的销售人员。”他说：“如果我离开你们家，我不会再给你 25%的折扣，我也不会再回来。竞赛今天就结束，我想要获胜！”可想而知，这位销售人员最终没有和张斌夫妇达成交易。

问题

推销员作出的报价如此低为什么仍未成功？如果是你，你将如何操作？

2. 货源异议

货源异议是顾客自认为不能购买推销人员代理的产品而形成的反对意见，如有顾客说："很抱歉，这种商品我们已和 A 厂有固定的供应关系。"即为典型的货源异议，这种异议初看起来似乎是不可克服的，尤其是新手会感到无言可对，甚至感到难堪，实际上货源异议说明顾客对所推销的商品是需要的。

货源异议的原因主要有：企业信誉不佳，推销态度不良，推销服务不周，同行竞争激烈，不利的报道，对生产者的生产方法或者对代理者的服务不满意，或对公司的财务状况有所怀疑等，遇到顾客货源异议，可以询问顾客目前使用或经营的产品品牌和供应厂商，如果推销产品与竞争产品并不相同，成功的希望就更大了。

货源异议并不都是真实的，有的顾客提出有相似的商品来源，只是想向推销人员施加压力，使自己处于谈判中的有利地位，以达到杀价等目的。推销人员必须善于判断货源异议的真假，如果顾客真的是为了讨价还价要小花招，这时推销人员要谨慎，不要使顾客难堪而不愿说出想购买的心里话，比如，针对顾客心理可以主动提出自己产品价格比较低，可以分期付款，或免费送货、安装等，当然这必须在合理的，企业能够承受的范围之内。

【课堂讨论 8-2】一张纸的胜利

广州是众多冰箱品牌竞争最激烈的华南门户，目前已经聚集了以海尔、科龙、容声等一系列国产一线品牌和西门子、依莱克斯，松下等进口品牌的冰箱产品，同时以华凌、新飞、雪花等一些二线品牌也在这里占领了低端市场。当时整个广州，以 X 公司为最大的电器经销机构，它的批发和销售网络能覆盖整个广州，乃至辐射半个华南地区的最重点城市和区域，是电器厂家进入华南不得不与之合作的经销商大户。进驻广州以后，小何也带着一个业务员，亲自于与 X 公司接触，但由于 M 品牌的知名度不高、市场上也没什么大的动作，产品没有什么独特的创新，加上其他一原因，虽然经过了差不多五轮的洽谈，但对方依然没有一点愿意合作的迹象。

小何意气消沉地回到自己的办事处，内心充满了忧郁，来这里已经两个多月了，除了广州边缘的几个小城市，签了几个小合同，但对如此重要的广州，却依然难以突破，公司总部也多次电话催促：务必于本月内拿下广州！这让他这个区域经理如何能安定下来。

根据小何的经验判断，客户拒绝产品一般存在以下几个理由：一是品牌缺乏知名度、二是质量无法保证、三是利润空间狭小、四是公司的销售支持……小何一个个对照，发现广州问题主要关键点在第一和第二个。品牌缺乏知名度，客户和消费者当然对其产品的质量也难以信任。品牌知名度，现在小何他一时解决不了，产品质量问题，他可以想办法。于是，他决定就从这里下手。

第二天，他带领其他三个业务员，一起去仓库，搬出了四台规格不一的冰箱，然后，每个人从头到脚，由外而内的进行一项项检查，同时将检查出来的数据与海尔、西门子等著名品牌进行比较，发现除了诸如节能、省电、保鲜、电子温控等概念相同之外，M 冰箱无论在外观、压缩机运转声音大小，还是冷冻和冷藏室的设计，都与强势品牌存在一定的差距，小何差点泄气了！但在测试冰箱门的时候，一个细微的发现，引起了小何的注意，为了再次证实他的发现，他连续测试了 10 台自己的冰箱，同时又专门去商场，乘促销员不注意的时候，自己偷偷对海尔、科龙、容声和西门子、依莱克斯，松下等品牌的冰箱进行测试，测试结果令小何自己也是感到非常的震惊和不可思议！

三天以后，小何调整好心态，并经过周密安排，信心十足地再次叩响了客户办公室的大门，该公司总经理王女士正在接待其他客户，小何只能在一边默默的等待……一个小时以后，那个业务代表才走，小何立刻起身微笑着跟王总打招呼，但王总一见是小何就没好气地说，我说过不想进你们的货！说实话，即便进了也很难卖。对不起，我很忙，我想我们没有再谈的必要了……小何早有心理准备，只见他不慌不忙，依然平静地对着她微笑，等她说完，小何才温和地对她说，王总，今天我只想耽误你几分钟时间，说完我就走！

好，那你快说，我真的有很多事要处理，王女士说完，示意小何在左边的椅子上坐下。

王总，小何微笑着对她说："其实，您对我们产品的销售利润是满意的，你最担心的其实是我们产品的质量问题，因为广东地区的消费者对我们品牌缺乏了解，公司在传播上也没有加大投入，因而在具体的产品销售上会有些障碍，而贵公司属下的商场都是广州市内人气最旺也是最著名的商场，如果进了滞销品，会给你们的经营带来影响，我说的对吗？"

"对呀！谢谢你能体谅！"王女士颇感意外地说。

那好，现在我非常自信地告诉您王总，我们 M 品牌的冰箱，比你现在商场里销售的任何品牌冰箱的质量都要好！

不会吧？你也太自负了，你敢说你的冰箱比西门子、依莱克斯的质量要好？王女士明显对小何的过分自信产生了怀疑！

对！小何理直气壮地说，王总如果不信，我可以当场做实验给您看，如果我输了，我从今以后绝不再踏进贵公司一步，如果我赢了，我就只有一个要求：跟我们合作，进我们的货！

好！一言为定！我倒想看看，你们的冰箱究竟好在哪里！

小何见场内气氛已经到了他预期的效果，便将王总和其他几位经理一起带到了公司楼下，这时，司机和其他几个业务员，已经根据他事先的安排，运了 10 台 M 冰箱在这里，并将冰箱整齐地排列在街沿。

谢谢各位经理赏光！小何站在自己的冰箱面前，神情像一个检阅自己部下的将军，接着，他不慌不忙地从自己的包里，取出一张 A4 的打印纸。

其实，说到质量，一台冰箱涉及的地方很多，他向参观的人说，M 冰箱在总体上跟其他品牌的产品相差不大，但唯一的特点是，M 冰箱的门，采用了国际最新的材料和制造工艺，因而，它的密封程度要比普通冰箱强 10 倍以上。

冰箱的门一般都很密封啊，你怎么证明 M 冰箱的更强呢？一位经理发问道！

好，请大家走近，我们现在来做个实验，他边说边用右手轻轻拉开一台冰箱的门，将左手拿好的 A4 纸轻轻地放进去，然后关上门。对身旁的王总说，王总，现在，我请您把这张纸抽出来。王总半信半疑地走上前，用拇指和食指夹住冰箱门缝里的白纸，想轻轻地拉出来，试了几次都不行。再用力点！小何在一旁鼓气，王女士只得加大力气，只听见"兹"的一声，白纸被王总一撕两半，一半在她手里，一般扔牢牢地夹在冰箱的门缝里……

这似乎不需要更多的解释了！其他几位经理，一个个从小何手里接过白纸，测试了现场的每一台冰箱，但结果都跟王女士一样！

现场效果令小何非常满意，见火候已到，小何便耐心地跟大家介绍说：其实冰箱最重要的环节就是门的密封程度，因为门不密封就会影响制冷效果，制冷效果不好，就会影响压缩机的正常运作，压缩机运作不正常或超负荷运转的话，就会影响压缩机的寿命……

好，不用说了！王女士打断了小何的话。我想问的是，其他品牌的冰箱，难道不是这样的吗？你敢说，就你们 M 品牌的冰箱能有这个效果？小何一见王总正一步步进入自己的圈套，心理十分得意，但他依然不露声色，面带微笑地对王总说：现在，就要你王总自己去你们的商场里做实验了！

于是，十几个人，在王总的带领下，来到了距离不远的王府井商场。王总迫不及待地第一个动手，还运用刚才的方法，先测试了西门子的门，结果白纸能轻轻拉出来，然后又测试了依莱克斯的。还是与西门子一样的命运！随后其他几位经理纷纷对商场里销售的几乎是全部冰箱做了这样的测试，弄得商场里的营业员和顾客，不知道发生了什么大事，都呆呆地站在一边观看。遗憾的是，所有的冰箱夹纸，都能轻轻抽动，没有出现任何一台类似于过 M 品牌冰箱的碎纸情况。

小伙子，我输了！王女士尽管承认自己失败了，但看得出，她的脸上却露着兴奋的神色，真是太生动了，她说，你的这一招，绝对胜过任何美丽的广告！去！拿上你的合同书，我决定先打 500 万货款，赶快给我进一批这样的冰箱！

OK！小何激动的差点眼泪都流下来！

事后，由小何发明的用白纸测试冰箱门密封程度的促销方法，很快在全国各地推广开来，并且产生了非凡的效果，尤其是在销售现场，往往能一下子打动消费者，产生购买的冲动。而华南市场，也终于在小何的努力下全面打开，他也因此而获得了优秀区域经理的特殊荣誉。

问题

面对货源异议，你建议从哪些方面寻找突破口？

3. 推销人员异议

推销人员异议是指顾客拒绝接待某一特定推销人员和拒绝购买他所推销的商品的反对意见，这种异议使推销人员感到尴尬而难以进一步开展商品推销活动，其积极作用是会促进推销人员改进自己的工作。

产生推销人员异议的原因较多，最常见的原因就是推销人员本身工作的过失，引起顾客的反感，例如，有时候，由于推销人员的不小心，激怒了某一顾客，从此这位顾客就可能对这位推销人员无好感，推销人员从此也就可能休想向这位顾客推销他的产品了，又如，为了追求推销量曾向顾客强行推销过顾客本来并不需要的产品，或说话不算数，即承诺未曾兑现等，这样既伤害了顾客的感情，又使推销人员名誉扫地，从而使顾客产生了强烈的戒备心理，若是这样，推销人员应诚恳地向顾客道歉，尽量弥补所造成的损失，以情动人，在此基础上与顾客重新建立关系，推销人员应尽最大努力处理好与顾客的关系，否则也不仅会失去这位顾客，而且还有可能失去一大批顾客。

异议产生的原因还可能是由推销人员的工作质量不够理想引起的，诸如服务态度不好，不注重推销礼仪，推销信誉不佳，人际关系不良，或顾客与其他推销人员的特殊关系等，为了克服这些异议，推销人员应加强自身的修养，努力做到思路敏捷，善于表达，解释准确且通俗易懂，熟悉产品性能并会演示，真诚关心和帮助顾客。

4. 产品异议

产品异议是指顾客认为推销的商品不符合要求，或者认为推销的商品不是他要购买的商品而形成的反对意见，产品异议是对需求、异议、推销人员异议的否定，某一商品顾客需要它，但所推销的产品不够理想，顾客会说："这种产品质量太差"，"这种产品用久了会变形"，"这种款式不时髦，我的顾客不会喜欢"，或因为是新产品，顾客会说："这种新产品没听说过，我可不敢买。"

因产品而产生异议的原因有很多，包括对产品的效用缺乏了解，购买习惯和偏见，或者是中间商对新产品的质量没把握，怕冒风险而不愿经销，产品异议是具有挑战性的，但也是可以克服的，有效的演示和请顾客自己动手亲自操作，可以很快地增强顾客对产品质量和功能的信心，可观的推销实绩可以向顾客说明这种商品在国内外有广大的用户，若推销的是省优、部优，国优产品，则更易消除顾客的产品异议了，在克服产品异议时，重点是应指出所推销的产品能给顾客带来什么利益，对于生产资料，如果能使顾客增加赢利，则肯定会受到欢迎，如推销除草剂，可以告诉顾客，用了它田里只长庄稼不长草，这既节约了劳动力，又可增加产量。

5. 服务异议

服务异议是指顾客对推销人员或其所代表的企业售后服务不满意，不愿购买其推销的商品所形成的反对意见，售后服务包括包修，送货上门，帮助顾客安排，调试和帮助培训操作，售后服务是产品的附加因素，对推销业绩直接产生影响，现代产品在品质接近，价格悬殊不大的情况下，其竞争力就取决于售后服务了，产品的品质和价格都存在一定的限度，售后服务的项目越多，花样越新，顾客就越喜欢，产品的推销就越好，因为良好的售后服务能够消除顾客的后顾之忧，能增强他们购买产品的决心，如小天鹅洗衣机厂推销产品时承诺五年内包修，即使是在这期间电路板坏了，只要不是人为故意损坏的，都可以更换，免费维修，由于有优质的服务作为后盾，小天鹅赢得了许多顾客。

俗话说得好：好店三年不换客，推销人员要努力让顾客对自己的服务产生兴趣，感受到实惠，要以比开发产品内在质量更认真的态度去开发产品的服务质量，要牢固树立为顾客服务的观念，推销人员要学好有关推销产品的知识，掌握最基本的服务技能，诚恳地对待服务有异议的顾客，看是否是企业的管理不善，如车间、仓库的办事人员不负责或顾客产生了误会，不了解情况而造成的，如果顾客感到服务不周的话，一般人不会就服务直接提出异议，而是通过货源异议或推销人员异议来拒绝接受推销，我们要注意了解竞争产品的基本情况和顾客的消费心理，努力把不同异议降低到最低限度。

6. 价格异议

价格异议是顾客认为推销的商品价格过高而形成的反对意见，讨价还价与商品买卖是同时出现的，价格影响到购进企业的进化成本和利润，影响到消费者的生活费用支出，因此绝大部分顾客会提出价格异议。

有时候，我们会听到顾客说："你的产品价格太高了"，"这价钱我买不起"，"这个价格我估计卖不出去"等，面对种种异议，推销人员应首先自己的商品定价是合理的，在一般情况下不必急于答复，应将谈话重点放在介绍产品性能，耐用性、款式的新颖性，当顾客对产品方面有了较详细的了解后，或许认为价格尚属合理，亦或觉得价格仍然高了些，但是可以接受。顾客认为价格太贵的主要原因有：

（1）顾客的支付能力有限，他只能选购低价的产品。

（2）竞争对手类似的产品价格较低。

（3）顾客爱挑剔，好表现自己，为难推销人员。

（4）顾客害怕吃亏，想试探价格的虚实。

（5）顾客以产品价格太高作为拒绝购买的借口。

当推销人员遇到此种异议时，可用中立法去说服顾客，当顾客的感受与你有一定的相似之处时，就比较容易消除顾客的疑虑，使他产生“我买这种产品不会吃亏”的感觉。例如，一位推销人员向某农场推销收割脱粒机，他告诉农场有关人员两个计算结果，一是使用该机械每小时比其他机械收割面积增 35%，二是这种机械的使用寿命比其他机械长得多，如果将机械的价格平摊到每个使用小时里，单位时间仅增加 4%的成本，而且可能更换的零部件都已配齐，顾客自己随时按产品说明书就可以维修，节约将来的隐形支出，当然投入要小于产出，这样推销人员就有力证明了，从产品所产生的效益看，它的价格并不高。

有时，顾客会认为推销品价格太低，从而怀疑产品的质量，在没有正当理由做说明的情况下，顾客产生低价的印象只会加大推销的难度，推销人员应注意避免各种价格矛盾，让顾客首先接受产品的功能、效用和利益，而不是价格。

【课堂讨论 8-3】价格的转换

在美国零售业中，有一家很有知名度的商店，它就是彭奈创设的“基督教商店”。彭奈做生意的理念是：什么价钱买什么货。

彭奈的第一个零售店开业不久，有一天，一个中年男子来店里买搅蛋器。店员问：“先生，你是想要好一点的，还是要次一点的？”那位男子听了有些不高兴：“当然是要好的，不好的东西谁要？”

店员就把“多佛牌”搅蛋器拿出来给他看。男子问：“这是最好的吗？”

“是的，而且是牌子最老的。”

“多少钱？”

“120 元。”

“什么！为什么这么贵？我听说最好的才几十元。”

“几十元的我们也有，但那不是最好的。”

“可是，也不至于差这么多钱呀！”

“差的并不多，还有十几元钱一个的呢。”

男子听了店员的话，马上面现不悦之色，想立即掉头离去。彭奈急忙赶了过去，对男子说：“先生，你想买搅蛋器是不是，我来介绍一种好产品给你。”

男子仿佛又有了兴趣，问：“什么样的？”

彭奈拿出另外一种牌子的搅蛋器，说：“就是这一种，请你看一看，式样还不错吧？”

“多少钱？”

“54 元”

“照你店员刚才的说法，这不是最好的，我不要。”

“我的这位店员刚才没有说清楚，搅蛋器有好几种牌子，每种牌子都有最好的货，我刚拿出的这一种，是同牌中最好的。”

“可是，为什么‘多佛牌’的差那么多钱呢?”

“这是制造成本的关系。每种品牌的机器构造不一样，所用的材料也不同，所以在价格上会有出入。至于‘多佛牌’的价钱高，有两个原因，一是它的牌子信誉好，二是它的容量大，适合做糕饼生意用。”彭奈耐心地说。

男子脸色缓和了很多：“噢，原来是这样的。”

彭奈又说：“其实，有很多人喜欢用这种新牌子的，就拿我来说吧，我就是用的这种牌子，性能并不差。而且它有个最大的优点，体积小，用起来方便，一般家庭最适合。府上有多少人?”

男子回答：“5个。”

“那再合适不过了，我看你就拿这个回去用吧，保证不会让你失望。”

彭奈送走顾客，回来对他的店员说：“你知道不知道你今天错在什么地方?”

那位店员愣愣地站在那里，显然不知道自己错在哪里。

“你错在太强调‘最好’这个观念。”彭奈笑着说。

“可是，”店员说，“您经常告诫我们，要对顾客诚实，我的话并没有错呀!”

“你是没有错，只是缺乏技巧。我的生意做成了，难道我对顾客有不诚实的地方吗?”

店员默不作声，显然心中并不怎么服气。

“我说它是同一牌子中最好的，对不对?”

店员点点头。

“既然我没有欺骗顾客，又能把东西卖出去，你认为关键在什么地方?”

“说话的技巧。”

彭奈摇摇头，说：“你只说对一半，主要是我摸清了他的心理，他一进门就说要最好的，对不?这表示他优越感很强，可是一听价钱太贵，他不肯承认他舍不得买，自然会把不是推到我们头上，这是一般顾客的通病。假如你想做成这笔生意，一定要变换一种方式，在不损伤他的优越感的情形下，使他买一种比较便宜的货。”

店员听得心服口服。

问题

案例中推销员针对顾客的价格异议，采用了哪些策略?

7. 时间异议

时间异议指顾客通过拖延时间来拒绝推销或达到其他目的的一种购买异议，即顾客认为购买时间未到，他们会说：“你得让我考虑考虑”，“这产品价格太高，我想等到价格下降时再买”等，推销人员此时应提醒顾客，如果他延缓购买时间，将对他不利，还是早些购买为好。

产生此种异议的原因主要有：顾客对产品缺乏信心，害怕上当受骗，一时拿不定主意，或是顾客一时资金周转有困难，也可能是顾客生性优柔寡断，办事没有主心骨，如在四月份推销六月份才卖出的夏季用品汗衫，推销人员可向顾客介绍产品的质量优良，正是没到六月份才给予顾客较大的季节优惠，现在买正合适。购买异议也可能是一个借口，推销人员应通过询问，设法找到真正的异议。

8. 财力异议

财力异议是指顾客认为缺乏货币支付能力而提出的购买异议，这属于顾客自身方面的一种常见的购买异议，主要根源于顾客的收入状况和成见心理，一般来说，对于顾客的财务承受能力，推销人员是比较容易了解的，在顾客资格审查和接近准备阶段，推销人员就已经对准顾客的支付能力进行过严格审查，因而在实际推销中能准确辩认真实异议或虚假异议，真实的财力异议是成交难以克服的障碍，虚假的财力异议则是顾客拒绝推销人员及其推销物品的一种借口，对于前者，可以通过比质比价让顾客觉得机会难得，只要顾客觉察到物品的实惠，负债购买也是可能的，对于后者，推销人员应有理有据加以说明。

9. 权力异议

权力异议指顾客以缺乏购买决策权为理由而提出的购买异议。大多为顾客说他想买但自己做不了主，事实上，无论集团购买还是家庭购买，购买决策权力并不是平均公布在每一个成员身上的，多数成员可以对决策造成影响，但并不一定具有决策权力，权力异议形成原因在于顾客的决策能力状况或成见心理，推销人员在进行顾客资格审查时，应分析顾客的购买人格和决策权力，找准决策人，否则，给一个有购买欲望但无决策权的人做推销工作，不仅是失误，而且是无力推销，推销人员必须对推销过程中出现的各种权力异议进行分析并妥善处理。

（二）处理异议的原则

推销异议是多方面的，只有妥善处理各种顾客异议，才能有效地达成交易，下面介绍处理顾客异议的一般原则。

1. 做好准备

“不打无准备之仗”是推销人员战胜潜在顾客异议应遵循的一个基本原则。推销人员在走出公司大门之前就要将潜在顾客可能会提出的各种异议列出来，然后考虑一个完善的答复。面对潜在顾客的异议，做一些事前准备可以做到心中有数、从容应对，反之，则可能惊慌失措、不知所措，或不能给潜在顾客一个圆满的答复以说服潜在顾客。国外（尤其是美国和加拿大）的许多企业经常组织一些专家来收集潜在顾客的异议，制订标准应答用语，要求推销人员牢记并运用。在实践中，编制标准应答用语是一种较有效的方法，具体程序如下：

步骤 1：把大家每天遇到的潜在顾客异议写下来。

步骤 2：做分类统计，依照出现频率排序，出现频率最高的异议排在最前面。

步骤 3：以集体讨论方式编制适当的应答用语，并编写、整理成文。

步骤 4：请大家熟记在心。

步骤 5：由老推销人员扮演潜在顾客，大家轮流练习标准应答用语。

步骤 6：对在练习过程中发现的不足，通过讨论进行修改和完善。

步骤 7：对修改过的应答用语进行再练习，并最后定稿备用。最好是印成小册子发给大家，以供随时翻阅，达到运用自如、脱口而出的程度。

2. 尊重顾客

在顾客提出购买异议时，推销人员应当表现出极大的关心和兴趣，要认真听取，让顾客畅所欲言，充分发表意见，即使顾客反复提出某种异议，推销人员也要耐心听取，不得有半点轻视或忽视的表情，更不可打断顾客的发言，这样，当推销人员回答顾客提出的问题时，也会认真听取，尊重顾客的购买异议，还表现为不得故意歪曲异议的内容和性质，处理顾客异议必须实事求是，如果推销人员无意或有意夸大顾客异议的性质，顾客就会纠缠不放，还可能会因此而产生新的异议。

3. 选择时机

以下异议需要推销人员暂时保持沉默：当异议显得模棱两可、含糊其词、让人费解时。当异议显然站不住脚、不攻自破时；当异议不是三言两语就可以辩解得了时；当异议超过了推销人员的能力水平时；当异议涉及较深的专业知识，不易为潜在顾客马上理解时……急于回答潜在顾客的此类异议是不明智的。经验表明：与其伧促答错十题，不如从容答对一题。

不回答。许多异议不需要回答，如无法回答的奇谈怪论，容易造成争论的话题、废话、可一笑置之的戏言、异议具有不可辩驳的正确性、明知故问的发难等。推销人员可以采取以下处理技巧：沉默；装作没听见，按自己的思路说下去；答非所问，悄悄扭转对方的话题；插科打诨幽默一番，最后不了了之。

4. 避免争辩

顾客异议是顾客对推销物品，推销人员及其推销行为的不同看法，因而极易引起争论，甚至在顾客与推销人员之间发生极不愉快的争吵，从推销心理学上讲，顾客的购买决策既要受到顾客理智的控制，也要受到顾客情感的影响，而且情感的影响经常占上风，一旦争吵发生了，就表明推销人员的推销工作是失败的，因为争吵的过程也是伤害顾客感情，失去推销机会的过程，俗话说："和气生财"，无论顾客异议如何不当，无论顾客态度如何粗暴，推销人员都不应当争吵，应以理智的态度，良好的心境和平缓的语气去耐心说服，争取顾客的合作与支持。

5. 给足"面子"

推销人员要尊重潜在顾客的意见。潜在顾客的意见无论对还是错、深刻还是幼稚，推销人员都不能表现出轻视的样子（如不耐烦、轻蔑、走神、东张西望、绷着脸、耷拉着头等）。推销人员要双眼正视潜在顾客，面部略带微笑，表现出全神贯注的样子。并且，推销人员不能语气生硬地对潜在顾客说："你错了""连这你也不懂"；也不能显得比潜在顾客知道得更多："让我给你解释一下……""你没搞懂我说的意思，我是说……"。这些说法明显地抬高了自己，贬低了潜在顾客，会挫伤潜在顾客的自尊心。

上述是推销人员处理各种顾客异议的一般原则，依据这些原则，推销人员可以更好地把握处理各种异议的界限和分寸，当然，在实际运用中要注意具体情况具体对待，处理顾客异议，既要讲究原则，更要讲究方法，只有灵活运用最恰当，最有效的处理方法，才能成功地处理好各类顾客异议。

（三）处理异议的步骤

处理顾客异议一般说来要经历以下程序。

1. 倾听

在顾客提出异议的一刻，不要急于答辩。应该坦然接受顾客是有权提出异议的，并且表示自己乐意听取顾客尽诉其心中疑惑；然后，细心倾听对方的说法。

倾听顾客发言，表示与对方心意相通。设身处地体会顾客的感受，有助于缓解敌意和抗拒情绪，感染对方把对抗态度转化为乐意与你一起解决问题。倾听也让推销员有机会思考解答顾客异议的最佳方法。

在倾听这个步骤中，必须谨记以下要点：有疑问时，请顾客详细解释。虽然倾听是第一个步骤，但这是推销员在处理异议的过程中必须贯彻使用的技巧。

2. 提问

在倾听顾客畅所欲言之后，向对方提出问题，以澄清异议。推销员往往没法找出顾客对某个问题的实际疑惑。很多时候，实际的异议与顾客最初表达的有很大出入。发问可以找出顾客具体的顾虑。譬如，你可以说：“你的顾虑在哪一方面”或“你最大的疑惑是什么”，在发问这个步骤中，必须谨记以下要点：不应立即假设自已明白对方提出的异议。许多推销员自找麻烦，原因就是自以为已经明白实际的异议，其实一点都不明白，必须确定自己听清楚实际的异议，才可以继续下一个步骤。

切勿不断重复问题，或令顾客有被盘问的感觉。在发问的步骤中，要不断倾听顾客，令对方投入。

3. 确认

当顾客开始讲述异议的性质，而你认为自己确已明白，在回答前先查证自己是否真的了解问题所在。在继续下一步骤之前，必须清楚知道顾客的想法，同时表明自己真的明白。

实际的经验表示：提出解决办法之前，必须先确定自己了解对方的异议。尤其要注意，总结你听到的意见，同顾客查证自己对事件的了解程度。

4. 推介

在掌握了顾客异议的性质后，你就可以解答对方的异议，答案要尽量具体。异议及其相应的适当答案通常不外乎以下四类：

（1）误解，向对方澄清和解释。

（2）怀疑，用实例、其他顾客的推荐语、示范和其他确切证据，证明自己的产品或服务有效。

（3）实际缺点，证明优点可以补缺点之不足。

（4）实际投诉，以行动补救。

5. 查证

查证顾客的异议是否已解决。你可以直接问对方是否满意你的解答。若对方不满意，重复这个步骤，先倾听顾客，然后发问，以找出实际的异议。

必须确定异议圆满解决，直接问顾客是否满意你的解决办法，若对方不满意，重复步骤一至五。

二、处理异议的技巧

在产品推销过程中，顾客不提任何异议就签订购买协议或马上购买产品的情况是很少见的，相反，顾客提出各种购买异议后，经推销人员运用一定的技术方法妥善处理，再达成交易的情况则是普遍现象，因此，顾客异议产生后的处理技术成为处理顾客异议的关键部分。

处理顾客异议的方法受制于产品推销的目的，以追求长期推销效果为目标的推销员，推销活动具有双重目的，既要实现产品推销，又要满足顾客需求，与顾客建立长期稳定的合作关系，在推销过程中，只能使推销的双重目的统一起来，才能促进交易的达成，实现长期的推销目标。在产品推销过程中，常见的处理顾客异议的方法主要有以下几种。

（一）冷处理

对于顾客的一些不影响成交的反对意见推销员最好不要反驳，采用不理睬的方法是最佳的。千万不能给顾客一有反对意见，你就反驳或以其他方法处理，那样就会给顾客造成你总在挑他毛病的印象。当顾客对你抱怨你的公司或你的同行，以及对于一些“为反对而反对”或“只是想表现自己的看法高人一等”的顾客意见，若是您认真地处理，不但费时，尚有旁生枝节的可能，因此，您只要让顾客满足了表达的欲望，迅速地引开话题。

冷处理法举例：顾客说：“你们公司周围的环境可真差，交通也不方便呀！”尽管事实并非如此，你也不要争辩，你可以说：“先生，请您看看产品……”国外的推销专家认为，在实际推销过程中80%的反对意见都应该冷处理。

【课堂讨论8-3】让子弹飞一会儿

谈起我们的卷烟零售户，有一些是钉子户、刁难户，这类客户通常是比较难侍候的，可是我前不久遇到的一位客户，既不是钉子户，也不是刁难户，而是特殊的、冲动的客户，现在回想起来往事仍埋藏在我内心深处难以抹去。

那是在20××年10月的一天，我同往常一样送完货回到公司后，在忙碌地整理工作日记及其他台账，突然我的手机响了，于是，我就一边做记录、一边下意识地拿起手机问道“喂，你好！你哪位？”可是对方的回话让我一时惊呆了，“你是送货的吗？”“是”“你怎么给我送假烟，你们烟草口号讲诚信，背后却掺杂假烟，你是看我好欺负是不是，今天你不给我说清楚，我对你不客气，我要投诉……”对方大声嚷道。天啊！那简直就是“晴天的响雷”，我被这突如其来的“雷击”有点不知所措了，我怎么会去送假烟，对方肯定是又中了调包计了，于是我连忙在对方回话中挤出空间，问起姓名，得知是客户李某后，便迅速放下手中的台账，飞快地奔赴“打雷”地点。

到了李某客户店里，迎面相待的是他扔过来的几条七匹狼卷烟，且横眉冷目地对我喊道“你瞧瞧，你们竟然给我送这假烟，你今日是要跟我过意不去是吗……”我仔细分辨这烟，唉啊！这真是客户又中了调包计了，“这些该死的骗子，又在我们这里死灰复燃了。”我喃喃自语。我笑着对李某说“老李，你误会了，误会了，你……”可我的话音未落对方就气得摆着一幅要打架的样子叫道“什么误会，你看看，这明明是假烟，怎么误会，人家买去一抽都给我扔回来，败透了我的名声，你还说误会……”我孤单一人而他们人多，七嘴八舌的，有的说我在半路给人换的，也有说是公司掺假的……搞得我头都晕了，此时真是有理也说不清，我脑子一片空白，不知该如何是好，正当我焦虑的时候，一种灵感涌现在脑海里，嘿！我们不是在学过的《卷烟商品营销知识》里面有提到处理客户异议的技巧吗？我何尝不去借鉴呢？于是我便凭借记忆，回想起书中提到处理客户异议，首先情绪轻松，不可紧张，认真倾听，真诚欢迎，审慎回答，保持友善；而后，才见机行事的技巧。于是我便让对方尽情地发泄完怒火等松了一口气后，采用书中的转折处理法，给对方解释道“老李，你此时此刻的心情我能理解，你发怒也是有理由的，要是别人遇到此事也会这样的，你这烟是被骗子调换了，你中了调包计了……”“什么调包计，我李某用人格向你保证这烟就是你送的，绝对没有被调换……”李某拍着胸膛道。见此情况，我不得不采用反驳处理法，引经据典地举了一些先例分析给他听，李某听了后态度有所好转，但由于刺激过大仍收效甚微，此时，我也不适合再继续解释下去了，我不得不以准备撤退保留后路的方法结束今天之行，我对李某商量道“老李，我很理解你此时的心情，这事，我会负责下去的，请你放心，你有空时，不妨回忆一下近期到你店购烟的顾客，多不多，是否有存在什么异常现象……次日我们再来探讨回忆好吗？”于是我便回到了公司。

次日下午，我再次走进客户店中时，一进门，他们夫妇也刚好都在店里，很明显，他们的态度与之前相比发生了 360° 的转变，很客气地与我们打招呼，还热情地为我们端来了热茶，我心想：“那事也许弄清楚了吧！随即，李某便很不好意识地谈起前几天发生的事”。“小张那天实在很抱歉，我有点过火了，那烟的确是被调换了，我老伴已经回忆起来了，那是一个骗子花言巧语的，看她一个人在家时实施了调包计，没想到会出现这种事情，真叫人气愤，抱歉！抱歉……”老李向我说明了事情的来龙去脉。

事情终于水落石出了，此时此刻我心情终于放松了许多，虽然前几天遭受痛斥，但今天总算很高兴，因为这不仅洗清我的罪名，也为公司讨回了公道，如今弄清楚了，也算幸运。

问题

面对案例中的顾客异议，你将如何处理？

（二）补偿

补偿顾客异议法是指推销人员利用顾客异议以外的该产品的其他优点或长处对顾客异议涉及的短处进行补偿或抵消的一种方法。在推销实践中，当顾客冷静地提出一些确实存在的购买异议时，推销人员应客观地对待，通过详细的产品介绍使顾客既看到产品的缺点，也清楚认识到产品的优点，并且确信优点大于缺点，该产品值得购买。给顾客一些补偿，让他取得心理的平衡。

如顾客说："IBM 电脑确实不错，就是价格高了点！"这是一种客观的购买异议，推销人员不应该反驳和否定，应该在肯定的基础上加以补偿，"价格确实有点贵，但质量可靠呀，在 10 年之内几乎不会出现故障，也不会出现因为电脑出现故障而影响您做事的情况，对您来说，最宝贵的时间，您购买了 IBM 电脑就相当于配备了一位能干的助手，您不用再为修理电脑而花费大量精力和时间了，您的工作效率肯定会提高，多花一点钱买一台放心电脑，对您来说太值了！"推销人员运用补偿法承认顾客异议，使顾客在心理感受方面找到了平衡，有利于交易的达成。

（三）询问

推销人员在没有确认顾客反对意见重点及程度前，直接回答顾客的反对意见，往往可能会引出更多的异议，让推销人员自困愁城。询问在处理异议中扮演着重要角色：透过询问，把握住顾客真正的异议点；当您问为什么的时候，顾客必然会做出以下反应：

（1）他必须回答自己提出反对意见的理由，说出自己内心的想法。

（2）他必须再次地检视他提出的反对意见是否妥当。

此时，推销人员能听到顾客真实的反对原因及明确地把握住反对的项目，他也能有较多的时间思考如何处理顾客的反对意见。透过询问，直接化解顾客的反对意见。

例如，顾客："我希望您价格再降 10%！"推销人员："××总经理，我相信您一定希望我们给您 100%的服务，难道您希望我们给的服务也打折吗？"顾客："我希望您能提供更多的颜色让顾客选择。"推销人员："报告××经理，我们已选择了五种最被顾客接受的颜色了，难道您希望有更多的颜色的产品，增加您库存的负担吗？"

（四）转折

应用这种方法是首先承认顾客的看法有一定道理，也就是向顾客做出一定让步才讲出自己的看法，一旦使用不当可能会使顾客提出更多的意见。在使用过程中要尽量少地使用"但是"一词，而实际谈话中却包含着"但是"的意思，这样效果会更好。只要你灵活掌握了这种方法就会保持良好的洽淡气氛，为自己的谈话留有余地。

例如，顾客："你推销的服装颜色过时了。"推销员可以这样回答："小姐，您的记忆力的确很好，这种颜色几年前已经流行过了。我想您是知道的，服装的潮流是轮回的，如今又有了这种颜色回潮的迹象?"这样你就轻松地反驳了顾客的意见。当然，你再类比几个例子，效果一定会更好。

（五）转化

这种方法是利用顾客的反对意见本身来处理。顾客的反对意见是有双重属性，它是交易的障碍，同时又是很好的交易机会。推销员要是能利用其积极因素去抵消其消极因素，未尝不是一件好事。

如推销的产品是办公自动化用品，当敲开顾客办公室的门时，他对你说："对不起，我很忙，没有时间和你谈话。"这时你不妨说："正因为你忙，你一定想过要设法节省时间吧，我们的产品一定会帮助你节省时间为你提供闲暇。"这样一来，顾客就会对你的产品留意并产生兴趣。

如顾客说："您的成品油又涨价了。"推销人员说："每公升涨了 0.20 元，根据市场行情，下个月还会再涨，您最好多买几桶油储备着，可以节约一部分资金。

把顾客拒绝购买产品的理由转化说服顾客的理由，促使顾客产生购买欲望，最终达成交易。

（六）分解

分解就是将顾客的反对意见细分成许多部分，然后再逐一答复或与顾客逐项进行讨论，推销人员通过运用肢解顾客异议，引导顾客具体自己提出的异议，可以使顾客认识到异议的某些不合理性，进而放弃异议，达成交易。

如何肢解顾客异议要根据推销人员的需要和具体情况而定，肢解顾客异议的重点应该是肢解顾客主要观点的论据，通过顾客认同的逻辑推理，在顾客参与的讨论中将其结论性的论点推翻，推销人员在肢解顾客异议时需要注意，不能肢解顾客的主要观点，因为其背后是顾客的尊严与自信，否则就会引起顾客反感，进而妨碍交易的达成。

某货车推销员向我国山西省的一位个体煤炭经营者推销一种大型卡车，顾客认为自己不需要大型卡车，而某种品牌知名度较高的中小型卡车才是自己需要的，推销人员认为该顾客确实需要大型货车，而不是中小型卡车，于是他将顾客异议的论据肢解为几个部分，首先，推销人员指出，需要哪种型号的货车取决于运载货物的重量，行驶道路的路况以及在什么季节行驶等因素。在求得顾客认同后，推销人员分析道：在我国北方，居民冬季取暖以煤炭为主，而在黄土高原上行驶的运煤汽车经常会超载，在得到顾客的肯定以后，推销员与顾客一起讨论决定是否值得购买一辆运输车的两个关键因素是：价格和使用寿命，顾客与推销员都认为：经常超载会缩短卡车的使用寿命，而大马力卡车的使用寿命相对较长一些，最后推销人员计算出了卡车的使用寿命与推销价格，使用寿命与经济效益之间的对应关系，使顾客认识到自己需要使用寿命较长，价格偏高的大型卡车，进而产生了购买欲望。

在肢解顾客异议时，推销人员要注意，有些顾客异议只是顾客根据自身经验进行的主观判断，大多没有经过科学的分析或论证，往往比较含糊笼统，还需要通过深入的分析与肢解得到妥善处理。

（七）比较

比较是指在推销洽谈过程中，推销人员不直接反驳顾客的购买异议，而是通过与顾客对可以考证的具有可比性的事件进行比较，使推销产品的优点凸显出来，以此打动顾客，最终消除顾客异议的一种方法。

直接反驳顾客的意见或建议，常常会激怒顾客，而没有针对性地介绍产品的特点，顾客往往又听不进去，“有比较才有鉴别”。推销人员运用比较法，可以使推销产品的优点凸显出来，更容易感染顾客，使他们产生购买欲望，比较法既适用于推销产品的使用价值，也适用于产品价格，工艺水平，质量效用等方面的比较。

例如，一位家具经销商在推销产品时说：“您认为我的卧室柜比别人的价格高一些，这的确是事实，但贵有贵的道理：第一，我的卧室柜的门用的是产自巴西的整段榉木制成的，木质坚硬，细腻，木纹自然，流畅，而且烤漆也是上等的，第二，柜子的把手与合页都是从意大利进口的，工艺水平上乘，不论您使用多长时间，质量方面绝对不会出现问题，第三，柜子的两个侧面与背面所用的板材，都是进口的高密度防火压缩板，第四，柜子底部的每个抽屉使用起来都非常灵活、精制、耐用，无论您怎样拉，都能运转自如，从以上这些特点来看，您多花一点钱买一套‘用起来放心，看起来舒心’的卧室柜，您说值不值？”

（八）反问

反问是指推销人员在难以说服顾客的情况下，通过对顾客异议提出反问，迫使顾客自省，进而放弃异议的一种处理方法，反问法适用于洽谈气氛不融洽，或者顾客比较固执难以被说服，或者顾客的反对意见确实难以答复等情况，推销人员可以根据顾客异议提出反问，变被动为主动。

如：

顾客：“你的卧室柜的价格太高了！”

推销员：“高吗？您认为怎样的价格您才能接受呢？”

或者：“您认为这样高质量的卧室柜应该卖多少钱？”

反问法是一种言词激烈的处理顾客异议的方法，常常会引起顾客的反感，推销人员在反问时，如果语气不够婉转，会让人觉得咄咄逼人，容易激怒顾客。

（九）实例

实例是指在推销洽谈中，推销人员通过列举，举证让顾客信服的有关实例来说服顾客，从而迫使顾客放弃购买异议的一种方法，在现实生活中，大多数顾客出于自尊，自信的需要，都喜欢自己对事物作出判断，但鉴于所掌握的知识，经验和判断能力等方面的限制，他们面对复杂的事物又显得手足无措，无法很快认清事物的本质，常常拖延作出购买的决策，有时，他们也喜欢将复杂的事物简单化，那些被顾客羡慕的或刻意模仿别人的看法或做法，以及那些被顾客认为经营有方的企业的做法，常常被他们所推崇，或者认为值得借鉴，认为它们是证明自己的判断或选择正确的有利证据。

技巧固然能帮你提高效率，但前提是必须对异议持正确态度。只有正确、客观、积极地认识异议，你才能在面对顾客异议时保持冷静、沉稳，也只有保持冷静、沉稳，你才可能辨别异议真伪，才可能从异议中发现顾客需求，才能把异议转换成每一个推销机会。因此，推销人员不但要训练自己的异议处理技巧，也要培养面对顾客异议的正确态度。

【实训演练】

项目 1　你会拒绝别人的示爱吗

一、实训目的

（1）迁移能力、发散思维能力的训练。

（2）通过实训，让学生自我构建如何结合产品的特点巧妙地应对潜在顾客异议。

二、场景设计

1．小白是某大学的大二女生，身材高挑，容貌美丽，学习成绩优良，在校期间积极参与各项活动，是大学舞蹈队的成员，同时也是节目主持人，还懂很多民乐，是大学的风云人物，在学生群体中影响力很大，当然也是很多男孩子倾慕追求的对象。小白时常会莫名地接到各种短信以及 qq 留言等，很是烦恼，最让小白难受的是很多男孩直接示爱，小白如何拒绝他们呢？

2．角色扮演：

（1）小白：每组选派 1 名女生

（2）倾慕追求者：每组选派 1 名男生

（3）观察员：教师及全体同学

（4）评论员：教师及全体同学

三、任务要求

（1）仔细观察现场模拟同学的表现。

（2）结合现场模拟表现，了解女生拒绝男生有哪些常见话语。

（3）男生针对女生拒绝常见话语，提出自己的应对策略。

四、常见话语及应答

1．女生拒绝男生常见话语归类：

（1）我是独身主义者，请不要浪费时间！

（2）我已经有男朋友，谢谢厚爱！

（3）谢谢你喜欢我，可惜我对你没感觉！

（4）我真的感觉不到你对我的好！

（5）你太优秀了，我高攀不起！

（6）我现在还小，不想谈这些！

（7）我父母不允许我在校谈恋爱！

（8）请女生继续填写（讨论）

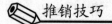

2. 请男生回答以上异议

（1）

（2）

（3）

（4）

（5）

（6）

（7）

五、评价：请女生一一评价男生的回答

（1）

（2）

（3）

（4）

（5）

（6）

（7）

（8）

六、总结：迁移对比思考

（1）我是独身主义者，请不要浪费时间！——需求异议

（2）我已经有男朋友，谢谢厚爱！——货源异议

（3）谢谢你喜欢我，可惜我对你没感觉——推销人员异议

（4）我真的感觉不到你对我的好！——服务异议

（5）你太优秀了，我高攀不起！——价格异议、财力异议

（6）我现在还小，不想谈这些！——购买时间异议

（7）我父母不允许我在校谈恋爱！——权力异议

（8）其他拒绝常见话语，读者分析归属异议

项目 2　门店推销活动中异议的处理

一、实训目的

（1）掌握现实推销活动中的潜在顾客存在哪些类型的异议。

（2）掌握如何结合产品的特点巧妙地应对这些异议。

（3）迅速适应门店的推销活动。

二、场景设计

20××年 5 月 1 日，A 市酷漫居连锁店营业了，作为某动漫科技有限公司的旗下连锁门店，其拥有该公司产品在动漫家居领域的产品授权。

1．A 市酷漫居连锁店简介

专卖店地址：A 市市××大道×××号。

专卖店产品：活力米奇、梦想世界、青春米奇、时尚米奇、顽皮米奇、睡美人、美式米奇、米奇高低、迷彩米奇、经典米奇、美人鱼、小熊维尼等空间系列。

2．竞争者状况：多喜爱、七彩人生、家有儿女等。

3．角色扮演：

（1）推销员：每组选派 1 名同学。

（2）潜在顾客：各组同学。

（3）观察员；教师及全体同学。

（4）评论员：任课老师。

4．任务要求

（1）仔细观察现场模拟推销同学的表现。

（2）结合现场模拟表现，了解现场推销中潜在顾客的异议有哪些。

（3）针对潜在顾客可能的异议，提出自己的应对策略，

三、相关知识

客户提出异议十分正常。其实异议同样带来益处：异议创造了教育客户的机会；从客户处获得更多的资料和信息；异议能显示客户所关注的事项和需求；异议表示出客户有兴趣。

（一）异议的类型及处理考虑

1．需求异议：把不需要作为反对意见。

（1）产生原因

①虚假的需求异议：价格及其他原因。

②确实不存在需求：已经购买及其他原因。

③有需求，无意识。

（2）处理考虑

①挖掘潜在需求：音响的壁挂式。

②需求可以引导：小装饰品等。

2．货源异议：已有货源，不愿更改购货渠道

（1）产生原因

①原有渠道不愿破坏：优惠包含在里面。

②无固定渠道 ，仅是施压，期望价格或服务上获取更大利益。

（2）处理考虑

①试用，比一比情况再说。

②打通关键采购人员或使用人员。

3．推销人员异议：迁移到产品、公司形象

（1）产生原因

味道不对。

（2）处理考虑

①关系可以改善。

②换人、交互推销。

4．产品异议

（1）产生原因

①已使用，不愿意重复使用。

②未使用，但听到传闻。

（2）处理考虑：（同五）

5．服务异议

（1）产生原因

①已享受服务不满意。

②未享受服务，但听闻。

（2）处理考虑（四 、五点联合）

①稳住顾客，记录异议内容。

②承诺向公司反映，留下顾客信息。

③及时与顾客进行后续联系，协助其解决异议。

6. 价格异议：过高、过低

（1）产生原因

①支付能力确实有限。

②正在考虑其他替代品的价格情况。

③试探价格虚实。

④害怕质量受影响：低价促销。

（2）处理考虑

①价格过高的异议：解释高的利益何在。

②价格底的异议：广告投入少，厂庆回报。

③总体考虑：赠品问题。

7. 购买时间异议

（1）产生原因

①顾客考虑降价的可能性。

②等待替代品的出现。

（2）处理考虑

①告之顾客未来不可能降价的原因分析。

②替代品的遥遥无期。

8. 财力异议

（1）产生原因

①确实原因。

②托词。

（2）处理考虑

①提供信贷支持。

②现期购买的必要。

9. 权力异议

（1）产生原因

①确实原因。

②托词。

（2）处理考虑

①询问权力决策者。

②寻找决策者身边的人员。

四、处理异议注意事项

（1）避免情绪化的行为和言辞。

（2）避免肢体或语言上正面冲突。

（3）避免形成辩论。

五、处理异议的具体方法

（1）比较法：指出顾客所获得的核心利益及延伸利益。

（2）冷处理法：先搁置异议。

（3）转移视线法：谈及其他内容，转移顾客注意力。

（4）询问法：把顾客置于专家位置，满足虚荣心。

（5）补偿法：给予更多的非核心利益。

（6）反驳法 ：慎用，使用时要提供充分理由。

六、实训步骤

1．自行分组，共分5组，每组6人，1～4人扮演顾客、1人扮演推销员、1人记录及作为评论员，在模拟推销结束后，进行总结性评价。角色扮演时，推销员、顾客可以变换身份尝试表演。

2．角色扮演情况

人物1： 身份设计：

人物2： 身份设计：

人物3： 身份设计：

人物4： 身份设计：

人物5： 身份设计：

3．分组出场

（1）组长介绍成员安排

（2）潜在顾客提出异议

（3）推销应答

4．实训结束

（1）潜在顾客对推销员的表现一一点评。（2分钟）

（2）推销员对自己的表现点评。（2分钟）

（3）教师总结发言。

5．效果评价

（1）总体评价：角色表演水平、探询潜在顾客的需求、技巧运用是否熟悉、临场反应是否灵活。

（2）分项指标

评价内容	分值	评分
小组组织工作是否完备	10	
角色扮演自然	10	
探询潜在顾客的需求	20	
礼貌用语的运用	10	
产品知识丰富	20	
解答异议的方法得体	20	
心态平和	10	
综合评定	100	

七、评选最佳推销员、最佳潜在顾客。

八、请有实战经验的同学谈一谈你在处理顾客异议时的方法及感受。

九、潜在顾客在卖场时的异议归纳及解决建议

借鉴家居企业部分内部培训资料

（一）产品异议

1．顾客问：你们的儿童家具特价产品是不是质量有问题，为什么同样一套产品不打特价时要一万多，打特价时只要六千多？

（1）错误出招

您放心吧，质量都是一样的。

都是同一批货，不会有问题的。

都是同一个品牌，没有问题。

（2）正确出招

您这个问题问得好，我们以前也遇到过一些顾客有类似顾虑。不过我现在负责任告诉您，迪士尼作为全球知名的品牌，其产品不管是特价还正价，产品质量、服务都是一样的。现在特价产品虽然是价格降了，但产品质量和服务绝对不下降。

2．这套产品的设计式样、颜色我都很满意，

就是觉得你们的材料不怎么样？

（1）错误出招

不会呀，这种材料很好的。

我们有很多顾客，但从没有人提过这种问题。

（2）正确出招

小姐，您真的是很细心，这么细小的地方都可以观察到。现在儿童品牌太多了，从外表看可能您觉得产品质量都差不多，但用材其实光从外面根本看不到，关键在于用材质量及材料环保标准。如 E1 级的板材就比 E2 级贵一倍多，原材料便宜当然家具也便宜了。这就是为什么有的家具三四千能选一套，而有的则需要七八千！我们产品非常关注青少年及儿童的健康成长，所选用的板材都经过权威机构检测，不变形更耐用，全部符合欧洲 E1 级环保标准；华润纳米磨砂环保漆无毒无异味，硬度高，不易划伤，对人体无害、对环境无污染；进口国际五金配件，高品质，经久耐用。我们是国际最大的儿童品牌，您可以放心选用！

（二）价格异议

1．你们的产品不就是在产品上加一个米奇头，为什么价格却要比多喜爱、七彩人生（或其他）的价格贵得多呢？

（1）错误出招

大体上是这样。

差不了很多，就差那么几百块钱。

我们比他们质量好、做工也精细。

（2）正确出招

是的，我们的产品在价格上确实比您说的那家要稍微贵些,今天上午有个老顾客也说到这个问题，不过还是买了我们的产品。您也知道其实影响价格的因素有很多，我们迪士尼是全球十大国际品牌，有 80 年的历史，我们的产品质量和服务是用 80 年的时间积累出来

的，我们的产品是根据孩子的生理和心理发展特征而科学地设计的。

2．我的孩子比较喜欢你们家的产品，也来了几次，你再便宜点我就下单了！

（1）错误出招

真的没办法，如果可以便宜我早就给您了！

我们也是诚心卖，但价格再便宜真的不行！

我也知道，但这是公司的规定，我也没有办法！

（2）正确出招

是呀，您上个星期也来过，我记得您。看得出来您和您的孩子也是非常喜欢这套产品，确定这款产品非常适合您的孩子。我也真心想更好服务您，但价格上您真的有点让我为难。这样吧，折扣我确实满足不了您，您来了很多次，算得上我们有缘份，我个人送一件孩子非常喜欢的礼品给到您的孩子，您看怎么样？我帮您写单吧？

3．我看你们的产品跟多喜爱、七彩人生（或其他）产品差不多，价格却要比他们贵很多！

（1）错误出招

您不能只看价格，还要看材料和做工。

那与我们不是同一个档次。

我们是品牌货，买我们的东西有保障。

（2）正确出招

上次有个顾客也提到过这个问题，不过后来他还是买了我们的东西，因为他发现我们产品布置到他孩子的房间后，发现我们的家具真得在很多方面带给孩子很不同的东西，带给孩子的感觉就是不一样。先生，我这样说您可能还有不确定，这样，我把上次那个顾客孩子买我们家具布置后的空间图片给您看一下（向顾客展示案例照片和孩子照片），您也可仔细看一下我们的产品细节，试试就可以发现我们产品会有不一样的地方。

4．东西确实是好东西，可惜现在的价格太贵。

（1）错误出招

不会吧，已经很便宜了。

先生，那您要多少钱才肯要呢。

打完 7 折下来也就 8000 元，已经很实惠了。

（2）正确出招

导购：先生，以前也有顾客这样说过，他们觉得产品很好看，但价格贵了点。的确，如果单看标价的话会让人有这种感觉，我们产品价格贵一点是因为设计和材料都是上档次，所以很多爸爸妈妈才会选择它，尤其像您这种非常关爱孩子健康成长的父母。其实按这套家具的质量和档次，这个价格是非常实惠的，对您是非常划算的。我帮您开单吧！

十、作业

针对潜在顾客在卖场可能提出的各种异议，你有哪些创新的应答？

【任务小结】

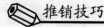

本任务主要讲述了处理异议的总体思路、处理异议的技巧。通过本任务的学习，读者应该掌握以下知识：

1．异议的类型：需求异议、货源异议、推销人员异议、产品异议、服务异议、价格异议、时间异议、财力异议、权力异议。

2．处理异议一般原则：做好准备、尊重顾客、选择时机、避免争辩、给足“面子”。

3．处理异议的步骤：倾听、提问、确认、推介、查证。

4．常见处理顾客异议的方法：冷处理法、补偿法、询问法、转折法、转化法、分解法、比较法、反问法、实例法。

学习任务九　推销成交

【知识目标】

- 了解推销成交的含义；
- 掌握推销成交的基本方法；
- 理解后续联系的重要性和售后服务的主要内容。

【技能目标】

- 能观察出潜在顾客成交的具体信号；
- 灵活运用多种成交方式促成交易。

【案例导入】租金的困惑

卡耐基一生致力于成人教育，有一段时间，他向某家饭店租用了一个舞厅进行一系列的讲课，每一季大概要用 20 多个晚上。

有一次，他突然接到经理的一张通知，告诉他必须付出几乎高出原来三倍的租金，否则要收回他的使用权。卡耐基接到这个通知的时候，入场券等都已经印好，并且分发出去了，而且所有的通告都已经公布了。

几天之后，他直接去见了饭店的经理。

“收到你的来信，我感到非常吃惊。”他说：“但是我理解你的做法，如果把你换成我，也许我也会发出一封类似的信函。每一个人都希望增加自己的收入，你作为饭店的经理，有责任尽可能地增加饭店的收入。现在，我们来做一件事：如果你坚持要增加租金，请你允许我在一张白纸上将你可以得到的利与弊写出来。”

卡耐基拿出一张白纸，在中间画出一条线，一边写着“利”，另一边写着“弊”。

他在“利”这边这样写：“将舞厅空下来，租给别人开舞会或开大会将有更大的好处。因为像这类的活动，比起租给别人当课堂，收入会更多。如果把我占用 20 个晚上的时间去租给别人开舞会，当然比我付给你的租金多得多。租给我用，对你来说是一笔不小的损失。”

在“弊”的一边他写下如下的一段：“不租给我，你有两个坏处。其一，你不但不能从我这儿增加收入，反而会使你的收入大大减少。事实上，你将一点收入也没有，因为我无法支付你所要求的租金，而只能被迫到别的地方去开课。当然，你可以将其租给别人来弥补损失。另外一个坏处就是，这些课程吸引了不少受过教育，水准特高的群众来你的饭店，这对你来说是一个很好的宣传，你不这么认为吗？事实上，即使你花费几千美元在报上登广告，也无法像这些课程能吸引这么多高层次的群众来光临你的饭店。这对一家饭店来说，不是一件很有意义的事吗？你不让我在你这儿讲课，就使你的饭店失去了那么多的观众啊！作为一个经理，应该用长远的眼光来看问题，而不应只顾眼前！”

写完之后，他把纸递给饭店经理说：“我希望你好好考虑这其中的利弊，然后再将你的最后决定告诉我。”

第二天，他就收到一封信函，告诉他租金只涨 50%，而不是原来的 300%。两者相距是何等之大。

问题

卡耐基是如何促成减租的？可以借鉴的地方在哪？

【学习档案】

一、推销成交的基本知识

推销成交指顾客接受了推销员的建议及其推销劝导，并且立即购买推销品的行动过程。促成交易是整个推销工作的最终目标。因为，从推销的进程看，如果一切顺利，在完成了推销的陈述、演示和成功地处理了顾客异议后，自然就应该要求与顾客成交。及时与顾客就推销的产品达成一致，促使对方作出购买的决定，是推销员工作的必然，如果你前面的工作做得都很好，但不能与顾客成交，那就什么都不是。

（一）推销成交内涵

从整个推销过程来讲，成交是推销洽谈的延续。如果洽谈工作进行得很顺利，产品介绍、顾客异议等环节都得到妥善处理，达成交易也就顺其自然。同时，成交也是推销工作重要的一个环节，也是有技巧的。如果推销员掌握并正确运用成交技巧，则他与顾客达成的交易的可能性将大为增加。

我们推销活动的目的就是达成交易。前面工作做得再好，最后不能达成交易，等于白做。足球比赛中的临门一脚。后卫铜墙铁壁，防守极严；中场控球能力强，屡屡向前方输送弹药，前锋就是不争气，临门一脚太臭，不是偏了，就是高了。这样的球队是赢不了比赛的。篮球比赛中的投篮。球员身高有优势，能抢到篮板球，传接球也不错，能把球传到前场，就是投篮命中率太低，不能把球投进篮筐，比赛必输无疑。

（二）推销成交三原则

通常，推销成交应遵循主动、自信和坚持三个原则。

1. 主动

推销员要主动向顾客提出成交要求。

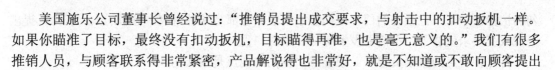

美国施乐公司董事长曾经说过："推销员提出成交要求，与射击中的扣动扳机一样。如果你瞄准了目标，最终没有扣动扳机，目标瞄得再准，也是毫无意义的。"我们有很多推销人员，与顾客联系得非常紧密，产品解说得也非常好，就是不知道或不敢向顾客提出成交要求。一项调查结果显示：有71%的推销员未能及时地向顾客提出成交要求。

推销员没有向顾客提出成交要求的原因，是他们脑海里有两个错误观念：

（1）如果顾客需要商品，他们会主动提出来。某个推销员推销工业用产品，与某个工厂的供应部门连续联系了几个月，不停地跑，最后终于获得了客户的订单。生意谈成之后，他跟客户聊天，问客户："为什么你们拖了这么久才下订单？"客户不经意地回答着实令他吃了一惊，"今天，是你第一次提出来要我们订货呀？"

事实上的情况是：即使顾客需要产品，他们也不会主动提出成交要求，而是等待着推销员提出成交要求。一位推销专家曾经这样风趣地说：推销员等待顾客提出成交要求，就像等待一群在外吃草的牛自动回家一样。在直销情况下，只有3%的客户会主动向推销员提出成交要求，其余97%的顾客需要推销员请他们购买。

（2）推销工作是求人买商品。推销员工作很卖力，一次次登门拜访顾客，一次次有礼貌地与顾客告别，就是不敢把自己的真实想法告诉顾客，让顾客下订单。把成交要求一直憋在自己心里边。他们害怕被顾客拒绝。要是提出成交要求，被顾客拒绝了，怎么办？

推销员从事的工作，不是求人办事，求人买商品的工作，而是满足顾客需求的工作。

一位推销专家说：如果推销员树立了为顾客服务的思想，将推销商品与为顾客解决实际问题结合起来，那么推销员向顾客提出成交要求，就是非常自然的事儿了，不再会犹犹豫豫、支支吾吾。

2. 自信

推销员要以大胆、自信的口吻向顾客提出成交要求，不可支支吾吾、犹犹豫豫、吞吞吐吐。自信是具有传染力的，当推销员自信时，顾客也会坚定购买信心。正如美国十大推销高手之一的谢菲洛说："成交的最后关头，自信是绝对必要的成分。"

有一个从事设备推销的推销员，他上星期刚拜访了一个单位的老总，双方洽谈的效果还算可以。这天上午，他在办公室准备材料，打算下午再去拜访那位老总，心里盘算这次要不要提出成交要求？想提出来，又有点不敢。要是遭到对方拒绝，一笔大生意就这么泡汤，很不甘心。一个人就在那里犹豫不决。这个时候，他接到他正在上小学二年级的儿子打给他的电话："爸爸，中午给我买一支铅笔回来。"说完就把电话挂了，容不得你和他商量，只有照办。

他儿子这么干脆的要求，深深地感染了他，也使他明白了其中的道理。下午的事情好办了。就照着儿子命令自己的口气，去谈生意，让对方签合同！下午，他信心十足，与老总进行了实质性的谈判，并提出成交请求，终于如愿以偿。

3. 坚持

有很多推销员在向顾客提出成交要求，遭到顾客拒绝后就放弃了。他们拜访了某位顾客，向顾客提出成交要求后，顾客说："我现在不想买"；"你们的东西太贵了，我没钱"；"你们的产品不好，我不喜欢"。推销员听到这类顾客拒绝的话之后，就收拾东西走人，匆匆忙忙去敲下一位顾客的门。他们想象中的顾客都是那种直爽、理智的人，认为只提出一次成交要求就够了，不需要罗罗嗦嗦、浪费口舌。

持这种观点的推销员很多。很显然，他们的观点是错误的。

【延伸阅读 9-1】

> 美国有研究表明，推销员在获得顾客订单之前，平均要出现 6 次的否定。也就是说，推销员没有 6 次的坚持，也就不会有第 7 次的成功。而 1 次提出成交要求就能成交的比例只有 10%。胜利往往就在再坚持一下的努力中。
>
> 坚持不懈，不是死缠滥打、揪住不放，要讲究策略。我们介绍产品，不要把产品的优点一口气全部介绍完。可以采取这样的策略：介绍产品的第一项优点：我们产品质量很好。得到顾客的证实：顾客说“质量不错”。提出成交要求：“那您这次是买 5 件，还是买 10 件？”顾客同意，OK；顾客拒绝：“我还没有考虑好”。装着没听见。接着介绍产品的第二项优点：我们产品功能齐全。得到顾客的证实：顾客说“功能很多”。提出成交要求：“那您这次是买 5 件，还是 10 件？”顾客同意，OK；顾客拒绝：“我还没有考虑好”。装着没听见。……几轮下来，成交可能性就大为增加。

（三）推销成交的信号

推销员在什么时候做出成交提议比较好？一般应在顾客购买心理活动过程的确信阶段提出较为适宜。顾客对商品的认可，在推销洽谈过程中，是通过一系列或明或暗的购买信号表现出来的。购买信号是指顾客言行所表现出来的打算购买的一切暗示或提示，包括语言、动作、表情等各个方面。

1. 语言信号

语言信号主要包括以下几个：

（1）顾客问及产品使用方法和售后服务。

（2）顾客重新问及推销员已说过的某个重点内容。

（3）顾客询问交货时间及手续。

（4）顾客用其他公司的产品、交易条件与我们的产品和条件相比较。

（5）顾客问及商品的市场反映或消费者的意见。

（6）顾客征求身旁其他人的意见。

2. 行为信号

行为信号主要包括以下几个：

（1）动手操作产品，仔细触摸产品。

（2）把产品拿在手上反复审视。

（3）由远走到近，或由近走到远。

（4）低头俯身向着产品，一边看一边点头。

（5）一边屈指在数一边口中念念有词。
（6）舒展身体的某个部位。例如身体往后靠在椅背上。
（7）用手拢头发。
（8）顾客主动靠近推销员，例如身体前倾。
（9）对推销员的每个答复都仔细倾听并频频点头。
（10）伸手向推销员要合同看看。
（11）拿起放在桌子上的订单反复看。
（12）打电话、传唤具体办事人员到现场。

3. 表情信号

表情信号主要包括以下几个：
（1）神采奕奕。
（2）面部肌肉放松。
（3）眉头舒展，表情放松、活泼友好。

二、促成交易的技巧

促成交易的技巧主要有：选择成交法、从众成交法、保证成交法、试用促成交易法、最后机会法、从众成交法和小点成交法。

（一）选择成交法

1. 提供功能可以替代的产品

在原产品缺货或调整期间，以及主观要劝导老顾客购买其他产品时，推销员可以提供可以替代的产品。考虑到顾客对原使用过的产品比较了解，对于替代品有可能提出疑问，这就要求推销员对替代品有很详细地了解。例如案例中潜在顾客对卷烟品牌外包装的图案色彩、口感、焦油含量以及产地和价格等方面已比较了解。如果推销员在潜在顾客询问替代品的过程中出现模糊的状态，那么推销员就会产生极大的疑虑，自然达不到促成交易的目的。

2. 提供价位可以替代的产品

推销员对自己负责的区域经济环境以及老顾客购买能力应该比较了解。推销员在参考过去顾客购买的产品，在提供功能可以替代的产品上，选择几款与原产品相仿的产品推荐，案例中推销员根据潜在顾客购买力，对新品牌卷烟做了选择性的推销，侧重推销同价位新卷烟品牌。

选择成交圈定了成交的范围，因此潜在顾客在很仓促的情况下，通常会在推销员限定的框架内完成交易。

一般来看，潜在顾客在购买商品时，首先会考虑自己的需要，按照自己的购买动机支配，但很多时候也会服从社会压力，受社会规范的约束。因此很多潜在顾客会自觉或不自觉地把其他人的购买行为作为自己的参照。从众成交法正是利用了人们的这种社会心理，促成潜在顾客迅速做出购买决定。潜在顾客之间的相互影响和相互说服力，往往要大于推销人员的说服力。如何高效运用从众成交法促成交易呢？以下方式可以参考：

（1）选定一个参照系

从众是一个社会心理，但参照系选得好，效果也会好。参照系的选定要强调有普遍模仿性。另外潜在顾客参照前面潜在顾客的购买，会获得潜在的收益或得到群众消费习惯的认可。

（2）让潜在顾客自我参照

推销员强调主动出击，但有时候反而让潜在顾客非常抗拒，如果让顾客自我构建参照系，利于促成交易。

【课堂讨论 9-1】无意中的有意

这是我做保险公司推销员时的一段经历，虽然已经过去多年，但仍记忆犹新。

当时我们部负责的几个社区居民签单率很高，特别是儿童健康险种“黄金时代”更是受到一些学龄前儿童家长的欢迎。

可绿汀花园 16 栋边上食杂店那个年轻的老板娘，却让我的几个男女同事几次碰壁。正面与她接触，一提她孩子的保险，她就脸色一变：“你少咒我们家孩子”，根本不给你机会把保险的内容说清楚就下逐客令。

几个同事叫我去试一试，如果能成功拿下那老板娘，便请我吃海鲜。于是我决定会一会这难缠的潜在顾客。

行动前，我先对潜在顾客进行了一番调查：原来这年轻的老板娘有一个 4 岁的女儿，丈夫是个海员，常年不在家，家里经济状况很好，据说开食杂店只是为了消遣，家里并不缺钱花，完全有能力支付保险金，确实是一个非常符合条件的潜在保险潜在顾客。经过精心的准备和策划，我选择了一个阴雨天的傍晚实施推销行动。

我打着雨伞背着文件包，急冲冲地走进空无一人的食杂店，然后焦急地对老板娘说：“手机没电了，借公用电话用一下好吗，”老板娘示意可以。于是我装模作样地连拨了两次电话，但都没有接通。接下来，我就有一搭无一搭地与老板娘闲聊，并一再夸她女儿如何如何漂亮，招人喜爱，老板娘自然高兴得合不拢嘴，一脸很幸福的样子。

隔了一会儿，我继续拨打电话，还是没人接，于是，我们继续围绕她的漂亮女儿聊天。看得出来，尽管天气不太好，但她的心情却不能再好了。

如此拨了聊，聊一会儿我再拨电话，不知不觉中，电话终于拨通了，我冲着电话大声地说：“孙姐，我是梁丽，你儿子在幼儿园摔伤，住院手术费可以用复印件报销的，对，用复印件就行，对，保了这 3 万元的就可以报 2.4 万元，没问题的，好，明天咱们公司见……”

我打电话时，老板娘静静地认真地听着，放下电话我与她打招呼交电话费，做出马上就走的样子，根本不提保险的事。

这次是她主动问起保险的事。我不轻不重地向她作了说明：

孙姐5岁的儿子在幼儿园玩耍摔断了肘关节，手术费花了3万多元，她不但在幼儿园投了保险，又在我们公司刚办完“黄金时代”险种，所以，不但幼儿园的保险赔给了1万多元，我们公司还要赔付2万多元。双保险就可以得到双重赔偿。

接着，老板娘又询问了一些保险的其他情况，我装作有事不耐烦要走的样子，拣主要的能吸引人的险种条款作了介绍，然后就应她的请求留下我的电话号码，然后匆匆离开。

第二天一上班，老板娘就打来电话，要请我马上去一下她店里，为她女儿办“黄金时代”。

放下电话，几个同事一齐向我竖起了大拇指。这块最硬的骨头，终于让我给啃下来了。

问题

请归纳潜在顾客一般在哪些环境下易构建参考系？

（二）保证成交法

保证成交是指推销人员对潜在顾客所允诺担负交易后的某种行为，这是基于潜在顾客对此种产品是否真如推销推荐的一样抱有疑惑心理，心理上仍有后续使用上的障碍，对最终的购买行为犹豫不决时，推销人员可以向潜在顾客提出保证，消除潜在顾客成交的心理障碍。保证成交建议从以下三方面作为保证重点方向：

1. 效用

保证成交的方式，一般来看很多产品由于是潜在顾客了解很少的产品。潜在顾客购买产品时最关心的是产品是否如他们所愿，即能够达到他们所期待的效用。如果产品不能达到他们的期望，即便是价格再便宜，潜在顾客同样是不会接纳的。因此，推销员在运用保证成交方式时，最重要的一环就是保证产品的效用，正如案例中推销员的朋友说：“有效果、还省钱，我一分钱不少你，还免费给你传传名。”

2. 价格

保证成交中，价格也是潜在顾客较关心的事情，因为，对此种产品并不是十分了解，自然对产品应该对应的价格并不清楚，更害怕同样的效果花了更多的费用，因此需要推销员对产品的价格作出承诺，例如自己的价格是市面上同类产品价低方，至少要保证不比同类产品价高。另外在很多产品购买过程中，潜在顾客担心产品的价格在自己购后下降，致使自己遭受价格上的损失，很多推销者也会做价格坚挺的保证，例如房产推销员及家用电器推销员。

3. 售后服务

售后服务也是潜在顾客较关心的事情，尤其是新产品或潜在顾客抱着试用的产品，如果推销员在售后服务层面加强保证，同样可以打消疑虑，促成交易。案例中推销员的一句“不能达到省钱、省药、高效的目的，只能是抱歉地说耽误你几个小时的工夫，让你白出了点力，药钱一分不要。”这就是告诉使用人，效果不好，货都无需麻烦你去退，这其实就是一种服务的保证。

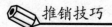

针对潜在顾客最疑虑的几个方面，提供以上成交保证，就可以化解潜在顾客的后顾之忧，增强成交的信心，促使成交完成。

【课堂讨论 9-2】解除疑虑

不久前，在农资公司工作的高中同学孙玉斌找到我说："老同学，我公司新进一批刚面市的新产品农药，我的销货任务很重，你业余时间帮我推销推销。"同学之邀难以推却。我详细询问了新产品、农药厂家、使用范围及效果如何，等等。最后我答应他试试看。

星期天，我带足农资公司推销产品的有关证件和几箱农药新产品，奔赴家住农村的各位亲朋好友那里。

农民最讲实际，最重实效，最认实惠，跟他们打交道得用看得见、摸得着的事实说话。我没有把产品送到各村镇农资产品代销店，而是先让我的亲戚朋友试用。一般农民对农药不信任，更不敢使用新产品。而把产品送给亲属用，这些人不会对我有怀疑，用好了还会替我宣传。临行前，我把各乡镇村的亲朋好友的名字逐一排列，认真分析，订出走访计划。决定用 5～6 个双休日全部跑一遍。这种新产品农药最适应稻麦抽穗扬花期和苹果树挂果前后多发病虫害时使用，眼下正是需用这种药的时候。

我首先来到一位亲戚家里，说明来意后，我给亲戚留下两瓶农药后说："这两瓶药你先使用，看效果好再付钱，如果不能达到省钱、省药、高效的目的，只能是抱歉地说耽误你几个小时的工夫，让你白出了点力，药钱一分不要。如果我说的不假、好用的话，咱亲戚份上也得公事公办，药钱满付，还得替我宣传宣传。"这位亲戚满口答应。

接着，我又来到离这位亲戚不远的一位好友家里，话一挑明，好友幽默地说："你要是卖假冒伪劣货，一准儿能把我坑个半死。"我告诉他这是正宗渠道、正规厂家来的货，先放心使用，你我谁也跑不了，有效再付钱，出现损失我包着。好友这下放心了，说："看在多年好朋友的面上，我就给你开块试验田吧，有效果、还省钱，我一分钱不少你，还免费给你传传名，不好用，就权当没有这档子事。"我满口答应，连声说好。我不舍得在朋友家里多耗费时间，又投奔到别处几位亲朋好友那里，一个又一个亲朋好友接受了我的推销。就这样，10 多天时间，10 箱 120 瓶农药全部"免费"送给了我相知相识的人。

这一招果然奏效，有的亲戚不久就打电话向我道谢。说这农药管用，有的虫子抗药性强，过去打两遍药都不死，这次一遍就一扫而光，好多邻居听说后也都想买。我高高兴兴收回了第一批药的全部赊款，又不失时机地将农药推销下去。我推销帮了同学的忙，又为亲朋好友推荐了一种省钱、高效的新药，同时我也从中赚了一笔，可谓义利兼得。

问题

推销员还可以通过保证哪些方面促成成交的完成？

（三）试用促成交易法

1. 先期试用的魅力

推销人员必须有一个强烈的意识，即顾客购买的过程也是先期试用产品的过程。购买时融洽的氛围和舒适的环境可以给潜在顾客带来难以忘怀的、有价值的体验或美好感受，先期试用就是冲着体验展开的。在一个信息过剩的时代，一个注意力主导利益的时代，只有那些能真正刺激潜在顾客感觉、心灵和大脑，并且进一步融入其工作生活方式的体验才会使潜在顾客内心深处感受到强烈的震撼，才能真正俘获潜在顾客对产品的芳心，得到他们的支持和认可，建立起买卖双方互动、互利的关系。

2. 推销终端的要求

先期试用最重要的战场和最前沿的阵地就在推销终端。从现实购买行为观察，很多潜在顾客对商家频繁的促销习以为常；对换汤不换药的折扣熟视无睹；对所谓的终端生动化讲解、演示漫不经心；对那些所谓“卖点”和“差异”总是将信将疑；对所谓标注的“上榜品牌”“质量免检”产品更是嗤之以鼻。实际上潜在顾客更希望能够亲眼看到、最好是亲身体验到产品和服务所能给他带来的价值。商家只有在推销终端为潜在顾客创造体验产品和服务的机会，让潜在顾客通过自己的观摩、聆听、尝试、试用，实际感知产品或服务的品质或性能，才能促使潜在顾客全面构架产品认知、自我评价产品优劣的过程中选择自己公司的产品。

【课堂讨论 9-3】试用的效果

有一名推销机床的推销员来到一家工厂，他所推销的机器要比这家工厂正在使用的所有机器速度都快，而且用途多、坚韧度高，只是价格高出现有机器的 10 倍以上。虽然该厂需要这台机器，且也能买得起，但厂长是那种只买旧机器的人。所以不管机器多么好，多么有利可图，可是因为价格问题，厂长下了决心，他不准备购买。推销员说：“告诉你，除非这机器正好适合你的车间，否则我不会卖给你。假如你能挤出个地方，让我把机器装上，你可在这里试用一段时间，不花你一分钱，你看如何？”

“我可以用多久？”厂长问，他已想到可把这台机器用于一些特殊的零部件加工生产中。如果机器真像推销员说的那样能干许多活的话，他就能节省大笔劳工费用。推销员说：“要真正了解这种机器能干些什么，至少需要三个月的时间，让你使用一个月，你看如何？”机器一到，厂长就将其开动起来。只用了四天时间，就把他准备好的活加工完了。此时，这台机器被闲置在一边，他注视着它，认为没有它也能对付过去，毕竟这台机器太贵了。正在此时，推销员打来了电话：“机器运行得好吗？”厂长说：“很好。”“你还有什么问题吗？是否需要进一步说明如何使用？”厂长回答说：“没什么问题”。他本来想要怎样才能应付推销员，但对方却没提起成交之事，只是询问机器运行情况，他很高兴，就挂下了电话。

第二天，厂长走进车间，注意到新机器正在加工部件，车间主任正在干他没能想到的机器能够干的活。在第二个星期里，他注意到新机器一直在运转。正像推销员所说的那样，机床速度快、用途多、坚韧性高。当他跟车间的工人谈到新机器不久就要运回去的时候，他的车间主任列出了许多理由，以说明他们必须拥有这台机器，别的工人也纷纷过来帮腔。

“好吧，我会考虑的。”他回答说。

一个月后，当推销员再次来到工厂时，厂长已经填好了一份购买这台机器的订货单，他不准备失去他车间里的“小狗”。

问题

有人说，体验仅仅是发生在消费后？你如何看待此说法？

（四）最后机会法

最后机会法，即推销员直接向顾客提示最后成交机会，促进顾客立即购买的一种成交方法。这种方法就是在顾客已基本确立购买意向的情况下，为坚定其信念，加快购买过程，用提示后悔的方法，让顾客意识到购买是一种机会，良机一去不复返，不及时购买就会产生损失。这样，顾客的购买心理就会紧张起来，由犹豫变为果断，并立即做出购买的行为。

1. 最后机会法现实举例

“听说这种东西下半年还要涨价，如果您还不作出决定，最后损失的还是您。”“本公司的促销活动到今天截止，所以是最后一天打折，如果您今天不购买的话……”“这种产品只剩最后一个了，短期内不再进货，您不买就没有了。”

2. 最后机会成交法的优缺点

（1）优点：最后机会成交法可以在顾客心理上产生一种“机会难得”的心理效应，能够引起顾客对购买的注意力；可以减少许多推销劝说工作，避免顾客在成交时再提出各种异议；能够有利于提高成交速度和成功概率。

（2）缺点：使用最后机会成交法过多，会让顾客有一种受骗上当的感觉，从而可能失去顾客对推销员的信任和影响企业的信誉；另外，它也会增加推销费用，减少收益；有时也会加深顾客的心理负担。

（五）从众成交法

从众成交法，即是推销人员利用从众心理来促成准顾客购买推销品的成交方法。

例如，“这是今年最流行的款式。”推销员说这句话有时是真的，有时是他编造的，以增强顾客的购买信心。

“你看，这是近几天的销售单，这一款是年轻人选择最多的机型。”

一般人都有赶时髦的心理，谁都不愿落在时代的后头。

（六）小点成交法

小点成交法，指推销人员利益交易活动中的次要方面来间接促成交易的成交方法。如果推销员一开始向对方提出一个大的要求，会把对方吓跑。推销员的策略就是，从小处着眼，一口一口将对方吃掉。

例如，典型的例子就是谈恋爱。男追女，不能一开口就说：“你嫁给我，做我的老婆吧。”那非把对方吓跑不可。你只能一步一步慢慢诱导：“今天，我们去看场电影吧？”“好啊。”“明天，我们去逛逛商场，想买件衣服送给你。”“好啊。”“后天，我们去唱唱歌、跳跳舞？”“好啊。”三个月后，“你嫁给我吧？”“好啊。”到手了。

国外有个汽车销售高手，顾客上门看汽车，他从来不这样问顾客：先生（小姐），您要不要汽车？他的做法是：预先设计一张表格，表格分项描述汽车特征。当有顾客前来光顾，他就拿出这张表格，一项一项询问顾客。您是要红色的还是黑色的？红色的，打个勾；您是要排气量大的，还是小的？排气量大的，打个勾；您是要有音响的，还是没有音响的？有音响的，打个勾；……问完之后，就把顾客带到符合这些条件的汽车面前，“这就是您要买的汽车。”这就是小点成交法，也是化整为零的手法。

三、收取货款

产品交易包括两个方面，一是出售货物，二是回收货款，二者缺一不可。从本质上说，推销员的工作就是将产品转化为货币，同时在转化过程中，实现销售成本的补偿与经济利益的获取。因此，能不能及时、顺利地收回货款关系着推销员推销工作的成败。

【延伸阅读 9-2】

全力以赴做好货款回收工作

货款回收是新华书店每年的重点工作之一。总部董事长秦玉莲强调：今年对清欠工作的总要求是货款综合回笼率不得低于97%，欠款余额必须低于去年同期水平。为此，集团要求：

（1）各分公司必须派专人负责货款回收工作。集团目前存在对回款工作的畏难情绪，使得有的清欠工作流于形式。因此，集团要求各级公司必须派专人负责货款回收工作，切实增强紧迫感，拿出具体对策，调动一切积极因素，采取有效手段，实现今年的清欠工作目标。

（2）继续强化清欠管理，加大工作力度。各级公司要不断总结经验，强化对清欠工作的管理，并采取切实可行的办法，加大清欠工作力度，确保货款高质高效回笼。

（3）必须确保资金安全。各级公司要切实加强应收账目的管理，规范流程。发书清单、欠条、收退单、存款单、结算清单等原始附件一个都不能少，在回收货款时，必须严格遵守财务纪律，杜绝意外情况发生。

（4）严惩弄虚作假行为。集团坚决反对为完成清欠目标而采取的一切弄虚作假行为。只要检查出有故意隐瞒欠款真实数据，编造虚假数据行为的单位和个人，年终考核奖励一票否决，并从严、从快追究相关责任人的责任。

（一）选择收款的方式

随着科技的发展，收款方式也从当初单调的一种、两种发展到现在的数种，有电汇、支票、承兑等。面对这么多的收款方式，推销员应该积极了解、学习并仔细分析各种收款方式的适用性和安全性，从而在各种情况下选择最合适的收款方式。

1. 支票

支票是我国传统的票据结算工具，在各城市（镇）范围内普遍使用。支票是由出票人签发的，委托办理支票存款业务的银行或者其他金融机构在见票时无条件支付确定的金额给收款人或持票人的票据。支票可用于支取现金和转账，在同一城市范围内的商品交易、劳务供应、清偿债务等款项结算均可以使用支票。

支票的优点是：一是安全性高，支票没有密码，随签随付，不必承担大额款项丢失的风险，而且未签字的空白支票即使丢失也不会造成什么损失；二是交易费用低，不论金额大小、同地还是异地统一收取，一般每笔在 1 元以下；三是硬件要求低，支票不需要 POS 机等设备，不受指定商场、银行与商户间联网的局限，应用范围较为广泛。

但是，支票也有局限性：首先，异地款项要等数日，资金到账周期长；其次，填写支票专业性强，要求高，一旦出错就不能正常使用；再次，个人信用没有保障，空头支票让收款方感到害怕。

2. 本票

我国票据法第 73 条规定：本票是由出票人签发的，承诺自己在见票时无条件支付确定的金额给收款人或持票人的票据。这里所指的本票是指银行本票，不包括商业本票和个人本票。银行本票见票即付，不需要“承兑”，因此信用等级非常高，而且不同银行开出的本票可以通用。在交易活动中如果使用银行本票，卖方可以见票发货，而买方可以凭票提货，同时债权、债务双方还可以凭票清结债权和债务，操作十分方便。与支票相比，本票有效期长，为 2 个月，而支票只有 10 天。

3. 电汇

电汇是国际上流行的公司与公司之间相互付款的方式之一。使用电汇的前提条件是买卖双方都需要在有开通电汇服务权利的银行开设账户。电汇时，银行会先收取汇款方一定的汇款费用，而收款方则无需缴费。与其他传统的汇款方式相比，电汇方式到账较快，提现方便，并且安全，适合大额的收款。但缺点是费用较高，需要卖家先支付，对于信用问题要求很严格，不适合小额收款。

4. 商业汇票

商业汇票是出票人签发的，委托付款人在指定日期无条件支付确定的金额给收款人或者持票人的票据。在银行开立存款帐户的法人以及其他组织之间，必须具有真实的交易关系或债权债务关系，才能使用商业汇票。商业汇票分为商业承兑汇票和银行承兑汇票两种，适用于企业单位先发货后付款或双方约定延期付款的商品交易。

这种汇票经过购货单位或银行承诺付款，承兑人负有到期无条件支付票款的责任，对付款单位具有较强的约束力，有利于增强企业信用。同时，买卖双方还可根据实际情况商定不超过 6 个月的付款期限，有利于二者资金的周转与流通。还有，买方在资金暂时不足的情况下，可以凭承兑的汇票购买商品，而买方也可持承兑的汇票、增值税发票和发运单据复印件向银行申请提现，以及时补充资金。

5. 银行汇票

银行汇票是指企业或个人将款项交存银行，由银行签发给其持往异地办理转账结算或支取现金的票据。银行汇票也是一种传统的票据结算工具，我国曾在 50 年代停止使用，后为了适应改革开放多种经济成分、多种流通渠道、多种交易方式的不同需要再次开始使用。银行汇票的特点是：票随人到，有利于组织和个人急需用款和及时采购；方便灵活，持票人既可以将汇票转让给卖方，也可以通过银行办理分次支付或转汇；兑现性强，签发行系统内的异地代理付款行对持票人出示的汇票必须见票付款，有利于保障资金及时兑现。因此，银行汇票深受广大企事业单位、个体户和个人的欢迎，其使用范围广、使用量大，对异地采购起到了积极的作用。

（二）做好收款工作

收款是成交后续工作中非常重要的一项任务，它涉及企业的可持续运营和推销员的销售业绩。但收款又是一项复杂的工作，需要推销员做好各项准备工作并掌握相应的技巧才能较好地完成回收货款任务。

1. 提前准备

通常来说，推销员要提前做好下面五种收款准备工作。

（1）将合同、发票、收据和签收单等收款凭证准备齐全。

（2）将账目整理清楚，定期向买方发出货款征询函或钱款回执，并要求买方签字盖章。

（3）联系买方的关键人物进行催款。

（4）若买方有意回避和拖欠货款，推销员应想好对策积极回应。

（5）必要时，推销员可以联合其他供货商一起对抗买方，使其无处遁形。

2. 运用技巧

运用一定的收款技巧，可以提高收款的效率。一般情况下，推销员可以根据实际情况采用以下收款技巧。

（1）按时收取货款。一般来说，如果卖方不先提出收款事宜，大部分的买主是不会主动上门交款的。所以，推销员应该根据合同规定或者当初双方协商的支付日期对买方进行催款，也可在约定的缴款日期前向买方邮寄催款通知单或者电话通知买主按时支付货款。

（2）利用三方关系收取回款。若买卖双方发生争议，可以通过第三方，如中间人、银行，甚至是法院来进行调解，以达到及时回收货款的目的。

（3）多次少量的原则。如果货款金额较大且买方资金紧张，可以将其分成多笔多次收取，从而给买方以喘息之机。比如，把月结 20 万元货款改为每周结算 5 万元。不过，要注意，这也是没办法的办法，能一次收取当然更好。

（4）以物品抵债。如果买方确实没有能力在约定日期内支付货款，推销员可以调查买方的资产情况，考虑以物来抵债的方法。

（5）运用法律武器。针对买方恶意拖欠货款的现象，企业和推销员要善于运用法律武器维护自身的合法权益。比如，事先签订具有法律效力的合同，聘请律师或者委托合法的债务债权咨询公司等。

【延伸阅读 9-3】

“五字”催款技巧

作为推销员，不仅要在推销方面具备专业的能力，在收款方面也应做到五点：

一是“快”，对意外事情的反应要快。

二是“勤”，催讨的频率要高。

三是“粘”，不轻易答应客户的要求，对有松动的顾客要及时达成还款承诺。

四是“缠”，与债务人的交涉要层层逼近。

五是“逼”，对客户的弱点直接施压，适当提高施压等级。

1. 如何应对“已经付款给你们了”

应对：谢谢您，为了避免出现差错，您能不能告诉我是哪天付的，数额是多少，是哪个银行，收款人是我们公司吗，您能不能将电汇底单传真给我一份呢？

2. 如何应对“我们正在等着我们的客户给我们付款”

应对：我们知道资金周转是非常重要的事，您的客户不尽快付款是很令人恼火。您看我们现在处于同样的境地，我只是想再次与您确认一下，我们签订的赊销期是30天，而这10万元的货款已经逾期40天了，所以我们希望现在就结清这笔款项。

3. 如何应对“我们没收到发票”

应对：好，我可以传真发票的底联给您，以便您查找。现在我想确认一下，如果您收到了我的传真能否立即支付全款给我们呢？

4. 如何应对“我们这儿正进行改组”

应对：是的，改组是会造成一定程度的不便。但我们只想与您确认一下您是否已收到了我们的货物呢？你欠我们的10万元货款现在已经逾期40天了，为了维护我们达成的付款协议，请您务必尽快付出此笔款项。不过鉴于您目前的处境，您是否可以跟您的领导说一声，以便尽快处理这事。如果有必要，我也可以出面和他谈。

（选摘自 http://blog.sina.com.cn/s/blog_490046660100lvtm.html）

四、成交后的工作

（一）后续联系

推销人员与顾客成交签约后，是否意味着推销活动的结束呢？回答是否定的。从现代推销学的角度看，推销过程的成交阶段，还应包括一个内容，即成交后续联系。后续跟踪是指推销人员在成交签约后继续与顾客交往，并完成与成交相关的一系列工作，以更好地实现推销目标的行为过程。后续联系体现了以满足消费者需求为中心的现代推销观念；使企业的经营目标和推销人员的利益最终得以实现；有利于提高企业的竞争力；有利于获取重要的市场信息。

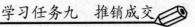

在市场不景气的时候，企业与顾客良好的关系可以将企业的经营推向高潮；在市场低迷的时候，企业与顾客牢固的关系可以使企业安然度过难关。推销员要做到“三勤主义”：嘴勤——勤打电话；手勤——勤写信、写邮件；腿勤——勤登门拜访。

推销员或企业可以将客户购买量的大小作为衡量客户重要性的标准，进行客户分类。某企业运用这种方法将客户分为 ABC 三类，针对每类客户，制定相应的措施。

1. 对于 A 类客户

为每一个用户建立一份用户档案，详细收集用户的经济技术信息，包括用户产品产量、产值、利润、品种变动、新产品发展方向、对该厂产品的评价意见和要求等。对他们的需求优先满足，保证供应，送货上门，做到按月交货不脱期，什么时候要就什么时候送。指定专门的推销人员对口联系，定期走访，及时了解用户新产品的研制方向，根据用户要求进行新产品研制和开发。定期召开各种类型的座谈会、洽谈会。总之，要使 A 类用户对公司的产品从理智到感情都有充分的认识，对公司的产品无论是质量、数量、供货期还是服务工作都有绝对的信任感和安全感。

2. 对于 B 类客户

分别建立用户卡片，主要收集用户对公司产品的要求变化以及新产品发展方向的信息。严格执行供货合同，做到按质按量及时供货。销售人员每年要走访用户一次，每半年发一次征询意见、了解需求的信函。

3. 对于 C 类客户

严格执行供货合同，尽量满足他们的要求。当企业确实无法满足他们的要求时，耐心向用户说明情况，帮助他们联系其他供货渠道，尽力使这类用户满意。

在 IBM 公司，销售人员与客户的关系非常密切，销售员经常走访老客户；公司也经常邀请客户到公司里来。

美国一个生产医疗器械的公司，要求其领导人每周三次用电话与前两个月内购买了本公司产品的顾客进行联系，问他们是否对产品感到满意。

乔伊·吉拉德有 13000 多名顾客。他每个月都要发出 13000 多封信，与顾客保持联系。每当生意成交之时，他的助手就把写好的信递给乔伊·吉拉德，让他再递给顾客。

日本有一个有名的推销员，他经常出差。旅行包里塞了很多信封和邮票，在等车、坐车的空隙里，他就开始给顾客写信。

给顾客写信是一种非常好的与顾客联系、增进双方感情的方式。即使在电话普及率、电子邮件使用率相当高的今天也不例外。今天，私人场合写信的情形已经不多了。但在商业领域，传统的信件仍是一种比较好的联系方式。人们对电话干扰、垃圾邮件比较厌烦，而对传统的信件有一种亲切感。

（二）售后服务

推销员开发顾客有两条途径：一是开发新顾客，二是巩固老顾客。推销当中的20 / 80定律就是80%的销售收入来自20%的顾客。这20%就是由老顾客构成的。具体而言，留住老顾客可节省推销费用和时间，比新顾客带来更多的收入和利润，获取顾客终生价值。

1. 售后服务的类型

（1）送货服务。由于现代生活节奏的加快，购买者越来越不愿意花大量时间进行购物。送货上门、提供运输服务成为吸引顾客购买的重要服务项目之一，推销员应从顾客的需求出发，做好此项工作。送货的形式有自营送货和代营送货两种，自营送货是推销员自备运输工具亲自给顾客送货，如保险代理人亲自把保单送到顾客手中。代营送货是推销员委托固定的专业运输单位统一送货，如通过快递公司把产品寄送给顾客。

送货上门服务为顾客提供了极大的便利，有利于增加顾客的购买量和重复购买率。对体积大、笨重、不易随手携带的商品送货上门，或对购买大量商品的消费者，年老体弱和有特殊困难的顾客，提供送货服务。能极大地方便顾客，增加顾客的购买意向。

【延伸阅读9-4】

大卖场打服务“肉搏战”

《北京商报》报道，在零售业这个微利行业，当价格战已经无法再起硝烟的时候，服务比拼似乎又成为另一块新辟战场。为了争取更好的销售业绩，免费送货服务拉开了擂台赛的帷幕。

位于东南四环商业集群带的沃尔玛大郊亭店上周开业，其店长表示，该店推出了“免费送货服务，沃尔玛承诺将在2小时之内将顾客购买的商品送货上门（其中不包括新鲜冷冻商品）”。

家乐福国展店的服务也雷同。相关负责人表示，如购物满188元，家乐福也可以免费送货上门，但范围同样限定在三公里范围内。他还表示，两点以前购物当日送，两点以后则次日送，“时间不保证”。

一家尚未推出该服务的卖场负责人表示，虽然超市商品送货上门也是吸引顾客的一种新颖方式，但目前只是一些外资卖场在推广。因为要做好此项服务，就要求主营销售的大卖场不得不克服人力成本等因素组建一个配给团队，这不是所有卖场都能做到的。

（2）质量保证服务。任何产品在使用一定时间后，都免不了出现故障，影响使用效果。质量保证服务是指企业抱着为顾客负责的宗旨，对售出产品的功能或使用价值的圆满实现提供技术保证。质量保证服务做好了，就可以使顾客安心地购买、使用商品，从而减轻顾客的购买压力，让顾客感到放心、满意。质量保证的常见形式有 “三包”（包修、包退、包换）服务，这样可消除顾客的后顾之忧，降低购买风险，对促进销售、增强竞争优势有很大的作用。

（3）安装调试服务。随着科学技术的发展，商品中的技术含量越来越高，一些商品的使用和安装也极其复杂，顾客依靠自己的力量很难完成，因此就要求企业提供上门安装、调试的服务，保证出售商品的质量，使顾客一旦买好就可以安心使用。这种方式有效地解除了顾客的后顾之忧，大大方便了顾客。为了保障安装服务的质量，推销员在协助提供安装服务时，要挑选技术熟练、具有良好职业道德的施工人员，且事前应与施工人员进行充分沟通，尽力做到一切从顾客出发，一切为顾客着想，这样才能收到良好的服务效果。

（4）技术培训、指导和咨询服务。顾客在购买产品后，可能不熟悉产品的操作方法，或不了解产品，从而容易出现使用不当导致产品功能得不到发挥或造成事故，也可能出现一些简单故障而不懂排除。这都会造成产品使用失败，甚至导致顾客不满。因此，推销员应为顾客提供指导和咨询，帮助顾客掌握使用方法和简单的维修方法。针对不同的购买对象，推销员应提供不同的培训内容。如对一般消费者，可教会其产品使用、保养和简单故障排除的方法；对组织购买者，可就产品设计原理、结构、持征、用途、安装调试技术、使用方法、检测和维修技术、保养知识等进行培训。务必使顾客购买后能保证产品的正确使用，真正帮助顾客解决问题。

（5）功能配套服务。有些产品在顾客购买时还是功能先进的产品，过不了多长时间就有更完善的产品，顾客可能会因此产生遗憾和懊悔之心。推销员可根据顾客的需求，在产品更新换代之后为原售出的产品提供功能配套服务，使之具有换代产品的功能，使原有产品更完善。比如，为汽车提供改装或加装新设备服务，为电脑提供软件升级服务等。

（6）备品配件供应服务。备品配件是产品易损部位的零部件或配套耗材。一件价值昂贵的产品可能会因一个小零件的磨损而失去使用价值；因此推销员应做好备品配件供应的服务，保证顾客在期望的使用期内能正常使用产品；否则，顾客可能会产生上当受骗之感，从而对企业、对推销员失去信任，甚至可能因此而永远流失。

（7）售后回访。售后回访是企业与顾客直接联系的重要途径，可以直接了解产品使用情况、顾客要求和意见，是搜集技术和市场信息的主要渠道之一，是增加顾客购后满意感的主要方式之一。从回访时间上划分，有定期回访、不定期回访和随时回访三种。回访的真正目的是争取同一顾客的下一笔生意，也争取宠顾客给自己推荐新顾客。

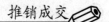

2. 做好售后服务的方法

众所周知，售后服务在推销活动中起着举足轻重的作用。道理大家都懂，但并不是每一个企业和推销员都能把售后服务做到尽善尽美。如何提升售后服务水平，如何在售后服务中树立口碑，售后服务中应该注意哪些问题都是值得每个企业和推销员去思考的。

（1）言而有信。没有什么比信守诺言能更快地与顾客建立良好的人际关系了。顾客购买产品，除了自身的需求之外，最主要是源于对产品或推销员的信任。因此，为了将来能继续获得顾客的支持与喜爱，推销员必须言而有信。

（2）及时处理。处理顾客投诉，切记不要拖延时间、推卸责任，最好是企业的各个部门通力合作，迅速做出反应，向顾客解释清楚事件的原委，并力争在最短时间里全面解决问题，给顾客一个圆满的答复。否则，拖延或推卸责任会进一步激怒投诉者，使事态严重化和复杂化。

【延伸阅读 9-5】

及时解决顾客问题

大年三十下午，做水暖生意的孙经理一家人结束了一年的忙碌，高高兴兴回老家过年。一家人刚到离市区 20 公里的老家时，市区一个用户打电话过来，说家里水管上的弯头漏水，让派人过去维修。可是店里的安装工已经放假，孙经理也完全可以借过年而拒绝立即维修。但他没有这么做，他想：不能因为弯头漏水而影响用户过年。于是，他马上驱车赶回市里到用户家维修。当用户知道孙经理为了修好一个弯头专门从 20 公里外的老家赶回来的时候，一家人非常感动，说什么也要留孙经理在家里吃年夜饭。可想而知，这位用户定会成为孙经理的忠实顾客。只要我们在“真诚服务，及时解决”的思想指导下开展推销活动，相信一定会得到回报的。

（选摘自 http://tech.ifeng.com/digi/ehome/detail_2010_08/31/2361706_0.shtml）

（3）保持联系。“得客户者，得天下”，已成为不少企业的共识。因此，在整个售后服务过程中，推销员要始终与顾客保持联系，开辟与顾客的沟通之道，及时了解顾客对购买和使用产品的满意状况，更重要的是要及时和有效地解决顾客的异议、不满与投诉，发展并维持与顾客的长期良好合作关系。

（4）优质服务。被誉为美国饭店大王的斯坦特曾经说过：饭店业就是凭借饭店来出售服务的行业。其实，其他行业也是如此。推销员推销产品并不意味着简单化的买卖交易，服务也是推销活动的重要组成部分之一，更何况现代的消费者越来越重视企业的服务水平，其重视程度甚至都超越了产品本身。较高的服务水平，可以提供高水准的规范化服务项目，和针对不同消费者的个性化服务。所以，优质服务是企业生存的基础，是参与市场竞争的有力武器。

（5）不断创新。“不怕想不到，就怕做不到”，做服务和做产品一样，要勇于创新。推销员平常要多琢磨、多研究、多借鉴，仔细审视自身服务的劣势，学习竞争对手的优势，并竭力思考出他人尚未做到或者尚未做好的服务项目，以提高顾客的满意度。

【延伸阅读 9-6】

带着洗衣机去修洗衣机

某地有一个修理洗衣机的小店，老板的小生意总是红红火火的。这个老板修理洗衣机和别人不同，每次为用户上门维修洗衣机时，他总要预先带着一台能使用的洗衣机。如果用户的洗衣机短时间内修不好，他就把备用洗衣机给用户留下暂时使用，然后把坏了的洗衣机拉走回店里继续维修，修好之后再给用户换过来。就是这个老板的新点子，为他换回了众多的回头客。

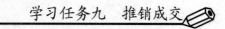

（选摘自 http://tech.ifeng.com/digi/ehome/detail_2010_08/31/2361706_0.shtml）

3. 售后服务的重要性

在市场竞争日益激烈的今天，售后服务已经成为吸引顾客的一个重要因素，它所起的作用甚至比产品本身还要重要。

（1）售后服务是保证顾客权益的最后一道防线

虽然推销员竭力为顾客提供最经济、最实用、最优质、最安全和最可靠的产品，但是要做到万无一失是不可能的。由于顾客使用不当或推销员大意疏忽，各种产品问题时常发生，就算是再优秀的生产企业都不能够保证绝对没有错误发生，因此售后服务成了保障消费者权益的最后防线，也是解决企业和推销员错误以及处理顾客投诉的最有效途径。

（2）售后服务本身也是一种盈利。虽然售后服务在短期看，只有投入，没有收益，但是从长期来看，只要服务量达到一定的水平，就可以盈利。在实际的推销活动中，谁能提供给顾客满意的服务，谁就能加快销售的步伐，谁就能获得更多的利润。要想使顾客满意，企业和推销员就应该极力做出比竞争对手更高、更好，甚至是竞争对手想不到、做不到、不愿做的超值服务，这样才能在激烈的市场竞争中保持不败之地。

（3）售后服务是另一次推销的开始。售后服务既是一次推销活动的最后阶段，又是另一次推销活动的开始。通过售后服务，推销员不仅能够满足顾客的服务要求，博得顾客的好感，还能够进一步发掘顾客的需求，获得顾客对产品的反馈。这些宝贵的信息能够有效地帮助推销员开展下一步的推销活动。

（4）售后服务是保持顾客满意度与忠诚度的有效举措。顾客对产品和服务的利益追求包括功能性和非功能性两方面。前者体现了顾客对产品功能和质量的需要，后者则更多地体现在精神、情感等方面。随着社会经济的发展和顾客自身收入水平的提高，顾客对非功能性的利益越来越重视，甚至有时会超越对功能性利益的关注。因此，企业和推销员要想长期盈利并走向强盛，就必须赢得顾客的长期合作，保持顾客的忠诚度，提高顾客的满意度，这才是企业和推销员最终走向成熟的有效措施。

（5）售后服务可以帮助改善其他推销制度。以空调产品为例，从售后服务报修的电话记录可以得出：每年空调的报修次数、维修成本；大客户的报修次数；某款空调的报修次数；某个维修人员的出勤次数；什么故障最容易发生；报修的时间集中在什么时候，等等。这些数据可以为企业的研发部门提供宝贵的数据参数，为管理部门改善管理制度提供帮助，以及为销售部门制定销售计划提供资料等。

【延伸阅读 9-7】

让人心“服”

前一段时间，华西都市报联合了华西都市网、腾讯大成网、四川交通广播 101.7、四川电视台等主流媒体，搭建了一个阵容强大的暗访团队，陆续对六大汽车商圈近两百家 4S 店进行暗访监督。

1. 过了“上帝”瘾

记者随意来到一家4S店，刚一入门，便有销售顾问笑脸相迎，热情询问购车需求，一旁还有其他工作人员端茶送水，在高温闷热中，给人送来一股清凉。从车型介绍到售后保养，销售顾问每一个流程都耐心讲解，对比以往车市火热时，几十个顾客围着一个工作人员，别说一对一答疑，就连车型报价都很难了解到的场景，待遇可谓天上地下。此番，以顾客身份出现的记者，痛痛快快过了一把“上帝瘾”。

2. 车商懂了售后服务见真功

车还没熄火，一位销售顾问就从展厅里出来迎接记者。展厅里新思域白色庆典版正在进行“8月降价2万”的优惠活动。“这个车还可不可以再便宜点？9月成都开车展，说不定那时更便宜。”“其实价格不会差很多，而且我们现在的价格已经是最低了，等9月下手，说不定还提不到现车呢。”销售顾问始终热情而真诚地回答道。当记者提出内部空间和后排坐椅舒适度的问题时，销售人员当即邀请记者进入车内亲自感受。当晚，记者还收到了销售人员的贴心短信，4S店地址、电话、最新活动、优惠信息都被详细列出，这对真正想买车的顾客来说，非常实用。

3. 保养检查不马虎

记者还对幸福梅林商圈品信斯柯达4S店的售后保养服务进行了暗访。

由于记者表示自己的车提速不顺、动力疲软，服务顾问称只能等技师检测完毕、找出原因后才能确定具体的等待时间。随即，记者的明锐车被开进了维修车间。正当记者准备走进维修车间近距离观看时，服务顾问善意提醒记者可到休息区观看，“直接到维修车间观看怕出现意外，带来不必要的伤害。而休息区是透明的，可以在那里隔着玻璃观看维修过程。”

在休息区里，电脑、按摩椅、电视、杂志等一应俱全，三四桌等待中的车主也选择了各自喜欢的休闲方式。此外，还有多种免费饮品供车主选择。

半小时后，服务顾问前来告知，由于加了油品欠佳的汽油，导致油路不畅才造成了动力疲软的现象。征得记者同意后，技师开始对油路系统和喷油嘴进行清洗。由于记者没有预约，而当天到店保养的车主又很多，维修车间里一直保持着7台车同时在保养的状态。因此，除了整个保养的过程比平时花费了稍微多的时间外，记者对该店售后人员的接待态度、检查仔细程度等都十分满意。

（选自 http://auto.qq.com/a/20110818/000025.htm）

【实训演练】

一、实训项目

如何促成交易

二、实训目的

（1）了解在推销活动中成交的目的。

（2）根据不同潜在顾客购买的特点，如何识别与把握成交机会。

（3）掌握促进成交的技巧有哪些。

三、场景设计

20××年5月1日，A市酷漫居连锁店营业了，作为某动漫科技有限公司的旗下连锁门店，其拥有该公司产品在动漫家居领域的产品授权。

1．A市酷漫居连锁店简介

专卖店地址：A市市××大道×××号。

专卖店产品：活力米奇、梦想世界、青春米奇、时尚米奇、顽皮米奇、睡美人、美式米奇、米奇高低、迷彩米奇、经典米奇、美人鱼、小熊维尼等空间系列。

2．竞争者状况：多喜爱、七彩人生、家有儿女等。

3．角色安排

（1）推销员简介

人物1：门店推销员秦小姐，没有家居业的从业经验，工作一个月尚未成交一单生意。

人物2：门店店长凌女士，多年的成人家居业经验，从事儿童家居业推销工作仅半年时间，自己的孩子5岁（男孩），自己也有意向购买儿童家居。

（2）潜在顾客简介

人物1：1对年轻夫妻带一个6岁女孩。

人物2：1对年轻夫妻未带孩子。

人物3：1对老年夫妇带一个5岁男孩。

人物4：1个年轻的女士（未带孩子）。

人物5：1个年轻的男士（未带孩子）。

人物6：1个年轻的女士带一个3岁孩子。

人物7：1个年轻的男士带一个7岁男孩。

人物8：2个年轻的女士带一个4岁女孩。

人物9：2对年轻夫妻带2个孩子（1男1女）。

人物10：1对老年夫妇和1对年轻夫妻带一个4岁男孩。

人物11：1个年轻的女士和1个年轻的男士。

人物12：自拟。

4．任务要求

在模拟推销中，熟悉各种成交最佳时机出现的特点，并及时把握，运用成交技巧，成功地达到推销目的。

5．观察员；教师及全体同学

6．评论员：任课教师

四、相关知识

1．成交的时机

推销工作最终的目标是成交，完成推销任务，因此，推销人员必须要了解何时向潜在顾客提出成交的请求。

在进行推销的过程中，推销人员自始自终都要非常专注，观察潜在顾客的一举一动，尤其是把控其潜在顾客的肢体语言。一般来看，以下是较好的成交时机：

（1）当潜在顾客非常快乐时，推销人员恰当地提出成交要求，成交的几率会提高。

（2）当推销人员完成商品的说明和介绍之后，就可以抓住时机，询问潜在顾客需要商品的型号，数量或者颜色等，这时提出成交请求，成交的几率会提高。

（3）潜在顾客有反对意见非常正常，当潜在顾客提出反对意见时，推销人员就应该向潜在顾客解释，解释完之后，征求潜在顾客意见，询问潜在顾客是否完全了解产品说明，如果潜在顾客认可推销人员的说明，推销人员就要抓住这一有利时机，询问潜在顾客选择何种产品，这时提出成交请求，成交的几率会提高。

2．成交的信号

（1）潜在顾客提出问题。

（2）潜在顾客问及产品使用方法和售后服务。

（3）潜在顾客重新问及推销员已说过的某个重点内容。

（4）潜在顾客询问交货时间及手续。

（5）潜在顾客用其他公司的产品、交易条件与我们的产品和条件相比较。

（6）潜在顾客问及商品的市场反映或消费者的意见。

（7）潜在顾客索取产品说明书或样品。

（8）潜在顾客征求身边人的意见。

（9）潜在顾客仔细检查商品。

（10）潜在顾客拿起订货单仔细看。

（11）潜在顾客询问你合同的细节。

（12）潜在顾客询问你是否开票。

（13）潜在顾客询问现金支付还是刷卡支付。

（14）潜在顾客询问是否可以缴纳定金。

3．具体促成交易的话语归纳

（1）直接促成

“请到这边签约。”

“你确定购买这一款，对吗?”

“请你就此做决定。”

“请你在这上面签字。”

“请问需要多少数量?”

（2）转移促成

“明天我会带合同书过来，请问你什么时间签约比较方便?”

“下周一货就可以送到，周二送货去你公司方便吗?”

“这是订购单，请你填写地址与电话号码?”

（3）假定促成

“假使你库存不足需要补货，不知你一般在什么时候下订单?”

“假使尊夫人中意的话，你可以现在付款吗?”

“假使你买去的话，摆放在哪里更合适呢?”

“假使你对产品满意，我现在是否可以带你去前台缴费?”

“先生，这是你刚才挑选的衣服，我给你包装一下好吗?”

（4）最后促成

“这种产品目前销路不错，早上刚刚查点过，库存只有 5 台。你现在需要预定吗?”

“由于缺货的关系，如果不早点决定，将无法定期交货。”

“这次的新款式非常受市场欢迎，现在已经有部分品种缺货，如果不马上订购，下次你要货估计要等相当长的时间。”

“如果现在不预约房间，一到黄金假期，可能无法保证。”

“这是限量产品，预定的单位和个人很多，如果要购买，惟有趁现在。你是否要预约?”

“听说下半年原材料还要涨价，下半年产品必定涨价，现在不购买，一定吃亏。”

“本公司的促销活动到今天截止，所以是最后一天打折，如果你今天不购买的话……”

“这种产品只剩最后一个了，短期内不会再进货了，你不买就没有了。”

（5）请求促成

“李经理，你是我们的老顾客了，你知道我们公司的信用条件，你看是否三天后向你们供货?”

“王经理，现在我们的问题都解决了，你打算订多少货?”

“张主任，这批货物美价廉，库存已不多，趁早买吧，你会满意的。”

（6）优惠促成

“我们目前有一个促销活动，如果你现在购买我们的产品，我们将在本月底赠送给你价值 200 元的一个大礼包，非常实惠。”

“张总，为了宣传我们的产品，我们将在今年内给购买我们产品的顾客提供三年的免费保养和维修服务。”

“如果你购买本产品金额达到 100 元，我们将送你一桶××牌的食用油。”

“如果你现在购买本产品的五件套，我们将再你打个 9 折。”

（7）保证促成

“王经理，如果你还有什么不放心的话，我们可以先压产品 5%的货款在你那里，等一个月后你使用该产品满意后，我们再来收这 5%的余款，好吗?”

“张经理，你的服务完全是由我负责，我在公司已经有 8 年的时间了。我们有很多顾客，他们都是接受我的服务的。”

“我向你保证，如果在一年内，有什么产品质量问题你更换或退货。”

（8）选择促成

“先生，你是要加一个鸡蛋还是两个鸡蛋？”

“先生、小姐，你是要看 32 英寸的，还是要看 42 英寸的？”

“小姐，这款你是要红色的还是紫色的？”

（9）从众促成

“这是今年最流行的款式。”

“你看，这是近几天的销售单，这一款是年轻人选择最多的机型。”

“前面走了几个顾客，他们为自己宝宝都选了这一款颜色的床。”

（10）小点促成

你是要红色的还是黑色的？红色的，好，我打个勾；你是要排气量大的，还是小的？排气量大的，好，我打个勾；你是要有音响的，还是没有音响的？有音响的，好，我打个勾；……顾客回答完，推销员指着某款汽车，“这就是你要买的汽车。”

五、实训步骤

1．自行分组，共分5组，每组6人，1～4人扮演潜在顾客、1人扮演推销员、1人记录及作为评论员，在模拟推销结束后，进行总结性评价。角色扮演时，推销员、潜在顾客可以变换身份尝试表演。

2．角色扮演情况：

人物1：　　　　　　　　　　身份设计：

人物2：　　　　　　　　　　身份设计：

人物3：　　　　　　　　　　身份设计：

人物4：　　　　　　　　　　身份设计：

人物5：　　　　　　　　　　身份设计：

3．分组出场

4．实训结束

（1）潜在顾客对推销员的表现一一点评。

（2）评论员推销员的表现一一点评。

（3）教师的总结发言。

5．效果评价

（1）总体评价：角色表演水平、要点表达是否清晰，技巧运用是否熟悉，临场反应是否灵活。

（2）分项指标

评价内容	分值	评分
小组组织准备工作	10	
角色扮演自然	10	
语言清晰、流畅	10	
礼貌用语的运用	10	
具体促成交易的方法灵活运用	20	
产品知识丰富	20	
是否有创新的促成交易的方法	20	

六、评选最佳推销员、最佳模仿潜在顾客。

七、讨论

（1）潜在顾客购买儿童家具会考虑哪些要素？请各组详细列举！

（2）场景不同，促成交易的方式有哪些差异？话语示例又有哪些不同？购买权利者相同吗？请各组归纳填写。

序号	人物背景	购买权利者	主要促成交易的方式	话语示例
1	1 对年轻夫妻带一个 6 岁左右的女孩在挑选产品			
2	1 对年轻夫妻（未带孩子）在浏览产品目录			
3	1 对老年夫妇带一个 5 岁男孩挑选产品			
4	1 位年轻的女士（未带孩子）在浏览产品目录			
5	1 位年轻的男士（未带孩子）在浏览产品目录			
6	1 位年轻的女士带一个 3 岁孩子在挑选产品			
7	1 位年轻的男士带一个 7 岁男孩在挑选产品			
8	2 位年轻的女士带一个 4 岁女孩在挑选产品			
9	2 对年轻夫妻带 2 个孩子（1 男 1 女）在挑选产品			
10	1 对老年夫妇和 1 对年轻夫妻带一个 9 岁女孩在挑选产品			
11	1 位年轻的女士和 1 位年轻的男士在评价陈列品			
12	1 个老年妇女在一个年轻妇女的陪同下挑选产品			
13	自拟			

九、如何促成交易总结

（1）商务活动成功首要因素在于胆量，你先喊出来，机会永远比其他人多一步！直接提出促成永远是第一法则！

（2）先培养潜在顾客对产品的认同是直接提出促成的铺垫，记住，不要期望，你的产品在一个城市立即被认同，潜在顾客就如男女朋友，感情是要培养，培养要过程。

（3）最后促成技巧对零售行业最实用，其他方法对团体潜在顾客较实用。

（4）赞美对方、让对方在购物的过程中始终处于优势的地位。人只有在处于优势地位才会放松，放松时，自然对推销员的戒备心理会下降。

（5）对比自己的竞争对手，尤其是你周边的门店（零售业），你一定要牢记自己的优势，自己产品可以给潜在顾客带来的利益。

（6）潜在顾客不同（年龄、性别、家庭背景、职业、结构组成、收入等），促成交易的方式不同。多人参与购买与个人购买同样差距很大，多人参与购买时要找准购买决策人，同时要打动决策人，另外不要忽视未来产品具体使用者的感受，打动具体使用者同样会促成交易。

（7）当你解决了潜在顾客异议时，此时就是你开口提出交易的绝好时机。

（8）在潜在顾客对产品做出购买决定时，可以让潜在顾客交定金，防止潜在顾客在未来的购买行为时处于犹豫不决的状态。

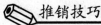

（9）推销成交的方法很多，在找准成交信号的基础上，在把握推销对象的背景下，建议多管齐下，复合使用技巧，增加成交的几率。

十、课后作业

哪些话语是潜在顾客喜欢且自然的赞美方式？

【任务小结】

本任务主要讲述了推销成交的基本知识、促成交易的技巧、收取货款和成交后的工作。通过本任务的学习，读者应该掌握以下知识：

1．推销成交三原则：主动、自信、坚持。

2．推销成交的信号：语言信号、行为信号、表情信号。

3．促成交易的技巧：选择成交法、从众成交法、保证成交法、试用成交法、最后机会成交法、小点成交法。

4．收取货款：选择收款的方式，做好收款工作。

5．成交后的工作：后续联系、售后服务。

学习任务十　推销员自我开发

【知识目标】

- 了解自我开发的内涵；
- 理解自我开发的方向。

【技能目标】

- 能在以后的商务活动中利用其方向充分发挥自身的推销能力。

【案例导入】电子工程硕士的推销员生活

1979 年，我出生在沈阳市一个书香门第，父母都是大学老师，受他们的影响，2001 年大学毕业后，我又到英国继续深造。2004 年夏天，我从曼彻斯特大学电子工程学专业毕业，拿到了硕士学位。英国政府规定，获得研究生以上学历者，可以以实习生的身份在英国工作两年。我希望以实习生的身份进英国企业，打一段时间的工，等学到一些实际工作经验后再回国发展。

我直接到那些大公司毛遂自荐，都未能获得录用。碰了几次壁后，我放弃了毛遂自荐的方式。我住所楼下的报摊主告诉我，《曼彻斯特晚报》每周四有很多版的招工信息。次日清早我买了那份报纸，仔细地查阅招聘广告。我一眼就看到了一则广告："本运动器材公司欲招聘推销员数名，无需经验，公司负责培训，每小时 3.5 英镑，外加佣金。有意者请电话联系。"那段时间，我刚好在读《世界上最伟大的推销员》一书，并被书中内容折服和鼓舞，也很想涉足推销这一行业。推销能接触到各式各样的人，于日后的个人前途发展很有帮助，为什么不去试试呢，于是，我按图索骥地找到了那家公司。我来到公司的会客室，满满一屋子都是来应聘的年轻人，负责招聘的经理名叫约翰森，四十岁左右，金发碧眼，神气十足。他先将在座的人审视了一遍，每人发了一张表格，然后一个个叫到另一间办公室单独谈话。

房间里的人越来越少，我心里越来越紧张。每次约翰森进门叫人，我都用急迫的眼神盯着他，希望叫的是我，结果却总令我失望。有许多比我后来的人先被叫进去，我怀疑这家公司有歧视亚洲人之嫌。当房间里只剩下两个人时，我终于按捺不住，冲着他嚷起来："该轮到我了吧，为什么还不叫我，先生，你不能这样耽误我的时间，"约翰森看了看我，耸耸肩，扔给我一句话："别急，下一个就是你。"所谓"下一个"就是最后一个。进了门之后，我仍在抱怨："为什么最后叫我，据我所知，你们的国家是非常讲究先后秩序的。"约翰森笑了，接下来的话令我大吃一惊："唐，你明天上午 9 点来公司上班，先培训一周。在培训期间是没有薪水的。""什么，你的意思是我被录取了，真的么，怎么不向我提问题？"

约翰森看着我，说道："知道我为什么最后一个叫你吗，第一眼就看出你是个急性子，你越急我越要考验你的耐心，不过你最终还是坚持下来了，所以你被录用了。"

我现在成了这家知名健身器材公司的推销员，觉得自己十分幸运，接下来的日子却很不顺利。我们十几个初涉此道的新手被分成三组，每人拿到一份推销口诀。这是由公司专家们组成的智囊团精心研究搞出来的，对推销中会碰到的几乎所有问题都有标准答案。公司的推销员要按这套"口诀"去工作，随意增添内容要按违犯公司规定处理。因此，我们这些初来者所要做的第一件事就是将这些"口诀"背得滚瓜烂熟，甚至连微笑都要从头学起。

那天下午，我们到处碰壁，但约翰森脸上那自信的神情始终未变。他看我情绪低落，便冲我大声说："记住，在这个竞争的世界上，没有人会让你轻轻松松地过日子。尽管如此，你仍要面带微笑，因为我们是推销员，因为你没有第二次机会给人留下第一印象了，推销总是与拒绝连在一起的，要学会接受拒绝。今天被拒绝，明天还要努力。"

推销这一行，进门难，出门也不易，时间不能太短也不能太长。有一次我用的时间太长，约翰森狠狠地训了我一顿。"你知道吗，离开是我们推销工作的一部分，我们要进门，就要随时准备出门。因为那里不是你唯一的顾客，我们的市场大得很。你的任务就是找到关键的顾客。这批人在市场上只占20%，但他们却会影响其余80%的顾客。通过他们的口头宣传，可以省去我们许多人力、物力和财力，威力大大超过电视、报纸和广告。这20%的顾客就是我们的'上帝'。"

勤奋的约翰森经理每天早晨9点准时走进办公室，午餐常是一杯浓咖啡。他一边喝一边给我们讲市场销售情况。下午又出门推销，直到夜里11点才把我们一个个送到地铁站。我每天回到公寓时都累得够呛，可第二天还得照样干。英国每周休息两天，约翰森偏要我们在这段日子推销。他说假日里人们情绪好，推销成功率会比平时高。有一次我实在受不了了，冲他大嚷："你这个疯子，工作狂，自己疯还不够，还想把我们都弄疯。没想到，他听了不但不生气，还挺自豪地对我说："你说对了。我就是喜欢这工作，并为它发狂，你要同我一道干，就要和我一样玩命，干出个样子来。你虽然至今没能将产品推销出去，但你做的市场调查对公司很有用，这也正是我留下你的原因，你是诚实的，你的微笑是友善的，你推销的不仅是有形产品，更是公司的形象和我们的服务质量。在顾客心里树立起公司形象，比推销产品重要。当然，你如果要走，我决不拦你，但你要记住，人可以失败，但不能丧失信心和追求。"

2004年12月，正在我为自己的零业绩苦恼的时候，父亲从国内打来越洋电话说："你出国留学快 4 年了，家里人都很想念你，希望你能回来一起过春节。"我说我一定要卖出一套器材再回国。父亲笑着说："别那么犟了，儿子，回来吧。零记录并不可怕，换个角度，最差的也许是最出色的。"后来我终于走了，背着"零记录"走了。但我记下了约翰森那些感人肺腑的话，记下了三个多月沸沸扬扬的推销员生活。这是书本上、课堂里永远学不到的，也是出国观光体验不到的。

回到国内，父亲早已为我联系好了一家研究所的工作，但我放弃了，我不想一辈子做"死脑筋"，因为我爱上了推销工作。作为一位留学硕士，而且有过外国企业的"工作经历"，我很快被深圳一家大型外资体育用品企业聘为销售经理。父亲的那句"换个角度，最差的也许就是最出色的"话很灵验。我在深圳工作得十分顺利，我渐渐地明白了所学的专业和所经历的零纪录的意义——如果在一个几乎饱和的市场，你仍能坚持正确的心态和方法，那你就已经拥有了在一个成长期的市场纵横驰骋的本钱。随着在业内知名度的提高，我常被邀请去一些学校、公司、企业做营销心理学讲座。我很感谢在英国做推销员的那段经历，尤其是约翰森所教给我的许多做市场的诀窍。这段经历使我发现，国内的营销培训和营销市场一样，存在很多的空白。

2006年10月，带着"绩优推销员"称号的我辞去了销售经理的职务，在深圳开了一家营销策划公司，一边做项目一边搞培训。教学相长，事业走上了快速路。回头想想自己留学和推销的经历，成败都已不重要，关键是你的坚持与看待所谓"逆境"的眼光。

问题

你是否具备乐观积极的耐心？如果没有你打算如何培养这种耐心？

【学习档案】

一个优秀推销员应具备多项素质、能力，例如应具备开拓创新能力，自信力，注意与观察力，逻辑思维能力，决策能力，意志力与自控力，应变能力，社交能力和口头表达能力等，并以此为基础组合成为推销人员的综合能力。这些能力，在社会实践中，是需要不断得到开发和提高的。

一、自我开发的内涵

推销人员自我开发实际上是指推销人员综合素质和能力的开发。大量的社会实践证明，许多取得非凡业绩的推销员，其先天条件并不优越，而是通过自身刻苦的磨炼，有意识并持之以恒地进行自我能力开发，才获得成功的。推销员作为一种专业性很强的职业，对其能力的要求也有一定的特殊性。因此，我们讲推销人员的自我开发，应是根据推销工作的特殊性要求来有目的地进行。

（一）自信和耐心

推销员和运动员一样，面临的不是成功便是失败。但这没有什么，关键是要保持信心，坚持不懈地干下去。这样，失败就会成为你取得成功的动力。

1. 自信的心态

成功的先决条件就是自信，人的能力并没有多大差别，关键是自信的心态。如何获得自信的心态呢？以下建议可以尝试：

（1）给自己制定一个适合的、可行的目标：自信的获得是逐步螺旋提升的，只要给自己制定一个适合的、可行的目标，并达到目标。这样就会获得一定的成就感和满足感，自信心就会随之而来。在此基础上，再制定下一个更高一些的目标，通过自己的努力再达到它，如此以往，螺旋提升，慢慢就可以收获一份自信的心态。

（2）自我发觉自己的优点：你可以从小事、身边事安慰自己，寻找自己的优点；体锻炼得很棒、自己从事的工作很受人尊敬、自己有很多朋友等，多发掘自己的优点。

（3）自我激励、自我暗示：可以告诉自己，任何人都有不为人所知的不如意的一面，任何人都会遇到挫折，没有十全十美的事和人，坚信人都有过失败的经历，只要调整心态，再次上路就一定能够看到自己获取成功的一天。

（4）自我充电，多维思考：自我充电的过程中，自信的心态会得到不断的提高，多维思考也会让自己处理事务的能力逐步提高，获得正确的方法。

（5）安排生活多姿多彩：读书、学习、运动、健身、书画……有多种兴趣爱好，将业余时间充实起来，生活就会更加阳光。喜欢的方式生活、愉悦的同事氛围、和谐的邻居关系、朝气蓬勃的心态。这些一样会让人感受到生命的健康、生活的多彩，自信的力量。

2. 坚持的力量

推销工作的有效开展需要付出艰辛的努力，在这些方面，人员推销表现尤其突出，人员推销的模式对推销员的体力与精力是一个极大的考验。很多成功的推销人员均是放弃了一般人在假期向往的旅游、逛街等休闲时间，全力投入推销工作，顶着烈日，伴着月色，周末不休息就是真实的推销工作的写照。可以通过以下几个方法获得坚持的力量：

（1）多阅读成功人士的励志故事：成功人士的励志故事中一般都有主人公在最困难的时候是如何坚持自己的选择、自己的事业励志传奇。仔细阅读，细细品味就能获得坚持的力量。

（2）精神上多做一些自我暗示：告诉自己，坚持就能水滴石穿，铁杵磨成针，专注做一件事，极致就能创造创奇。

（3）身体多做一些坚持训练：比如，尝试把夏天冷水洗澡的习惯坚持到冬天；尝试坚持吃自己最不喜欢的食品多日；尝试坚持睡最不喜欢的床多日，尝试坚持做一些极限方面的锻炼，等等。

【课堂讨论 10-1】无业青年成推销高手

1998 年是我最痛苦的一年。整整 3 个月，从北京到广东，我流浪了整个夏天。一次次求职受挫使我每天惧怕天亮。害怕新的一天带给我的还是失望。我不知道我以后怎么过。没学历、没技术、没力气、个子矮、人又黑、说话结巴、办事拖拉。好习惯没有，坏毛病一大堆，也难怪找不到工作！

一次和朋友聊天。谈到他在北京搞推销一天能赚七八百元。他不比我强多少。为什么有这么好的运气呢?他向我推荐阅读推销方法的书。我便决定干推销。

一次母亲的小卖部进了 48 副手套没人买。她让我到外面去卖，不赚钱也行。这不是学推销的大好机会吗?我愉快地接受了，想借此印证一下成功原则。我决定今天无论如何也要把它卖出去。我进了一个工厂去推销，没有人要。又进了一个厂，人们只顾干活，根本没人答理我。我当时脸一下红到耳根，真让人灰心。不过我当时想起成功原则之一：对自己有信心。我强迫自己马上恢复信心，再去拜访一个厂。这次有人告诉我找老板，他们的手套都是老板发的，我连声道谢。找到老板很容易就卖了 12 双，顿时信心大增，又拜访了一个厂，剩下 36 双全要了。我非常高兴，算了一下共赚了 22 元钱，一共才用了不到两个小时！

在回去的路上，我总结了一下经验。对比一下书上的成功原则.，发现今天的成绩来自热情、信心，这是两项重要的成功原则。这次推销让我看到了希望。我决定再去批发市场进一些。当时家里没人支持我做这生意。但我大胆地进了一批货，没想到回到家没几天就把它卖掉了。后来又去批发市场进了两千双，又卖掉了。再后来，我一下又进了四千双，坏了。太多了！我几乎跑遍了三县一市的工厂，再也卖不动了。眼看冬天就要过去了，怎么办？我非常着急。我继续拜访下一个客户。终于，有一个客户说："现在厂里用得不多，你到加油站去推销吧。现在加油站每加一次油，赠送司机一双手套，用量非常大。"于是，我就去附近的一个加油站推销。很快销售一空。我终于在挫折中找到等值的东西——商机需要细心挖掘。

我相信加油站是个很大的市场，决定再进一次货。可是往加油站推销路程远。自行车显然不行，于是便拿出刚赚的 2000 元买了一辆三轮车。又进了一次货。骑三轮车送货既轻松又带来了比以往高的收入。可好景不长，有一天车被一辆摩托车撞坏了。真是祸不单行，接连几天也没有卖出一双。我知道不能气馁，我暗自给自己打气。第二天我又精神抖擞地去推销。太阳快要落山了。还是没有卖出一双，要是以前我早就回家睡觉了。可是当时耳边响起了希尔讲的"往下三尺有黄金"的故事，于是决定再拜访 3 个客户。在最后一个客户那里，也就是著名的南街村集团，我和他们定下了三万双的生意。使我赚到了当时为止最大的一笔钱，为我以后的发展铺平了道路。

问题

无业青年成推销高手给你的启发有哪些？

（二）管理好时间

销售人员的责任就是为公司创造效益，使公司的业绩扩展。所以一个销售人员的时间大部分都是用在销售工作上，销售人员要花时间去收集客户的资料、拜访客户、到客户那里介绍产品、为客户做服务，所以销售人员如何做好时间管理，实在是一件非常重要的事情。要学会充分利用时间。

对于推销人员来说时间管理是非常重要的，因为现在企业里对推销员的管理往往是不看过程只看结果，即不管你这个月上班表现如何，只要月底你有业绩就会发给你薪酬。姑且不谈论这种管理模式的优劣，单从这个制度上看我们就发现在工作中推销员往往自己必须具备规划时间的能力。

这里介绍一种比较好的时间管理方法——5As 模型。5As 模型从了解（Aware）、分析（Analyze）、分配（Assign）、消除（Attack）、安排（Arrange）5 个角度进行研究，该模型为推销人员进行时间管理提供了思路和方法，如图 10-1 所示。

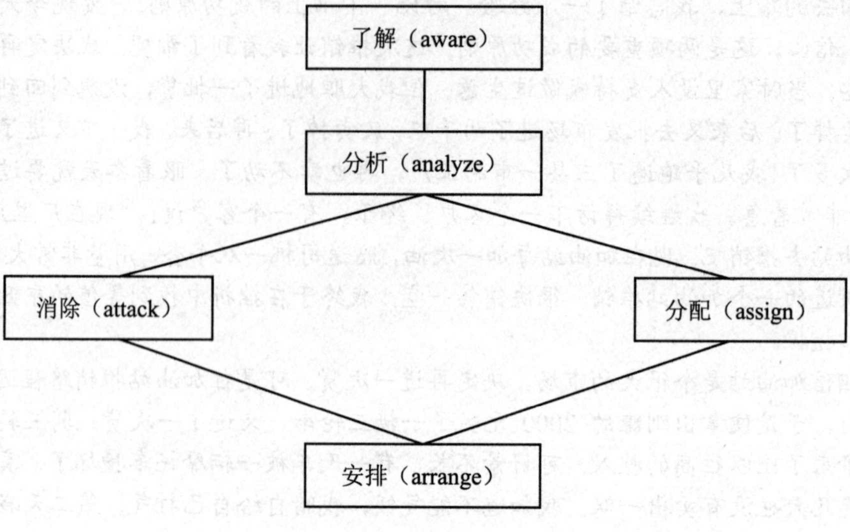

图 10-1　时间管理 5As 模型

（1）了解。在时间管理中，推销人员首先要做到自我了解，如自我的愿景与目标、自我优势与缺点，性格特征与沟通风格等；其次，需要对工作进行了解，了解销售区域内的顾客需要、顾客类型、销售目标和销售要求。通过这两方面的了解，推销人员可以对自己和工作有较为清醒的认识，为客观分析工作和合理分配时间奠定基础。

（2）分析。通过分析日常时间安排和工作时间安排表，推销人员可以研究自己时间运用的情况，看看自己是否在高效地利用时间，是否在时间管理方面存在问题。

（3）分配。一般人们的平均工作年限为 55 岁左右，从 25 岁开始工作，到退休也只有 30 年左右的时间，真正高效的销售工作年限可能只有 15～20 年，每年的有效工作日为 250 天左右，每天工作 8 小时，一个医生的工作时间为 40000 小时左右。在现实生活中，有些推销人员时间安排得井然有序、有条不紊，其时间效率特别高；而有些推销人员则朝三暮四，到了退休之时才发现忙碌了一辈子却一事无成。因而时间分配显得格外重要。

（4）消除。要消除浪费时间的因素。推销人员需要经常审视自己的时间表和活动，看看究竟是哪个占用了自己大量的时间。

（5）安排。通过了解和分析，利用时间分配法，科学合理地安排年度、周及日计划，将其变成图标和文字，经常督促推销人员按计划生活、工作，同时也可以检验其时间管理是否产生了效果。

【课堂讨论 10-2】瓶子还能装吗

在一次上时间管理的课，教授在桌上放了一个装水的罐子，然后又从桌子下面拿出一个大约拳头大小，正好可以从罐口放进罐子的鹅卵石，当教授把石块放完后，问他的学生道："你们说这罐子是不是满的？"

"是"所有的学生异口同声地回答说。"真的吗？"教授笑着问，然后再从桌底下拿出一袋碎石子，把碎石子从罐口倒下去摇一摇，再加一些，于是再问他班上的学生："你们说，这罐子现在是不是满的？”这回他的学生不敢答得太快。最后，班上有位学生怯生生地细声答道：“也许没有满。”“很好！”教授说完后，又从桌下拿出一袋沙子，然后把沙子慢慢倒进罐子，倒完后再问班上的学生：“现在你们告诉我，这个罐子是满的呢，还是没满？”“没有满。”全班同学这下学乖了，大家都很有信心地回答说。

“好极了！”教授再一次称赞这些孺子可教也的学生们。

称赞完了后，教授从桌子底下拿出一大瓶水，把水倒在看起来已经被鹅卵石，小碎石沙子填满了的罐子。

当这些事都做完后，教授正色地问他班上的同学：“我们从中学到了什么重要的功课？”

班上一阵沉默，然后一位自以为聪明的学生回答说：“无论我们的工作多忙，行程排得多满，如果要逼一下的话，还是可以多做些事的。”

这位学生回答完后心中很得意地想：“这门课到底讲的是时间管理啊！”

教授听到这样的回答后，点一点头，微笑道：“答案不错，但这并不是我要告诉你们的重要讯息。”说到这里，这位教授故意顿住，用眼睛向全班同学扫一遍后说：“我想告诉各位最重要的讯息是：如果你不先将大的鹅卵石放进罐子去，你也许以后永远没机会把它们再放进去了。”

问题

你的时间管理有吗，你是如何规划自己的时间的？

二、自我开发的方向

一个优秀的推销人员，需要具备开拓创新能力，自信力，注意力与观察力，逻辑思维能力，决策能力，意志力与自控力，应变能力，社交能力和口头表达能力等，并以此为基础组合成为推销人员的综合能力。这些能力，在社会实践中，是能够不断得到开发和提高的。

一位专家说：“所有优秀的推销员都有一个共同点：有成为杰出之士的无尽动力。”这种强烈的内在动力可以通过锤炼和磨练形成，但却不能被教会。每个推销人员的动力源泉各不相同——金钱与荣誉、自我实现的需要或者广泛交际的爱好等。

（一）善于学习

推销商品必须通过推销员推销给消费者才能实现销售的目标，所以，营销人员的素质、能力是推销工作进行得顺利与否的关键。中国有句俗语：“成事在天，谋事在人”。它说出了人在实践中的作用，其中包含着一定的“事在人为”的谋略思想。在商业竞争中要运用“事在人为”的谋略思想，就要注意发挥营销人员的积极性和创造性，并把他们培养成为一支强干的队伍，合格的推销人员，应具有多方面的工作能力和较强的应变能力，应善于学习、头脑敏捷、接受新事物快、精明干练，这是基本的标准和要求。

【课堂讨论 10-3】丰田公司的客户培养

丰田公司的销售人员主要以大学毕业生为主，也有少量具有特殊推销能力的高中生。录用后，销售人员在进入公司的 3 天前，先送进丰田汽车公司的培训中心培训，以后每年 4 月至 6 月定期参加培训。在培训期内，销售人员要吸收从推销入门到交货全部过程的知识。随后进入实践阶段，此时不规定销量，主要工作是每天必须拜访 20 ~ 30 户，把访问内容写在“销售日记”上。如此一个月之后，开始下达一个月销售 1 辆车的指标。到了第二年，增加到每月销售 2 辆车，从第三年起，每月目标增加为 3 辆，此时，销售人员才算可以独档一面。经过 3 年，仍未能保持每月平均销售 3 辆车的销售人员则舍自动辞职。

与此同时，从第二年起。销售人员要编制“客户卡”。这类卡片分三级：第一级只知客户姓名、住址和使用车辆，采用红色卡；第二级还要知道眷属的出生日期，采用绿色卡；第三级要加上现在所使用汽车的购买年月、前一部车的种类、下次检车时间，预定何时换车，要换哪一种车，现在汽车是哪一家经销商购买等更详细的资料，使用金色卡。

丰田汽车为支援成绩优秀的经销商，把销售部门剩余的钱融资给经销商，经销商用这笔钱建造展示厅，备齐检测设备，跟客户的接近程度自然超过了其他竞争者，使遍布各地的经销商感到销售丰田汽车有奔头。因此各地经销商不仅销售丰田汽车的积极性很高，而且还很认真，从而为丰田汽车树立良好的市场形象。正是因为丰田汽车公司深谋远虑的销售策略和精明干练的“销售军团”，为丰田公司创造了“无债经营”“零库存”产销和“有路必有丰田车”的神话。

问题

丰田公司的培训对你有哪些启发？

（二）沟通能力

推销员向顾客推销的过程，实际上是信息沟通的过程。沟通能力是销售人员必不可缺的能力，沟通含有两层含义：一是准确地采集对方信息，了解对方真正意图，同时将自身信息准确地传达给对方，二是通过恰当的交流方式（例如语气、语调、表情、神态、说话方式等）使得谈话双方容易达成共识。

推销员必须善于与他人交往，有较强的社交能力和沟通技巧，才能维持和发展与顾客之间长期稳定的关系。推销员在与顾客交往的过程中，要充满热情诚恳，对人友善，能设身处地为顾客着想，替顾客分忧，这样才能取得顾客信任、理解、支持与合作。

在沟通中表现出你的热忱。销售人员经常需要和别人沟通，当人们相互沟通时，往往彼此观察对方的态度、行为、眼神，以做出善恶或强弱的判断。给他人留下良好的第一印象的人，往往是那些能在言谈举止上体现出他的热情的人。你应该抓住所有与他人沟通的机会，培养你热情的习惯。如热情而有力地与他人握手，恰当、自然的微笑，使用礼貌、自信而生动的语言等。

表示友善的最好方法就是微笑，只要你养成逢人就展露亲切微笑的好习惯，保证你广得人缘，生意兴隆。友善就是真诚的微笑、开朗的心胸，加上亲切的态度。微笑代表了礼貌、友善、亲切与欢快。它不必花成本，也无需努力，但它使人感到舒适，乐于接受你。

推销员还要有广泛的兴趣和爱好，能与不同年龄、职业、性格、地位、爱好的人交朋友，成为顾客的良师益友。

【课堂讨论 10-4】李嘉诚的推销经历

卡耐基说过：“您想知道自己是否具备经商的素质，最好去当一当推销员。”

今天在全国各地事业有成的潮商，有许多都是从做推销员起家的。

李嘉诚初进社会，先在茶楼侍客，后来到五金厂做推销员。李嘉诚把推销员这个行当看做学习做生意的好机遇，开动脑筋，不断从中提高自己经商的能力。李嘉诚在五金厂时，推销对象都集中于卖日杂货的店铺。当时，有一家刚落成的旅馆正准备开张，大家都知道，这是推销铁桶的大好时机。

李嘉诚的几个同事兴冲冲地去找旅馆老板洽谈，不料全都碰了一鼻子灰，无功而返。原来，旅馆老板早已看好了另一家五金厂的铁桶。李嘉诚主动前去推销铁桶，也被老板毫不客气地拒绝了。李嘉诚不是个轻易认输的人。离开旅馆不远，他又转身重新回到旅馆。再次见到老板后，不等对方开口，李嘉诚就抢先说：“我这一次不是来推销铁桶的。我只是想向您请教，在我进贵店推销时，我的动作、言辞、态度等行为有什么不妥当的地方，请您指点迷津。我是个新手，又是晚辈，您比我有更丰富的经验，在商界您已经是成功人士了。我恳求您的指点，好让我改进。”李嘉诚这种虚心坦诚的态度令老板大为感动。他随之一改拒人千里的冷冰冰态度，向李嘉诚提出了一些建议。

谦逊好学、博采众长的态度和风格，使李嘉诚在同行中得到了许多教益。老板开始喜欢上了这位谦虚诚实少年，决定购买李嘉诚的铁柄。李熹诚这一招真可谓是一箭双雕，既得到了成功人士的指导，又做成了生意。

李嘉诚认为，对于有可能争取的顾客，要坚持到底，不达目的决不罢休。相反，对那些根本没有可能做成生意的客户，则应当机立断，决不磨蹭。李嘉诚说，如果进入办公室后，你被厂长请到办公桌的对面椅子上，与厂长面对面地谈话，这就意味着客户有诚意与你对话，但这仅是纯商务式的谈话，你的谈话必须措辞简洁、实在，切忌夸夸其谈，以免若人烦。如果你被请到办公室的沙发落座，则表示该客户有兴致与你长谈。如果你根本没有被请坐下，那么，你就是个不受欢迎的人，如果客户请你喝茶，就表明他对你欢迎并产生了兴趣。但切记，这也从另一个角度告诉你，他希望谈话的时间最好不要超过一杯茶的工夫。如果在谈话过程中有电话打来，他安排秘书或别人代接，就说明客户对你推销的产品感兴趣并可能有购买的意向。相反，客户对每个电话都接，并对进来请示的工作人员没完没了做决定，那就是说，他希望你尽快离开。作为推销员，就要通过这样些细节，揣摩顾客的态度，然后综合分析推销成功的概率有多大。如果毫无希望，你最好立即请辞，这样可以争取时间。因为“东方不亮西方亮”，在你无端耗掉的这段时间，在别处也许你早就做成了一单生意。

经过这段推销生涯的磨炼，李嘉诚对自己的商业素质有了足够的信心。他深有感触地说：“我一生最好的经商锻炼，就是做推销员，这是我今天用 1 亿元也买不来的。”

问题

你认为推销工作积累应该包含哪些方向？

（三）协作能力

销售工作虽然体现的是个人的能力，但是也离不开集体的配合和支持。在销售的过程中会与企业的各个部门和各个岗位的同事进行工作的衔接和配合。作为销售员在整个销售业务流程中要主动协调各个部门和各个岗位的关系，如要协调前台接待、财务部、售后服务部、顾客服务部、行政部、市场部、保险部、精品部等的关系。如果没有这些部门的配合和协作，就会影响销售业务的开展，也会影响顾客的满意度，从而使顾客对销售员丧失信心，因此说，销售人员的协作能力也是非常重要的。

1. 对别人寄予希望

每个人都有被别人重视的需要，特别是这些具有创造性思维的知识型员工更是如此。有时一句小小的鼓励和赞许就可以使他释放出无限的工作热情。并且当你对别人寄予希望时，别人也同样会对你寄予希望。

2. 时常检查自己的缺点

你应该时常检查一下自己的缺点，比如自己是不是还是那么对人冷漠，或者还是那么言辞锋利。这些缺点在单兵作战时可能还能被人忍受，但在团队合作中会成为你进一步成长的障碍。团队工作中需要成员在一起不断地讨论，如果你固执己见，无法听取他人的意见，或无法和他人达成一致，团队的工作就无法进展下去。

3. 让别人喜欢你

你的工作需要得到大家的支持和认可，而不是反对，所以你必须让大家喜欢你。除了和大家一起工作外，还应该尽量和大家一起去参加各种活动，或者礼貌地关心一下大家的生活。总之，你要使大家觉得，你不仅是他们的好同事，还是他们的好朋友。

4. 保持足够的谦虚

团队中的任何一位成员都可能是某个领域的专家，所以你必须保持足够的谦虚。任何人都不喜欢骄傲自大的人，而且在团队合作中也不会被大家认可。你可能会觉得在某个方面他人不如你，但你更应该将自己的注意力放在他人的强项上，只有这样才能看到自己的肤浅和无知。谦虚会让你看到自己的短处，这种压力会促使自己在团队中不断进步。

（四）创新能力

所谓创新能力就是想出新点子，提出新观念，采用新方法，创造新事物的能力。推销人员的开拓创新能力主要表现在开拓新市场、发掘新用户，制订新的推销策略，针对不同顾客采用别出心裁的新推销手段等方面。推销工作是一个充满挑战性的工作，需要的是不断进取，不断开拓。一个优秀的推销人员不仅能利用和满足现实需求，而且能在纷繁复杂的市场中创造和发现潜在需求。

（1）要有创新意识，也就是自觉进行创新的意向和愿望。创新意识可能是源于社会实践需要的推动，但更主要的是源于个性心理品质，如强烈的事业进取心，职业责任感等。

（2）要培养创造性思维，不因循守旧，能从客观实践出发，进行科学推理、设想，利用丰富的想象力，不断创新，找到解决问题的新策略、新手段和新方法。最后，还要培养高度的职业敏感性，不放过任何可利用的潜在市场机会，才能不断开拓新的市场。

【相关阅读 10-1】

按照认知心理学家罗伯特·斯腾伯格的说法，创新可大致定义为：“……创造既新颖又有价值的东西的过程”。创新其实就是寻找解决问题和将要处理情形的新途径。这不仅限于艺术家、音乐家或作家的一种技能，它是一种对各行各业都有用的技能。如果你曾想要提高自己的创新能力，下面这些技巧可以给予你帮助。

（1）全身心投入：设定目标，每天花点时间发展你的创新技能。

（2）奖励你的好奇心：当你对某事感到好奇时，给自己一个机会去探索新的课题。

（3）乐于冒险：为了提升自己的能力，你必须愿意承担风险。

（4）为创新投入时间：安排一些时间集中花在某些创意项目上。

（5）记创新日记：反思你已完成的工作，并寻求其他可能的解决办法。

（五）毫无怨言

推销工作是十分辛苦的，需要长期在外奔波。因此，要求推销人员具有强烈的事业心，能不畏艰苦，任劳任怨，毫无怨言，一心一意为企业服务。

优秀的推销员依靠的是勤奋的工作，而不是运气或是雕虫小技。要成为一名优秀的推销员，有一点很重要，即一种百折不挠、坚持到底的精神。

在当今的关系营销环境中，优秀的推销员最重要的一点就是成为解决客户问题的能手和与客户拉关系的行家。只有重视客户，切实为客户解决问题，才能与客户建立永久的良好关系。

【课堂讨论 10-5】步步为营

程辉刚参加工作时也是做推销工作，业绩虽不算特别突出，但一直在单位算中上等水平，一做就是 3 年。但程辉在做好推销工作的时候，经常积极地做客户访问笔记，每天把客户的意见记录下来，并在后面附上自己的意见看法，时间久了就形成了自己独到的见解，并把这些问题和意见形成书面的报告，呈给自己的直接上司。每次集会发言程辉不仅见解与众不同，而且有理有据，在做好推销工作的同时，还主动帮助上司和周围的同事干活，尤其经常做自己团队中的事务性工作，上司有时也很自然地把这些活派给他做。有些好心的同事就劝他，这又不是你份内的工作，做了不仅没有收益，还影响你的推销收入。可程辉并不太介意，继续学他的雷锋，做他的好事，而且在交流推销心得时还主动把自己的经验招数拿出来与大家共享，这在别人看来是傻子举动。

期间公司业绩虽有一定波动，但他一直坚持下来，后来他的上司因外部机遇调走了，而他因资格老而且原上司的极力推荐和大家的良好口碑自然接替了原上司的工作。当然后来程辉也遇到过一位脾气不好、毛病比较突出的上司，而他没有抱怨，从来不人前议论上司的不是，而是积极默默地配合上司的工作。这位上司后来因群众意见大、队伍不稳定、业绩上不去被企业辞退，程辉自然晋升接替这个位子。

后来，程辉在工作中也有过外部的机遇，也曾经调动过工作，但他的调动不是简单的因挣钱多而跳槽，更多是看重发展机遇，是职务上晋升。就这样程辉在大学毕业工作 8 年后的刚刚而立之年便升任某一颇具规模的公司的副总裁，主管业务市场工作，年薪也以数十万计。在猎头公司的眼里程辉更是一位价值不菲的“奇货”。而当年那些认为他比较傻的“精明”之人大多还都在第一线做“资深”推销代表，原地踏步。而且随着年龄的增长，那些“资深”推销代表作为基层员工，其竞争优势正逐渐让位于更年轻的员工。

问题

案例中的主人公成功之道有哪些？

【实训演练】

一、实训项目

推销员心理素质训练。

二、实训目的

（1）了解推销员职业素质（心理素质）包含了哪些内容。

（2）通过模拟实训，对比推销员应具备的职业素质（心理素质），找出自己的不足。

（3）掌握如何提高自己的职业素质（心理素质）。

三、场景设计

1．推销员已经约好了潜在顾客，在预约好的时间进入潜在顾客办公室后出现了不同的场景，你的反应。

2．日常工作中，老板与你的交往，你的反应。

3．下午 5 点钟，你从客户处疲惫地赶回公司取一些重要材料，刚走到办公室门口，就听到同事对你的评价，你走进办公室的反应。

4．实训扮演

（1）实训主持人：教师选派。

（2）实训监控人：实训教师。

（3）潜在顾客：教师。

（4）老板：选拔同学（4 名）。

（5）同事：选拔同学（4 名）。

（6）配合演出：潜在顾客身边工作人员（4 名）。

（7）观察员、评论员:教师及全体同学。

（8）实训记录：教师选派。

5．任务要求

通过模拟场景，考验推销员职业素质（心理素质），通过总结，得出如何提升自己的职业素质（心理素质）。

四、相关知识

推销员职业素质（心理素质）是保证推销事业成功的基本条件。推销员心理素质一般包括以下几个方面：

（1）工作量多，任务重却毫无怨言。

（2）忍受私人时间被随时占用。

（3）业绩不佳时自我激励。

（4）忍受上司的无端指责。

（5）忍受旁人对你的非议。

（6）忍受潜在顾客的白眼。

五、实训步骤

1．选派实训主持人、老板（4 名）、同事（4 名）、工作人员（4 名）。

2．按已分学习小组，每组经讨论后选派 1 人扮演推销员，随机参与三个场景的实训，每人参加 1 个场景，场景再次提醒：

（1）推销员见潜在顾客。

（2）推销员见老板。

（3）推销员见同事。

3．推销员全部在教室外等候做准备。

4．实训教师交代推销员会遇到的具体场景，其他参与实训人员全部在教室内准备（5 分钟）。

5．教室内准备完毕，由实训主持人安排推销员依次分组出场实训（每个场景限 3 分钟）。

6．实训结束的同学一律回到自己的座位，成为观摩成员。

7．实训交流：实训结束，请参与实训的同学谈谈体会（每人限定 3 分钟）。

要点如下：

（1）现实中出现哪个场景是你的心理无法承受的？

（2）你为什么无法承受某个场景？

（3）实训结束后自己对推销员心理素质的认识。

未直接参与实训的同学也谈谈自己观摩的感受。

8．教师对推销员职业素质（心理素质）养成提出具体建议。

9．评选最佳心理素质同学、最佳表演才华同学。

六、效果评价

（1）总体评价：通过三大场景实训，是否找出自己的不足，未来如何提高自己的心理素质。角色表演水平、临场反应是否灵活。

（2）分项指标

评价内容	分值	评分
小组组织准备工作	10	
角色扮演自然	30	

上司的无端指责时的反应	10	
在压力下的反应	20	
应对潜在顾客的白眼的反应	20	
应对旁人对你的非议	10	
综合分值	100	

七、现实工作中，你会遇到的场景归纳

1．潜在顾客

（1）你刚进门，他就接到电话，一边接电话一边离开办公室。

（2）正在接电话，与你点一下头后电话一直接不停。

（3）与你点一下头后又立即低头批阅文件，一言不发。

（4）正在大声训斥自己的员工，见你来并没有停的意思。

（5）多人在他办公室开怀大笑，你进来后却默不作声全部看着你。

（6）与你打招呼，接过你的资料看了一会后默不作声放置一边。

（7）另一家你认识的同类产品推销员正在与潜在顾客交谈。

（8）你刚进门店说明来意，他就说"我们不需要"之后一言不发。

（9）你刚进门店说明来意，他就说："你们东西太假了" 之后打发你走。

（10）你刚出店门就听到"这些人都是骗子，下次见到他们不要让他们进来"。

（11）请你继续归纳（让学生讨论）……

2．老板

（1）你的大学同学千里迢迢来看你，你晚上 7 点刚到火车站准备接同学，此时接到老板的电话，要你立即赶到公司参加紧急会议。

（2）你身体不舒服，打算早点休息，刚刚进入梦乡，一通电话吵醒了你，老板在外地出差，要求你明天早上 8 点之前写完一份报告，发电邮给他。

（3）周末晚上，你正在茶座与朋友打牌（四人牌局，不能少人），突然接到老板的电话，要你立即赶到公司加班。

（4）近期你的业绩不佳，老板找茬大声训斥你（在你的下属面前）。

（5）同伴的业务出了问题，老板因为不明情况却归罪于你，在公司大声训斥你。

（6）同事向老板打小报告，老板因此在公司大会上点名批评你并扣了你的薪水。

（7）你远在千里的母亲身体病重，你向老板请假 1 周，老板以公司业务人手不够为由不批假。

（8）你家里有急事，你想请假几个小时回家处理，但老板却批评你想偷懒。

3．同事

（1）侮辱你的品德。例如，"公司里没见过这么会做戏的人，口蜜腹剑，经常去老板办公室说我们的坏话"。

（2）负面评价你的外表。例如，"这家伙长得跟猴子一样，难看死了，两件衣服还好意思换来换去"。

（3）贬低你的能力。例如，"他懂什么业务，还不是外表长得好，人又风骚，讨客户

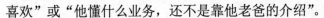

喜欢”或“他懂什么业务，还不是靠他老爸的介绍”。

（4）随口说事。例如，“那家伙是个小气鬼，搞不好现在特意回公司蹭饭吃”。

（5）请你继续归纳（让学生讨论）……

八、推销员职业素质（心理素质）养成提出具体建议

1．学会自我安慰

（1）人人都会受上级的批评，我算是轻的。

（2）上级的批评也是关心你的一种方式。

（3）上级的批评，可能是今天早上他夫人批评了他，他的情绪无处宣泄，我就算帮帮他好了。

（4）客户不理我也是他的一个损失。

（5）客户不理我也许有什么特别的难处吧。

2．学会自我激励

（1）今天你不理我，日后我要你求我。

（2）今天你不理我，明天我还要再来。

（3）自我对话：自己告诉自己，人生在受挫中长大。

3．有意识地做专项训练

（1）多做深呼吸：调控情绪。

（2）肌肉运动：让自己时刻满面春风，你的笑脸可以融化他的寒意。

（3）给自己一个受挫的机会：发传单试试。

（4）公开演讲：克服怵场。

（5）列举缺点：在寝室让室友列举你的缺点。

4．把握自己的情绪

（1）唠叨是福：当父母的唠叨时，要时提醒自己，父母最伟大，你可以试着把唠叨想象成流行音乐，闭目养神好了。

（2）沉默是金：同学对你无端指责，你内心可以气愤，但一定不要大声争执，而是默默不语，沉默是无言的抗议。

（3）转移视线：平时培养自己一门业余爱好，当情绪不佳时，把爱好提出来，转移压力。爱好多一些，生活多彩一些。

（4）交流泄压：平时受到不公正待遇，心理压抑时找自己最好的朋友倾述。

（5）体力锻炼：围绕操场多跑几圈，让自己疲惫，疲惫同样会让自己心绪平和，时间会缓和压力。

（6）共同出游：在苦闷时，找个周末时间邀请朋友一起去爬爬山、看看水。

（7）抒发倾述：准备一本笔记本把自己的困惑、气愤、不平等都写下来，当然也可以在你的博客中写出来，多年以后还是一种美丽回忆。

九、讨论

如何提高心理素质，请你再提出更多的具体方案。

【任务小结】

本任务主要讲述了自我开发的内涵、自我开发的方向。通过本任务的学习，读者应掌握以下知识：

1．自我开发的内涵：自信和耐心、管理好时间。

2．自我开发的方向：善于学习、沟通能力、协作能力、创新能力、毫无怨言。

参考文献

[1] 龚荒，杨雷．商务谈判与推销技巧（第 3 版）[M]．北京：清华华大学出版社，2015.

[2] 崔平．推销技巧与商务谈判[M]．北京：中国人民大学出版社，2015.

[3] 谢和书．推销实务与技巧[M]．北京：中国人民大学出版社，2013.

[4] 吴健安．现代推销理论与技巧(第 3 版) [M]．北京：高等教育出版社，2013.

[5] 蔡春红，余远坤，冯强，蒋勇．推销技巧与实战[M]．北京：清华大学出版社，2017.

[6] 林望道．世界上的推销员：原一平与乔吉拉德的财富传奇[M]．上海：立信会计出版社，2016.

[7] 陈文汉．商务谈判与推销技巧[M]．北京：中国电力出版社，2014.

[8] 杨再春，董晓东．商务谈判与推销技巧[M]．北京：高等教育出版社，2012.

[9] 吕思瑾．汽车顾客心理与推销技巧[M]．成都：西南交通大学出版社，2013.

[10] 吴国章，江育光．推销实务与技巧[M]．厦门：厦门大学出版社，2016.

[11] 安贺新． 推销与谈判技巧[M]．北京：中国人民大学出版社，2011.